LIÇÕES DE UMA RAINHA DO BATOM

FONTANAR

POPPY KING

LIÇÕES DE UMA RAINHA DO BATOM

COMO ENCONTRAR E DESENVOLVER A IDEIA QUE PODE MUDAR SUA VIDA

Tradução
Maria Clara Mattos

FONTANAR

Todos os direitos desta edição reservados à
EDITORA OBJETIVA LTDA. Rua Cosme Velho, 103
Rio de Janeiro — RJ — CEP: 22241-090
Tel.: (21) 2199-7824 — Fax: (21) 2199-7825
www.objetiva.com.br

Título original
Lessons of a Lipstick Queen

Capa
Ney Valle (Dupla Design)

Ilustração de capa
Ney Valle (Dupla Design)

Revisão
Elizabeth Figlino
Joana Milli
Eduardo Carneiro

Editoração eletrônica
Abreu's System Ltda.

CIP-BRASIL. CATALOGAÇÃO-NA-FONTE
SINDICATO NACIONAL DOS EDITORES DE LIVROS, RJ

K64l

King, Poppy
Lições de uma rainha do batom : como encontrar e desenvolver a ideia que pode mudar sua vida / Poppy King ; tradução de Maria Clara Mattos. - Rio de Janeiro : Objetiva, 2009.

263p. ISBN 978-85-7302-974-1
Tradução de: *Lessons of a lipstick queen*

1. Autoajuda; 2. Negócios; 3. Empreendedorismo; 4. Cosméticos. I. Título.

09-3406. CDD: 658.11
CDU: 658.016.1

Este livro é dedicado a VOCÊ.

SUMÁRIO

Querida leitora,

Desde que criei minha linha de batons aos dezoito anos, uma pergunta em particular me vem sendo feita muitas e muitas vezes: "Como foi que você conseguiu?"

Adoro ver a expressão das pessoas quando respondo. O que começou como uma ideia de se jogar fora, descartável — "Eu desejo ter minha própria linha de batons" — se transformou em minha carreira, minha vida e minha paixão. E quando as pessoas ouvem minha explicação sobre como consegui, percebo que se dão conta de que também podem fazer a mesma coisa.

Em *Lições de uma Rainha do Batom,* uso tudo que aprendi para mostrar que você também tem o que é preciso. Você pode encontrar, explorar e fazer qualquer ideia acontecer. Na verdade, o truque é muito simples: planejar bem e acreditar em você mesma. E realmente não importa que você ainda não tenha nenhuma dessas habilidades. Ao final do livro, eu prometo, terá as duas. Minha meta é ajudá-la a despertar a empreendedora que mora dentro de todas nós, quer você deseje começar algo novo, como eu fiz, ou simplesmente melhorar o que já faz.

Sinceramente,
Poppy King

1

VOCÊ JÁ TEM IDEIAS

ALGUMA VEZ VOCÊ já sonhou acordada?

Alguma vez você já pensou em fazer algo diferente?

Já pensou "Imagina se"... ou "Eu queria que"...?

Com certeza, já. Todos nós já o fizemos. A maioria das pessoas simplesmente não tem consciência de que está fazendo isso. Nem sabe que algumas ideias genuinamente boas estão escondidas dentro de nossos pensamentos descartáveis.

Qualquer um que tenha transformado uma ideia em realidade começou exatamente como você — pensando nela. Foi assim que criei minha marca de batons. Quem iria imaginar que um empreendimento multimilionário pudesse nascer do que parecia ser simplesmente o pensamento pequeno e insignificante de uma adolescente?

LIÇÃO 1: Todo mundo tem ideias

Nos desenhos animados, quando os personagens têm ideias, lâmpadas aparecem sobre suas cabeças. Eureca! É assim que imaginamos que as ideias devem surgir para nós. Como raios — de surpresa... claras... visíveis.

Na vida real, a maioria das ideias é muito mais nebulosa. Ideias vêm e vão, como sobras de um naufrágio, flutuam no rio da nossa consciência. E assim como detritos boiando a esmo na água, algumas vão embora, outras voltam. Normalmente, tratamos esses pensamentos como lixo, mas eles não são.

Muitas pessoas juram que são incapazes de ter boas ideias, quando o que realmente faz falta a elas é confiança: a confiança de acreditar que as próprias ideias podem se transformar em realidade.

São poucas as pessoas que vivenciam aquilo que fomos doutrinados a ver como "grandes ideias", que surgem como epifanias e nos convocam a uma ação imediata. Ainda assim, todos nós, cada um de nós, experimentamos pensamentos de outro tipo: os preguiçosos, duros, pouco inspirados, repetitivos, que nos parecem sem importância. Relutamos em chamá-los de ideias. Pensamos neles como ruídos. Mesmo agora, você ainda pode estar pensando "eu não tenho nenhuma ideia de verdade". Mas, se remover um pouco da mística e se der conta de que uma ideia não precisa de tamanho para ser original e autêntica, rapidamente verá que tem tantas ideias quanto qualquer um.

Existe uma sabedoria simples, que permite que muitas pessoas cheguem ao sucesso: ao invés de elevarem o critério em relação ao que constitui uma boa ideia, elas o baixam. Dão-se conta de que ideias não são únicas e exclusivas, mas vêm aos montes e a qualquer hora. Todo mundo tem ideias todos os dias. Você também. Na verdade, você provavelmente já teve, e expressou, pelo menos cinco delas nas últimas horas:

- O que comer no café da manhã
- O que vestir
- Como ir para o trabalho
- O que fazer primeiro quando chegar lá
- O que comer no almoço

Pode não parecer muito, mas o mesmo processo que fez com que você resolvesse o básico pode ajudá-la a alcançar muito mais. Porém, primeiro é preciso perceber que todas as grandes ideias — até mesmo aquelas que mudaram o mundo e que são admiradas e reverenciadas ao longo dos séculos — foram desenvolvidas a partir dos mesmos neurônios que usamos para decidir o que comer no café da manhã.

TUDO CONTA

Como sempre digo, todas nós temos ideias o tempo todo. Você também tem! Ainda não acredita em mim? Dê um empurrão na sua confiança, anotando todas as ideias que passaram pela sua cabeça nas últimas três horas.

Não se preocupe se não conseguir descobrir um combustível alternativo para solucionar a crise mundial de energia. Toda pequena ideia conta — desde decidir comprar uma coisa em vez de outra, até ir dirigindo para o trabalho em vez de pegar um ônibus. Vá em frente, escreva suas ideias.

Eu posso assegurar, você tem ideias. Talvez de dez, nove não valham a pena. Mas talvez, *talvez*, uma tenha valor.

E pode ser aquela que vai mudar a sua vida... Uma mudou a minha.

Minha história

A ideia de criar minha própria marca de batons não veio num flash. Meu processo foi muito, muito mais lento e nem um pouco claro.

> **Tudo começou quando eu tinha mais ou menos quinze anos, quando todo sábado à noite minha melhor amiga, Sarah, e eu nos arrumávamos para sair (normalmente para ir a algum lugar que exigia identidade falsa). Como você pode imaginar, o processo sempre envolvia maquiagem, muita maquiagem. Afinal, eram os anos 80. Estamos falando de cores extravagantes, ombreiras, calças fuseau e cabelos muito produzidos. Com sua pele bronzeada, cachos de anjinho, corpo atlético e nariz de querubim, Sarah acertava no visual sem sofrimento.**
>
> **Infelizmente, não posso dizer o mesmo de mim.**
>
> **Naquele tempo, eu era baixinha, reta feito tábua de passar, pálida, meu cabelo era um Bombril e meu perfil era de judia europeia. Nunca tive uma cara moderna, sempre fui mais para filme em preto e branco. Claro que me sentia completamente horrível todo sábado à noite, quando tentava desesperadamente me adequar à moda da época. Apesar de todo meu esforço, percebia que o visual não estava funcionando. Principalmente a maquiagem. Não conseguia identificar exatamente o que estava errado, mas via que Sarah ficava linda e eu não.**

Acredite ou não, essa nebulosa insegurança adolescente foi o começo do que viraria a ideia de criar minha própria marca de batons. Como você pode ver, não surgiu como um raio de luz, mas emaranhada em sofrimento, frustração, desejo e sonhos à luz do dia.

Pode parecer estranho considerar esses pensamentos como ideias, porque eles não parecem brilhantes, glamorosos e excitantes como seria o esperado. Mas você acreditaria que uma lagarta se transforma em borboleta se ninguém dissesse que é exatamente o que acontece? Sempre existe um primeiro passo, e sugiro que o seu seja saber que seus próprios pensamentos evasivos, inconstantes, são a base do que podem vir a ser ideias com potencial de transformar sua vida e seu destino.

COLECIONADOR DE PENSAMENTOS

Até mesmo uma grande ideia pode ser rastreada até seus primórdios pouco promissores. Um pensamento passageiro, uma observação que é desprezada por uma pessoa, pode ser a sorte inesperada de outra. A diferença está em prestar ou não atenção a si mesmo para entender que até mesmo seus pensamentos entediantes mais ordinários podem ser minas de ouro no que diz respeito às ideias.

A melhor maneira de começar a prestar atenção aos próprios pensamentos é manter um diário. Não precisa ser um compromisso para a vida inteira. Faça isso por uma semana. Anote todas as suas atividades, os produtos que comprou ou não comprou, as pessoas de quem gostou ou não gostou, os lugares aonde foi, as experiências que teve e suas observações. Enquanto estiver escrevendo, dê atenção especial às experiências que a fizeram sentir-se:

- Animada
- Inspirada
- Frustrada
- Desapontada
- Ou qualquer emoção fora do comum

Como você vai ver, qualquer reação emocional pode provocar um pensamento que começa com "Eu desejo" — e isso pode ser o começo de algo grande.

LIÇÃO 2: **Leve a sério qualquer frase começando com "Eu queria que..."**

Quando crescemos, desejar se torna menos aceitável. Apesar de ainda termos permissão para fazer um pedido quando sopramos as velas do bolo de aniversário, não mais somos encorajados a gastar muito tempo com desejos. Mas enquanto muitos enxergam a "ilusão dos desejos" como algo tolo, ou mesmo infantil, desejar é o melhor "lugar" onde procurar por ideias.

Para começar a explorar seus desejos em busca de um tesouro, deixe de lado todos os comentários que tratam o desejo como perda de tempo e volte aos dias em que levava frases começadas com "Eu queria que" muito a sério. Se resistir à urgência de julgar seus desejos antes mesmo de ter tempo de formulá-los, provavelmente descobrirá que um deles é o começo de uma ideia.

Ao contrário do que você possa estar pensando, desejar é negócio sério. Algumas das maiores e mais bem-sucedidas empresas do mundo foram fundadas a partir de um desejo. Num certo momento, um jovem

ENCONTRANDO SEUS DESEJOS E SONHOS

Quando procurar por ideias, mergulhe no seu desejo sem levar em conta nenhuma interferência externa. Deixe sua mente viajar livremente. E, enquanto faz isso, não se esqueça da regra fundamental: não existem regras.

Comece pensando em todas as possibilidades para completar a frase "Queria que...". Não é preciso que sejam coisas positivas ou nobres, como "Eu queria que não houvesse violência no mundo". Pode ser qualquer coisa — começar um negócio para impressionar seu chefe, mudar de carreira, desenhar melhor. Seu pensamento de desejo pode até começar com uma negativa, pela observação do que você detesta. Por exemplo: "Detesto limpar o vaso sanitário. Queria que tivesse outra maneira de"... Bingo! O complemento da frase pode ser sua próxima ideia.

Não se preocupe se alguns de seus desejos são embaraçosos, nem com o que seus amigos e colegas possam pensar deles. Remova completamente suas inibições. Afinal, ninguém precisa saber onde sua ideia começou. No meu caso, minha linha de batons começou porque desejei ficar tão bonita quanto minha amiga Sarah. Nem um pouco digno de conquistar o Prêmio Nobel!

Tendo tudo isso em mente, vá em frente e comece a anotar ideias de como completar frases começadas com "Eu queria que...". Ou, se preferir, tente terminar as frases iniciadas com "Eu detesto quando...".

Bill Gates desejou uma maneira melhor de acessar a informação. Claro, a Microsoft não seria o que é hoje simplesmente com a força de um desejo — mas o começo teria que ser sob a forma de um.

Basta dar uma olhada na declaração de missão da Microsoft, como está escrita no site: "Nossa missão é possibilitar que pessoas e empresas ao redor do mundo alcancem todo o seu potencial." Essa é a declaração de missão que dirige uma empresa enorme. Troque as palavras "nossa missão é" por "Eu quero", e verá que mesmo as maiores ideias podem vir sob a forma de duas palavrinhas. "Eu quero possibilitar que pessoas e empresas ao redor do mundo alcancem todo o seu potencial." Não parece nada sofisticado, mas a empresa que é dirigida sob esse lema é extremamente sofisticada. E se isso não for suficiente para convencer você, pense sobre essa frase que ouvi certa vez: são as pessoas loucas o bastante para acreditar que podem mudar o mundo que realmente o fazem.

Reserve um tempo para pensar mais um pouco sobre as coisas que você poderia desejar. Um serviço, uma habilidade, um produto, um evento, um livro, uma dança nova, ou simplesmente um novo jeito de ver as coisas. Não importa o que você deseja, o que importa é que leve esses pensamentos suficientemente a sério para examiná-los.

Minha história

Na adolescência, um dos meus passatempos preferidos era ver televisão. Eu adorava assistir a *M*A*S*H*, *Family Ties*, *21 Jump Street*, à MTV e aos filmes antigos de Hollywood. Eu gostava desses filmes por causa das mulheres — Lauren Bacall, Greta Garbo, Marlene Dietrich. O glamour delas era algo que tinha a ver comigo. A palidez, as ondas dos cabelos, a maquiagem esfumaçada dos olhos, os batons escuros e opacos, tudo aquilo era muito mais a minha praia do que o gloss fúcsia de Debbie Gibson, que ficava tão bem na minha melhor amiga.

Depois de alguns anos de incontáveis experiências desastrosas com maquiagem, quando eu estava no último ano de colégio, finalmente me conscientizei do meu desejo de

imitar o visual do antigo cinema de Hollywood. Apesar de poder ter os olhos esfumaçados, o rímel e o blush certos, não encontrei aqueles batons opacos em lugar nenhum.

A "percepção do meu desejo" surgiu exatamente como em uma empresa. Eu tinha as mesmas dúvidas de qualquer outro cidadão que deseja algo e não encontra, mas acredita que o produto deve existir. Você não pode ser a única pessoa querendo aquilo. As grandes empresas têm tudo sob controle, certo? Quem é você para perceber algo novo? Com certeza, as pessoas treinadas para isso já estão fazendo a parte delas.

Então, continuei procurando nas lojas de departamentos, farmácias e até mesmo em lugares especializados em maquiagem de palco. Não sei se foi enfado, vaidade ou inspiração, mas quando terminei o segundo grau, estava levando meu "desejo" bastante a sério. Tinha deixado de ser simplesmente algo que dizia respeito a mim e virado uma pergunta generalizada: será que ainda existem batons opacos?

Foi aí que minha curiosidade realmente empurrou meu desejo para o passo adiante. Comecei a fazer de tudo para saber mais sobre batons opacos, indo atrás de lojas de produtos de beleza, perguntando para outras mulheres se já haviam encontrado algum batom que fosse menos brilhoso que os tradicionais, buscando dicas e truques para fazer meu batom parecer opaco e pesquisando todos os estabelecimentos de maquiagem nas Páginas Amarelas. Ainda estava longe de decidir criar minha própria marca. Estava bem no comecinho, no ponto em que tinha consciência de que meu "desejo" era interessante e curiosa o bastante para explorá-lo mais profundamente. Mais nada.

Pensamentos sobre nossos desejos nem sempre são sobre um tipo específico de produto, como o meu era. Podem ser de qualquer tipo:

- Queria que tivesse uma livraria no meu bairro

- Queria que existisse um serviço de cabeleireiro em domicílio
- Queria saber fazer *muffins*
- Queria ter uma máquina de café expresso no meu carro
- Queria outros tipos de livros nas escolas
- Queria que meu chefe me desse mais responsabilidades

São desejos como esses que estão no coração das ideias — ideias que são caminhos para uma vida diferente.

LIÇÃO 3: **Você faz a diferença**

Thomas Edison, Newton... dois inventores famosos que mudaram o mundo para sempre. Mas quer saber? Você pode relaxar. Suas ideias não precisam ser tão grandiosas, modificadoras, quebrar parâmetros; nem mesmo precisam ser novas e, com certeza, não têm que surgir de estalo. Na verdade, muitas das grandes ideias vieram depois de longos e árduos períodos de tentativas, erros, da sobreposição às ideias que vieram antes. Até mesmo o grande sir Isaac Newton precisou dar crédito aos seus predecessores, dizendo: "Se enxerguei mais longe, foi porque me apoiei nos ombros de gigantes."

Para que uma ideia seja sua, não é necessário que você invente algo novo. Basta pensá-la sob uma nova perspectiva. Afinal, pode ser que eu não tenha inventado o batom, mas, sem dúvida, acrescentei alguma coisa à "espécie" que já existia. Se estiver adicionando algo que satisfaça seus próprios desejos, a ideia torna-se sua. Não se preocupe demais com quão diferente sua ideia possa parecer. Em se tratando de ideias, até mesmo um simples detalhe pode fazer uma diferença abissal.

Estava dando uma olhada num artigo da revista *Time* sobre as invenções mais incríveis de 2005, e a maioria delas confirma o que estou dizendo — que grandes ideias não precisam ser revolucionárias. Uma das minhas favoritas era a criação de um novo design para a embalagem de um remédio chamado ClearRx. Desenvolvido por uma estudante da Escola de Artes Visuais em Nova York, o tradicional frasco redondo de plástico é virado de cabeça para baixo, o apoio sendo a própria tampa. Mas, ao invés de redondo, é "achatado", tem a frente plana e ampla, o que facilita a leitura do rótulo, sem que se precise girar o frasco para ler as instruções. Nada impressionante ou tecnologicamente sofisticado, simplesmente prático, bem-pensado e fácil de usar. A partir da sensibilidade e dos pensamentos de uma estudante, surgiu uma ideia que agora é vendida pelas farmácias Target e foi considerada uma das maiores invenções de 2005 pela revista *Time*. Nada mau, não é?

Parece incrível, mas, na verdade, é exatamente o que você pode encontrar na base de uma instituição sólida e bem estabelecida — uma observação pessoal, que levou a uma ideia.

Minha história

Nos tempos em que eu fuçava lojas de departamentos e balcões de maquiagem pelos quatro cantos da Austrália, buscando algum vestígio de batons opacos, havia centenas de batons para escolher. O ano era 1989 e as grandes marcas de hoje já existiam: Clinique, Lancôme, Estée Lauder, Revlon, Shiseido e Dior, assim como algumas nacionais. MAC e outras poucas marcas alternativas tinham acabado de ser lançadas nos Estados Unidos, mas eu ainda não as conhecia.

O que eu sabia era que, apesar de existir uma quantidade enorme de batons no mercado, eu não conseguia encontrar o que queria. Não era só a questão da opacidade, havia outras coisas também. Por que não encontrava um batom que fixasse de verdade? Eles eram tão gosmentos! Como se fossem escorrer da boca imediatamente depois de espalhados nos lábios. Com certeza, os que circulavam em Hollywood antigamente deviam ter a textura um pouco mais parecida com lápis de cera.

E outra coisa: por que todo vermelho que eu experimentava ficava rosa? O que aconteceria se um pouco de marrom fosse misturado? Será que impediria que ficasse

rosa? E, falando em marrons, parecia impossível se conseguir um. As cores disponíveis giravam sempre em torno de rosa, vermelho, uva e coral. Onde estavam cores marcantes como marrom ou berinjela? Sem falar no cheiro! Muitos tinham uma fragrância tão pesada, que me deixavam com dor de cabeça.

Desde que eu era pequena, achava que batom era a coisa mais glamorosa do mundo. E lá estava eu, aos dezoito anos, pronta para usar um batom de verdade e incapaz de encontrar um que realmente me satisfizesse. Não me programei para reinventar o batom. Tudo o que queria era um produto específico — e ele era um pouquinho diferente dos outros.

Claro que tudo isso era só a "minha opinião". Mas, de novo, é exatamente isso que uma ideia precisa ser no começo. Sua opinião. Muitas vezes diminuímos nossas próprias ideias, porque acreditamos que somente as coisas realmente revolucionárias merecem o título de "ideia". Mas se você é apaixonada por alguma coisa, sua paixão sozinha pode fazer de sua ideia algo único. Somos todos inspirados quando encontramos alguém que tem uma paixão genuína, seja por uma receita de biscoito de aveia que tenha inventado ou por sua agência de babás. Sua abordagem e maneira de realizar podem fazer qualquer coisa se tornar especial, única, nova, interessante e, sim, até mesmo revolucionária.

LIÇÃO 4: **Permita-se um período de incubação**

Uma vez que encontrou sua fonte interior de ideias, o que fazer?

Bom, você senta sobre elas, como a galinha faz com o ovo. Isso é o que eu chamo de período de incubação. Se você já viu uma galinha chocando, sabe o que é uma incubadora. O brilho de uma lâmpada infravermelha é tão quente e convidativo... sugiro que banhe sua ideia no calor da mesma energia. Proteja-a de reações ríspidas ou extremas, como chegar à conclusão de que é a melhor ou a pior ideia do mundo.

Sente-se sobre ela, simplesmente. Pense nela. Crie um laço, conecte-se com sua ideia.

Períodos de incubação também protegem suas ideias do julgamento dos outros. Pode acreditar em mim, você ouvirá várias opiniões, tendo solicitado-as ou não. Por enquanto, mantenha suas ideias só para você. Uma ideia, da mesma forma que um ovo, tem tanto uma estrutura sólida quanto uma estrutura frágil — pode ser forte o suficiente para mudar o mundo, mas também pode ser bastante vulnerável às forças externas. Então, antes de permitir a entrada de influências estranhas, reserve algum tempo para a elaboração.

Algumas de suas ideias sobreviverão ao período de incubação, outras não. Às vezes você vai descobrir que o que parecia certo no início aos poucos se torna desinteressante. Outras vezes, vai avançar mais e mais, à medida que a incubação progredir. Lembre-se, você não está descobrindo como, quando ou por que sua ideia vai funcionar. Agora é o momento de criar laços, de se sentir confortável com a crença de que pelo menos você acha sua ideia boa.

Minha história

Meu primeiro período de incubação durou mais ou menos dois meses.

Era meu primeiro ano fora da escola e eu estava cursando matérias como filosofia, psicologia, sociologia e astronomia na universidade. Todas muito interessantes, mas não levavam a nenhuma direção em particular. Estava realmente ganhando tempo, até decidir o que queria fazer. Foi durante esse período que comecei a pensar mais seriamente na ideia dos batons. Até então, eu simplesmente desejara encontrar batons opacos, pensando que seria muito bom se uma das grandes marcas de cosméticos criasse uma linha assim, mas ainda não tinha me decidido a fazê-lo eu mesma.

Até aquele momento, estava apenas incubando a ideia. Pensava bastante sobre ela, mas ainda não estava pronta para

discuti-la com ninguém, ou mesmo formalizar minha pesquisa. Só queria ruminá-la. A reação foi começar a observar as escolhas das outras garotas, prestando atenção em qualquer uma que abrisse a bolsa e tirasse dali um batom. Olhava para as mulheres andando nas ruas e me perguntava se escolheriam um batom opaco, caso tivessem a opção. Conversava com algumas delas dentro da minha cabeça. Perguntava se sabiam que o batom opaco fixava por mais tempo e tinha mais pigmento que os batons comuns. Parece loucura, mas isso me ajudou muito a criar um vínculo com minha ideia.

Também durante esse período, outras ideias com as quais não criei nenhum laço vieram e foram embora. Pensava em coisas como: talvez, ao invés de fazer só batons opacos, poderia ter uma linha inteira de maquiagem estilo anos 40. Por um tempo, pensei que era uma grande ideia, mas, depois, percebi que não era tão fácil, e acabava não criando um laço real. Não queria aparentar estar indo a uma festa à fantasia, vestida como uma estrela de cinema dos anos 40; queria um visual moderno, contemporâneo, mas de batom opaco. Uma linha completa de cosméticos me desanimou, porque comecei a vê-la como excessivamente retro. Aquele ovo partiu, mas continuei sentada sobre outros ovos e, depois de um tempo, a ideia passou a fazer parte de mim.

Ainda uso o mesmo método em tudo que faço. Dou a mim mesma um mínimo de três dias de incubação para qualquer coisa que eu ache original. Em cada dez ideias que acho perfeitas, nove não sobrevivem ao período de incubação. Mas se ao final de três dias ainda estou animada com alguma ideia, e minha empolgação supera as preocupações, então a ideia é das que vieram para ficar.

Falando sobre as preocupações, tenha em mente que elas sempre estarão por perto. Na verdade, quanto melhor a ideia, mais facilmente as dúvidas aparecerão. Mas o equilíbrio precisa ser tal que permita manter o laço com a ideia, apesar de suas reservas. Aí está a beleza do tempo que você passa com a sua ideia — a que você mantém, finalmente, é a única na qual acredita de verdade.

LIÇÃO 5: **Fantasiar é fundamental**

Para fazer uma mudança, ou começar alguma coisa, uma dose saudável de fantasia é fundamental. Pode parecer fácil fantasiar a respeito daquele cara lindo que você acabou de conhecer, mas fantasiar sobre sua carreira é muito mais desafiador. E quando digo fantasia, estou falando de fantasia com F maiúsculo. Não é o momento para deixar a realidade criar barreiras para seus sonhos. Confie em mim, vai haver uma porção de oportunidades para elas, mais tarde.

Quando tentar fantasiar uma ideia, não se surpreenda se obstáculos continuarem a aparecer a todo instante, como num *videogame* de corrida de carros, em que você tem de antecipar e evitar qualquer obstáculo que possa aparecer no caminho. À exceção de quando estiver fantasiando, seus redutores de velocidade soarão mais ou menos assim:

- Não tenho conhecimento suficiente
- Onde vou conseguir o dinheiro?
- E o resto das minhas responsabilidades?
- Será que realmente tenho capacidade?
- Quem devo procurar?

Todas estas questões são perfeitamente válidas — só que não agora. É hora de fantasiar. Passe por cima de suas preocupações, finja que todas as suas perguntas são respondidas, imagine que não há nada que a impeça de alcançar seus sonhos mais loucos.

Essas fantasias vão ajudar a explorar a paixão e a força necessárias para abrir seu próprio caminho e superar suas dúvidas. Quanto mais longe for, mais preocupações a sua mente racional encontrará, e você vai precisar de fantasias de reserva para passar por elas. Imagine-se recebendo prêmios, tendo reuniões, dando entrevistas, dona de um escritório ultramoderno — o que quer que seja necessário para mantê-la apaixonada e excitada sobre transformar sua ideia em realidade. Arquive suas fantasias e guarde-as em um lugar especial, tanto no coração quanto na mente — elas serão bastante úteis.

Minha história

Tudo na minha entrada no mundo dos cosméticos foi uma grande fantasia. Sem ela, nada teria acontecido.

Eu tinha uma fantasia em particular, que surgia sempre que a ideia de criar uma linha de batons opacos parecia completamente ridícula. Vamos chamá-la de festa de lançamento. Imaginava a festa de lançamento do meu batom num restaurante da moda que eu particularmente adorava, naquela época. Na minha fantasia, havia muita gente da mídia me parabenizando e milhares de mulheres tirando o próprio batom para experimentar o meu. Imaginava a decoração em veludo vermelho, a comida maravilhosa, toda a sorte de delícias rubras. Até a trilha sonora já estava decidida por mim. Por alguma razão, a música de fundo era sempre *That's the Way (I Like It)*, de KC and the Sunshine Band. Se o meu gosto musical é questionável, não vem ao caso: imaginar isso tudo realmente foi útil.

Até hoje, ainda lembro o quanto a fantasia me ajudou a passar por momentos emocionais bastante difíceis. Uma vez em particular me vem à cabeça: estava sentada no ponto do bonde, voltando de uma papelaria onde mandara imprimir alguns papéis timbrados e cartões de visita. A maioria dos meus amigos àquela altura estava na faculdade e tinha ideias claras sobre o que queria da vida nos próximos anos. E lá estava eu, no meio do dia, sozinha num ponto de bonde no meio do nada. De repente, fui invadida por uma onda de dúvida e solidão. Parecia realmente estúpido estar sentada ali, perseguindo a ilusão de criar uma marca de batons. Que perda de tempo. Eu era só uma garota boba, que não tinha nem carteira de motorista e andava de transporte público. Como eu imaginava realizar algo assim?

Então, comecei a pensar no lançamento para a imprensa e em como aquilo me fazia bem. Voltei a pensar nos pequenos detalhes que me excitavam sobre o lançamento e em como seria incrível chegar lá. Quando o bonde apareceu, estava novamente motivada e de volta aos trilhos. Mais uma vez, comecei a sentir que era possível.

Fantasias me ajudaram a superar dúvidas, muitas, muitas vezes. E ainda ajudam. Elas podem fazer o mesmo por você. Lembre-se disso quando estiver fazendo o próximo exercício.

TERRA DA FANTASIA

Você ouviu minha fantasia; agora é sua vez. Esqueça como, quando, até mesmo por quê; simplesmente imagine levar sua ideia até o sucesso absoluto. Essas fantasias são o que vai permitir que você seja íntima e dona da sua ideia. É preciso misturá-las às suas próprias esperanças e sonhos, amalgamá-las às suas áreas de motivação. Leve sua fantasia ao extremo. Imagine-se no mais improvável, mais incrível momento de *Acredite se quiser*! Não deixe que nada pare você. Lembre-se de que essa ou qualquer outra ideia pode mudar completamente seu futuro. Você precisa da fantasia para criar um cenário.

Pegue uma folha de papel e escreva sua fantasia com o máximo de detalhes.

LIÇÃO 6: **Ideias são *commodities***

Ideias são entidades sólidas. Podem ser trocadas, vendidas, divididas, retrabalhadas, pesquisadas e muito mais. Não se engane, uma ideia é uma mercadoria — o que significa que, quando você tem uma, tem algo de valor que pode ser explorado de muitas maneiras.

Uma vez que tenha reconhecido, criado laços e conquistado a posse de sua ideia, várias possibilidades podem se apresentar. A que você vai escolher dependerá bastante da natureza da sua ideia. Você mesma pode desenvolvê-la. Pode vendê-la para alguém ou se associar a uma grande empresa. As opções são infinitas. Por exemplo, se sua ideia é criar um serviço de treinamento para acabar com a enrolação e lentidão de profissionais do setor criativo, muito provavelmente terá de desenvolver o negócio sozinha. Mas se sua ideia for criar um novo sabor de café, pode caminhar só ou buscar uma parceria com uma empresa como a Starbucks. Para qualquer que seja a ideia, uma coisa é certa: você terá muitas opções quanto à melhor maneira de proceder.

Como disse antes, suas decisões dependerão bastante da natureza da sua ideia, mas também dependerão de você e da natureza de seus sonhos. Em outras palavras: o que é que você quer com a sua ideia?

Se não conseguir responder ainda, deixe suas fantasias serem seu guia.

- Em que tipo de situações você se vê?
- Suas fantasias giram em torno principalmente de pessoas, lugares ou coisas?
- São recorrentes as fantasias onde você é a chefe e dirige uma reunião de equipe?
- Suas fantasias envolvem ter um carro incrível ou roupas maravilhosas?
- Suas fantasias envolvem comunicação, como, por exemplo, falar para uma grande plateia que esteja presente para ouvir o que você tem a dizer?

Não existe fantasia certa ou errada, então sinta-se à vontade para ser tão permissiva quanto quiser. Quando estiver em contato com seus sonhos, vai compreender quais são suas motivações. E quando as compreender, vai saber como fazer o melhor uso de sua ideia.

Minha história

Fui "empreendedora" desde que me lembro. Coloquei a palavra entre aspas porque às vezes ser empreendedora era só

uma desculpa para ser malcriada. Para tal cenário, vamos definir empreendedora como alguém de natureza questionadora, que não aceita o *status quo* e tem ideias sobre como mudar as coisas. Às vezes eu não sabia quando deixar de ser empreendedora. Na verdade, fui expulsa de minha primeira escola por ser "muito diferente e não me encaixar" — pelo menos foi o que a diretora disse para a minha mãe, palavra por palavra. Felizmente, tudo acabou dando certo, quando fui parar em um colégio que encorajava muito mais a individualidade e a criatividade dos alunos.

Essa experiência logo cedo me deu tantas pistas quanto minhas fantasias sobre como agir em relação à minha linha de batons opacos. Quando pensei na ideia, poderia tomar vários caminhos. Poderia ter buscado um trabalho numa das grandes empresas de cosméticos ou tentado vender minha ideia. Mas enquanto a natureza da minha ideia permitia qualquer uma das duas opções, minha natureza pessoal apontava em outra direção — a festa de lançamento.

Minha festa de lançamento era a prova de que trabalhar para uma marca grande e conhecida não seria a melhor motivação para mim. Ver mulheres experimentando meu batom era parte fundamental da minha fantasia. Era uma grande pista sobre quão motivada eu ficava ao ver clientes apreciando meu produto. Outra peça-chave da minha fantasia era ser parabenizada pela imprensa. Por mais arrogante que pareça, aquilo mostrava que eu não queria ser anônima; queria ser reconhecida como a pessoa que tinha feito tudo aquilo acontecer. Por fim, minha fantasia quanto à música que tocaria na festa, a comida que seria servida, bem como o lugar onde o lançamento iria acontecer, indicavam que o controle sobre os detalhes criativos da festa era muito importante para mim.

Junte todas as pistas. O que elas revelam? Vou dizer o que revelaram para mim: que eu ficaria mais motivada se fizesse tudo sozinha, porque abasteceria minha tendência ao

reconhecimento, ao controle criativo e à interatividade com clientes. Se tivesse fantasiado repetidamente sobre ser parte de algo grande, poderoso e estruturado, talvez seguisse um caminho diferente com minha ideia.

Como você pode ver, fantasias fazem muito mais que simplesmente estimular a imaginação. Oferecem lampejos de compreensão sobre quem você é e quais as suas motivações — justamente o que precisa saber, quando estiver elaborando o que fazer com uma boa ideia.

Como eu disse no começo, ideias são *commodities*. Você pode fazer com elas o que quiser. Mas, antes, descubra-se, olhe para dentro e pense bastante, firmemente, sobre suas motivações. Às vezes, o que vai encontrar pode parecer egoísmo ou pura vaidade. Você pode ficar com medo de admitir que sua motivação não vale um prêmio de popularidade. Não importa. Bom ou ruim, o que importa é que você seja honesta consigo mesma quanto ao que quer. Quando for capaz de saber isso, estará motivada a buscar seu desejo. Simples assim.

Conclusão

Juro que eu não era uma adolescente extraordinária aos dezoito anos. Tinha pouquíssima direção e quase nenhuma ambição. Na verdade, estava bastante perdida. Não tinha nada palpável, como dinheiro ou um negócio de família que me ajudasse no começo. Concedi-me, no entanto, uma grande vantagem: a permissão para desejar, identificar meu desejo como uma ideia e levá-lo a sério o bastante para pensar mais sobre ele. E isso é algo que qualquer um de nós pode fazer.

Como? Assim:

- **Reconheça que você tem ideias.** Quando se der conta de que seus pensamentos de todo dia são nada mais que ideias disfarçadas, maiores serão as probabilidades de prestar mais atenção ao que está acontecendo dentro da sua cabeça.

- **Leve a sério qualquer frase que comece com "Eu desejo".** Todo empreendimento começa com um desejo, o desejo de fazer algum tipo de mudança. Dar-se permissão para desejar vai ajudá-la a explorar suas ideias.
- **Compreenda que você faz a diferença.** Sua ideia não precisa ser grandiosa ou estabelecer novos parâmetros para a humanidade. Mesmo que a única coisa que diferencie você da concorrência seja a sua maior paixão pelo produto ou serviço, essa paixão sozinha pode ser seu ingrediente secreto.
- **Permita-se um período de incubação.** Antes de ser tomada de excitação por sua ideia e sair falando sobre ela para o mundo, ou de decidir que é muito problemática e deve ser descartada, tire uns dias para contemplá-la. Lembre-se, só porque a ideia parecia maravilhosa no começo, não significa que seja certa para você. Nem as preocupações e os problemas querem dizer que deva desistir. Veja como se sente depois de alguns dias ou semanas de ruminação.
- **Fantasie bastante.** Nos primeiros estágios da ideia, é muito fácil sentir-se desencorajado e desfazer-se dela por completo. Quem precisa de tantos problemas, afinal? Provavelmente nem vai funcionar, mesmo! Parece familiar? Bom, é aí que suas fantasias entram em cena. Elas são como uma dose de cafeína quando se está cansado — enchem você de energia.
- **Trate ideias como *commodities* que são.** Ideias são valiosas se você sabe o que fazer com elas. Com tantas opções disponíveis, decidir como proceder a partir de uma ideia vai depender do que você quer. Preste atenção à sua personalidade e à natureza de suas fantasias para elaborar os passos que serão mais acertados para você.

Mesmo que não perceba seus sonhos ou ideias ainda, comece a levar seus pensamentos mais a sério e a respeitá-los. Dentro de você habitam grandes ideias e grandes barreiras. Desprezando nossos desejos como sendo tolos ou impossíveis, paramos de nos empenhar na busca pelo sucesso, antes mesmo de ouvirmos uma palavra contra. Tente não se limitar. Permita-se ser uma "sonhadora", alguém que pensa sobre os próprios desejos, que sonha acordada. Esqueça a noção de que somente as ideias grandiosas e radicais valem a pena — elas não têm que ser nem uma coisa nem outra. E, lembre-se, você não precisa fazer nada com suas ideias se não quiser.

No próximo capítulo, vamos falar sobre cruzar a fronteira entre a ideia e a decisão de fazer algo com ela. Por enquanto, simplesmente saiba que você tem suas próprias ideias. E suas ideias, bem como as de todo mundo, são o que faz o mundo girar.

2

DAS IDEIAS ÀS DECISÕES

PARA TRANSFORMAR SUAS ideias, fantasias e sonhos em realidade, você precisa fazer uma coisa muito importante: tomar uma decisão. A decisão de investigar.

Minha ideia de criar uma marca de batons poderia facilmente ter tido o mesmo destino de meus outros projetos do tempo de colégio — da gaveta para o lixo. Apesar de eu sempre ter sido boa em tentar coisas novas, poderia ter feito o que a maioria das pessoas faz com as próprias ideias, simplesmente deixando-as ir embora. Felizmente, não o fiz. Em vez disso, decidi explorar, ir um pouco mais fundo. Sem promessas. Sem compromissos para a vida inteira. Simplesmente decidi averiguar propriamente. Nem mais nem menos.

Sugiro que você faça o mesmo.

Minha história

Como já disse, apesar de ser uma criança criativa, eu não era particularmente ambiciosa. Muito disposta a sacrificar

minhas notas em nome de outros passatempos, tinha uma porção de projetos inacabados e desculpas ainda mais patéticas para largá-los.

Quando estava com oito anos, tornei-me líder de uma microssociedade que usava sementes como moeda. Na hora do almoço, a maioria dos alunos da quarta série se encontrava no pátio e nós apresentávamos os artigos para venda naquele dia, que podiam ser comprados com sementes. Normalmente vendíamos habilidades ou histórias pessoais. Alguns vendiam piadas, outros faziam tranças de cabelo, e acho que cócegas e leitura de mão também eram oferecidas. Era tudo bastante harmônico e democrático.

Mesmo assim, os professores começaram a ficar preocupados com o caminho que aquilo estava tomando e fecharam nosso "mercado" — especialmente minha "tenda", onde eu vendia informações sobre a origem dos bebês. Em razão da natureza sensível do meu tema, eu ficava num cercado. Sempre sentia um orgulho profundo quando via a fila de clientes esperando para me consultar.

Nunca dei muita importância à sociedade das sementes até mais ou menos doze anos atrás. Estava de pé, atrás do balcão de uma loja de departamentos em Melbourne, vendendo meus batons. Havia mais ou menos oito meses que eles estavam à venda nas lojas da moda da cidade, e a demanda crescera tão rapidamente, que o próximo passo seria, logicamente, vendê-los em lojas de departamentos. Eu estava, pela primeira vez, de pé nos fundos da loja, no meu próprio balcãozinho de vendas.

Naquele dia, o balcão parecia ainda menor do que o normal, porque estava sendo "invadido" por pelo menos trinta clientes que acenavam para mim com notas de vinte dólares, se espremendo e empurrando para alcançar a frente da fila e comprar um batom. Lembro-me da experiência como se fosse ontem. Foi um dos melhores dias da minha vida.

> **Lembro de tentar registrar uma venda na caixa registradora, ao mesmo tempo em que me abaixava para procurar uma cor de batom para a próxima cliente. Quando me virei para pegar o dinheiro de uma compradora, tive uma experiência de "sair do corpo". Por mais clichê que pareça, tudo parou de verdade, por uns instantes. Era como se visse a mim mesma de outro ângulo e assistisse à cena onde eu, Poppy, atrás do meu próprio balcão, vendia meu produto. Uma onda de incredulidade me inundou. Depois, de orgulho. Depois, de gratidão.**
>
> **Era a primeira vez que tinha consciência de que, apesar das minhas muitas falhas, eu realmente tinha feito algo de especial. Tinha feito algo acontecer. Não era mais o caso de uma ideia chacoalhando na cabeça de uma menina. Aquilo era real. Tinha tomado a decisão de ir à luta, e agora lá estava eu, com uma fila de clientes absolutamente reais acenando dólares reais para mim. Nem tenda, nem sementes dessa vez.**

Como já disse, uma pequena decisão pode acabar fazendo uma enorme diferença. Mas não importa o resultado. O simples fato de decidir investigar sua ideia afasta você dos "seria, poderia, deveria", direcionando-a para o caminho de fazer a sua ideia acontecer.

LIÇÃO 7: **Ideias e decisões são diferentes**

O processo de ter uma ideia é bastante diferente do processo de tomar uma decisão. Ideias são frouxas e fluidas, nada rígidas ou cravadas na pedra. Decisões, por outro lado, precisam ser mais firmes. A construção de uma decisão é geralmente demorada e sinuosa, mas a decisão pura e simples pode ser tomada rapidamente, com apenas um salto sobre uma grande fronteira psicológica. Uma vez que você está do outro lado e tomou a decisão de perseguir sua ideia, não precisa olhar para trás.

Minha história

Posso dizer exatamente o momento em que passei do ponto de ter uma ideia referente a batons opacos para o de tomar a decisão de criar minha própria marca.

Vinha fantasiando sobre criar minha própria empresa, mas ainda achava impossível o fato de não haver nenhum desses batons disponíveis. Então, lá estava eu, de pé, atrás de mais um balcão de mais uma loja de departamentos, diante de mais uma vendedora, fazendo minha pergunta padrão:

— Por favor, você tem algum batom opaco?

E ela respondeu:

— Se eu ganhasse um dólar cada vez que alguém me pergunta isso, estaria rica.

Pronto. Lá estava o impulso que me ajudaria a tomar a decisão. Exatamente ali, naquele momento, resolvi parar de procurar e começar a começar. Ou seja, começar a pensar naquilo como um negócio de verdade e, mais importante ainda, começar a questionar se eu seria ou não capaz de colocá-lo de pé.

Nem todo mundo tem a sorte de receber um sinal tão claro. Mas, como eu disse uma vez, "sorte" é, na verdade, simplesmente o ponto onde a preparação encontra a oportunidade. Todo tipo de oportunidade pode cruzar nosso caminho, mas, sem preparação suficiente, não somos capazes de tirar vantagens delas. Eu estava preparada porque vinha levando minha ideia a sério, criando um laço com ela durante o processo de incubação, pensando bastante. A única coisa que faltava era tomar a decisão de persegui-la eu mesma. Decisão tomada, minha ideia deixou de ser pura fantasia e se tornou uma realidade que eu estava pronta para explorar.

E isso é tudo que você precisa fazer: tomar a decisão de explorar. Enquanto uma ideia sozinha pode ser maravilhosa, não tomar a decisão de explorá-la fará com que fique para sempre na fantasia. Tomar a decisão de investigar não é irreversível. Nem é um compromisso com alguém ou alguma coisa que não seja você. É só um pensamento que diz: minhas ideias são boas como as de qualquer um e vou explorá-las.

P.S.: Acabei empregando aquela mesma vendedora e ela trabalhou comigo por mais ou menos sete anos.

DEUS AJUDA QUEM CEDO MADRUGA

Você se lembra de alguma vez ter ouvido falar de um novo produto ou serviço e pensou: roubaram minha ideia?! Talvez você tivesse um esboço de roteiro que quisesse desenvolver, até que um dia, alguns anos depois, você assiste ao trailer de um filme exatamente igual. Ou talvez você tenha pensado num serviço totalmente novo para depois descobrir que alguém saiu na sua frente.

Tente pensar em todas as vezes que isso pode ter acontecido com você.

Alguém por aí tomou a decisão de explorar a própria ideia. Na verdade, milhares de pessoas. Se seguir o exemplo delas, da próxima vez que alguém disser "roubaram minha ideia" vai estar falando de você.

LIÇÃO 8: **Descubra o que norteia a decisão**

Uma decisão precisa de "motoristas", condutores para fazê-la andar. A partir do momento em que você decide levar sua ideia adiante, a primeira coisa a descobrir é o que dirige sua decisão. Já que qualquer escolha está ligada a várias fontes e forças de motivação, isolar a força condutora pode ser desafiador. Mas se você puder clarear o que está à frente, será capaz de evitar manobras erradas.

Três personagens fundamentais tendem a influenciar nossas decisões:

- **A cabeça:** podemos pensar no caminho para uma decisão

- **O coração:** podemos sentir nosso caminho para uma decisão
- **O ego:** podemos, também, chegar a uma decisão quando nosso ego se deixa tomar pela ideia fixa de um resultado. O ego quer o que ele quer — o resto que se dane.

Pensando na reputação desses três possíveis condutores de uma decisão, não é preciso ser um gênio para vislumbrar qual deles é o mais descuidado.

Apesar de eu não acreditar que o arrependimento seja um passatempo construtivo, tenho péssimas lembranças dos enganos que cometi com meu ego. Veja bem, mesmo que minha cabeça e meu coração também tenham me tirado do caminho algumas vezes, sempre acabei mais forte depois de enganos desse tipo. O mesmo não pode ser dito dos maus caminhos tomados pelo meu ego — a única coisa que aprendi com eles é que, se você reserva um tempo para avaliar o que, ou qual dos "motoristas", está conduzindo sua decisão logo no princípio, pode descobrir por que está fazendo isso e decidir se quer ou não trocar de condutor. Ou saltar do carro.

Minha história

Meu ego foi mais forte que minha razão em várias ocasiões. Na verdade, ele está fazendo isso neste exato momento, enquanto escrevo, porque algumas dessas situações são muito embaraçosas para dividir neste livro. Meu ego não consegue lidar com isso! Então, escolhi um exemplo que ilustra o que eu quero dizer, mas não me coloca em nenhum perigo.

Eu estava entrevistando uma pessoa para trabalhar na minha empresa, a Poppy Industries. O simples fato de a pessoa em questão estar na minha sala era o resultado de uma decisão insuflada pelo ego. Conhecia-a de vista e de nome, achava que ela era incrível e — como queria que ela gostasse de mim — sugeri que trabalhássemos juntas. Bom, ela aceitou minha sugestão imediatamente. Antes que me

desse conta, ela estava ao telefone, depois, em um segundo, sentada diante de mim.

Tanto minha cabeça quanto meu coração diziam que não era muito boa ideia tê-la na empresa. Primeiro: eu não tinha a menor noção do que ela iria fazer! Então, antes que chegasse, me preparei para puxar o freio de mão. Mas, quando ela sentou na minha frente, me pareceu tão moderna e divertida... meu ego suplicou: "Veja bem, não pode haver nenhum mal em tê-la trabalhando aqui. Além do mais, ter gente diferente e bacana em volta é bom para a imagem da marca!"

Bom, qualquer pessoa em sã consciência diria que querer impressionar uma pessoa não é razão para contratá-la. Mas foi exatamente o que meu ego fez. Não é preciso dizer que as consequências foram bastante reais. Como não havia nenhuma clareza quanto ao trabalho que faria, ela estava sempre se metendo em áreas que não eram da sua competência. O que desagradou a outros e trouxe uma energia negativa para o escritório de administração. Eu estava sempre inventando coisas para ela fazer, e, já que havia sido contratada para que gostasse de mim, era difícil dizer "não" para algumas das ideias que esse tipo de perseguição infrutífera gerava. No final das contas, foi uma situação ruim para todos os envolvidos.

Claro, com o passar dos anos, outros funcionários não deram certo na empresa, mas o que me causa arrependimento neste caso específico é que eu sabia, desde o início, que estava tomando uma decisão baseada em razões duvidosas. E, mesmo assim, fui adiante.

Nosso ego anda conosco onde quer que estejamos, e possivelmente não seremos capazes de isolá-lo de todo na hora de tomar decisões. No entanto, podemos ficar alertas quando o ego se sobrepuser à cabeça e ao coração — condutores consideravelmente mais confiáveis — e tomar a direção. Devemos fazer tudo o que estiver ao nosso alcance para manter o controle longe das mãos de condutor tão malandro.

LIÇÃO 9: Imagine o pior cenário

Quando você olha para uma mesa rangendo por causa do peso de um banquete de Ação de Graças, pode pensar: ninguém é capaz de comer isso tudo! Mas duas horas depois você pode estar olhando para muito menos sobras do que tinha imaginado. Risco é algo bastante semelhante a uma mesa cheia. Quando você olha pela primeira vez, parece demais, esmagador. Mas se consumir aos pouquinhos, pode isolar o risco todo.

Para minimizar o medo ao redor do seu risco, pode ser bom quebrá-lo em pequenos pedaços. Tenha em mente que sua meta é chegar a um discernimento apurado do risco que está prestes a correr, nem super, nem subestimá-lo. Então, pergunte-se: qual é o pior cenário? Qual é a pior coisa que pode acontecer?

QUAL É A PIOR COISA QUE PODE ACONTECER?

Para este exercício, vamos imaginar que o pior aconteceu. Lembre-se de que estamos falando da pior possibilidade plausível, não do que vai acontecer, mas do que pode acontecer. Vá em frente, reserve um tempo para estar nesse lugar sombrio e, com honestidade afiada, avalie como você digeriria o pior.

Aqui vão algumas perguntas para ajudá-la a pensar:

- Como você vai se sentir se perder o seu dinheiro ou o investimento de outra pessoa?
- Você consegue pensar num plano B? Se a resposta for sim, qual é ele?
- Tudo bem para você perder o tempo necessário para começar sua ideia do zero?
- Como você se sentiria se o pior acontecesse?

Esse é o ponto em que muitas pessoas desistem, porque, de início, o risco parece insustentável. Mas pense com calma e o que vai descobrir é que pode ter uma agradável surpresa.

O risco fundamental de uma ideia é sempre o mesmo: o risco de não dar certo. Mas as consequências do fracasso vão variar de acordo com a sua natureza e a natureza da ideia. Se sua ideia envolve seu corpo e sua vida, como, por exemplo, *bungee jumping*, o risco de não dar certo pode ser a morte. Na maioria das vezes, no entanto, mesmo que o risco não seja morrer, ele pode parecer tão assustador quanto.

Normalmente, você vai encontrar o seguinte, no topo da lista:

- **Perda de dinheiro.** Ideias custam dinheiro; se o pior acontecer, você pode perder o seu dinheiro ou o de outra pessoa.
- **Perda de tempo.** O tempo que você investe numa ideia é o que poderia ser gasto em outra coisa.
- **Perda do orgulho.** Sua satisfação pessoal de sucesso pode sofrer como resultado de uma ideia fracassada.

Minha história

Nunca vou me esquecer da primeira vez em que conscientemente considerei o temido "pior cenário". Depois de meses de desenvolvimento, finalmente me dirigia à fábrica que estava produzindo meus batons para buscar meu primeiro pedido. Sete cores, sendo mil de cada uma; sete mil no total. Coloquei tudo na mala do meu carro, um Mercedes dos anos 1960.

Devidamente instrumentalizada no meu carro-tanque-reservatório, ouvia Madonna no som portátil que estava no banco de passageiros. A música bombando, o sol brilhando, e o carro chacoalhando, quando, do nada, fiquei completamente petrificada. E se essa história toda não desse certo? Eu tinha sete mil batons no meu carro... e se não conseguisse vender nenhum?

De repente, fui tomada pelo medo, convencida de que tinha feito uma coisa absolutamente errada e ia acabar quebrada, falida. Naquele momento, só conseguia pensar no pior.

Me torturei por alguns quilômetros. Depois, comecei a pensar: se o pior acontecer e essa aventura der errado, não vou ficar feliz, lógico, mas ainda assim vou ficar bem. Vou fazer tudo ao meu alcance para que dê certo. Mas se não der, ninguém vai morrer — inclusive eu. Comecei a relaxar; consegui até rir. Pensei com meus botões: até que não é tão mal assim... se não funcionar... pelo menos terei batons maravilhosos até morrer!

Não quero parecer leviana, mas digerir o risco fica mais fácil quando você realmente pensa no pior e questiona se consegue ou não aceitar essa possibilidade. Veja bem, eu não disse "gostar", apenas aceitar. Inicialmente, você terá pavor desse pensamento. Mas sustente-o, e poderá descobrir que, seja o que for, você será capaz de aceitar o pior cenário e lidar com as consequências.

Com certeza você ainda terá medo, mas isso é de se esperar. Digerir o risco não quer dizer eliminar completamente o temor — só o delírio é capaz disso, e delírio é a última coisa que você quer nessa hora. Então, metabolize seu medo de forma construtiva. O metabolismo quebra as substâncias para produzir energia. Se aplicarmos esse método ao medo que acompanha o ato de assumir riscos, percebemos que podemos usar o medo para gerar energia. O medo saudável de evitar o pior cenário pode ser quebrado, metabolizado e transformado em algo suave, na motivação que nos manterá trabalhando duro para garantir que o pior não chegue a acontecer.

LIÇÃO 10: **Use o instinto para pilotar uma decisão**

"Instinto visceral": já pensou sobre a origem da expressão? Aparentemente, nosso estômago utiliza neurotransmissores semelhantes aos que temos no cérebro, para que nossas emoções, sentimentos e reações possam fluir diretamente de um para o outro. O que sentimos no estômago pode, às vezes, estar mais próximo do instinto do que somos capazes de racionalizar. Enquanto nosso cérebro pode tentar nos convencer a seguir determinado caminho, no final das contas são nossas vísceras que indicam se a direção é certa para nós. O importante é lembrar que somos todos diferentes. Duas pessoas podem ter instintos viscerais completamente distintos em relação ao mesmo estímulo.

Todos nós já ouvimos o velho clichê que diz que nosso instinto nunca deixará que nos percamos. Bom, não é tão simples assim. Mesmo que o instinto não revele o melhor caminho, ou mesmo o caminho certo, ele indicará o caminho mais confortável para você — o que é extremamente importante para se embarcar em qualquer aventura.

Mas, por favor, não confunda conforto com facilidade. Existem graus de conforto. Facilidade é o primeiro da lista e terror é o último. Seu instinto deve levá-la ao equilíbrio entre os dois. Enquanto o medo é parte natural de qualquer desafio e é, simplesmente, a maneira de a natureza nos avisar que devemos agir com cautela, o pânico conduz à antecipação, gerando um alerta de perigo imediato. Por outro lado, a falta total de medo ou apreensão é sinal de que não está desafiando a si mesmo o suficiente.

O DINHEIRO DOS OUTROS

Às vezes, na verdade com frequência, você pode não ser o único a sofrer no pior cenário. O risco pode respingar na sua vida pessoal, bem como na vida profissional. Para digerir esse nível adicional de risco, tenha em mente as seguintes diretrizes:

- **RELAÇÕES PESSOAIS.** Se há amigos, familiares ou qualquer pessoa dependendo financeiramente de você, talvez seja preciso averiguar se eles podem tolerar o risco que você está prestes a assumir. Se não podem, o risco se torna ainda maior, o que pode afetar sua decisão. Deixar sua família e amigos em situação desconfortável transforma o risco num grande fardo, que pode facilmente fazê-la sentir-se mal. No próximo segmento, vamos falar sobre como reconhecer e trabalhar esses sentimentos.

- **RELAÇÕES PROFISSIONAIS.** Enquanto você faz muito bem em considerar a tolerância ao risco daqueles que dependem de você na sua vida pessoal, o mesmo não se aplica à sua vida profissional. Se o resultado de uma ideia que não deu certo significa perda de tempo, dinheiro ou orgulho por parte dos seus parceiros de negócios, colegas de trabalho ou de profissão, cabe a eles decidir se são ou não capazes de digerir o risco. Você não deve assumir responsabilidade pelo medo dos outros. Desde que tenha sido completamente honesta com relação às informações passadas e disposta a fazer sua parte, é dever de cada um averiguar a própria habilidade de lidar com o pior. Se alguém se recusar a isso e fizer com que você sinta que o risco é responsabilidade exclusivamente sua, é sinal de que não deve se envolver profissionalmente com tal pessoa. Ideias normalmente envolvem risco inerente. Uma forma de minimizar o tamanho do risco é garantir, desde o início, que qualquer profissional associado a você esteja disposto a se responsabilizar pelas próprias atitudes.

Minha história

A primeira vez que percebi estar usando meu instinto para me nortear foi quando decidi onde meu produto seria comercializado. Batons são vendidos juntamente com outros cosméticos em lojas de departamentos, farmácias e drogarias. Pelo menos essas eram as alternativas quando me preparei para vender minha linha de batons para lojas em Melbourne. Por alguma razão, esses lugares não me pareciam apropriados. Na verdade, eu tinha pânico da ideia de me aproximar de lojas de departamentos.

Não era simplesmente o medo saudável e comum da rejeição que todo mundo tem quando aborda grupos desconhecidos. Era uma angústia. Mas, ao invés de chamá-lo de

pé-frio ou falta de coragem e ir adiante, dei-me conta de que era meu instinto tentando me dizer alguma coisa. Especificamente, que o alcance do meu batom seria engolido num desses espaços tradicionais. Quando o imaginava lá, parecia fora de lugar, desconfortável e errado. Por quê?

Enquanto meu cérebro me dizia que era onde todos os cosméticos, cremes faciais, sombras de olho, bases para pele, corretivos, perfumes e batons eram vendidos, meu instinto resistia. E quando eu tentava entender a razão, percebia que a relutância se devia à natureza do meu produto. Tinha desenhado meus batons para serem itens de moda e glamour em primeiro lugar. Se eu fosse colocar meus soldadinhos na guerra, a melhor chance para eles estava no front da moda, não no dos cosméticos.

Naquele ponto, decidi que meu alvo seria as lojas mais modernas nas áreas mais sofisticadas de Melbourne. Como tais lojas não tinham histórico de venda de batons, eu teria que convencer esses varejistas a não só abrirem espaço para a minha marca, como também para oferecer uma categoria de produtos completamente nova. Apesar de a perspectiva de tal desafio me deixar bastante nervosa, isso era bem menos apavorante do que procurar por lojas de departamentos.

A natureza nos dota não somente de sentimentos distintos, como medo e pânico, mas também de algumas sensações úteis para distinguirmos um do outro. Pense em como você se sente num primeiro encontro. Se for parecida comigo, pode sentir ansiedade, o coração disparado e o corpo formigando com a adrenalina. As pessoas gostam de chamar esse conjunto de sensações de frio na barriga, mas o que realmente querem dizer é que você está sentindo excitação misturada a um pouco de esperança e de medo.

De alguma forma, um pouco de nervoso é sempre divertido. Por outro lado, náusea, não. Se você se sente verdadeiramente mal, enjoada, doente, seu nível de conforto já ultrapassou a excitação e a esperança, e foi para um lugar onde você dificilmente será eficaz. Seu instinto visceral não a colocaria lá. Seu instinto visceral deve colocá-la onde você é mais capaz de brilhar. E esse lugar é diferente para cada um.

LIÇÃO 11: **Seja inteligente ao pedir conselhos**

Ao se preparar para fazer algo novo e pouco familiar, você naturalmente vai querer aumentar seu conhecimento sobre o assunto, e com certeza buscará aconselhamento. Mas, no meu caso, se eu não tomar cuidado, tenho uma tendência aos extremos. Resolvo que para fazer minha cabeça não preciso de conselho nenhum ou preciso de quantidades intermináveis deles. As duas abordagens podem me encostar contra a parede.

Para evitar que isso aconteça, aprendi que, antes de sair em busca de conselhos, preciso entender meu objetivo. Especificamente: preciso de conhecimento sobre *como* algo funciona, *por que* funciona, ou *se* funciona? Independentemente do conhecimento que estou buscando com conselheiros, a tendência, de modo geral, é que obtenha mais informações do que pedi. Agora, se eu não tiver absoluta clareza sobre a razão de estar ali e sobre a natureza do que estou procurando, posso acabar me sentindo confusa e perdida.

É assim que me sinto, quando olho para o meu armário embaixo da pia da cozinha. Ali dentro, devo ter mais de cem sacos plásticos e de papel guardados. São tantos, agora, que uma rebelião pode acontecer a qualquer momento. Uma gangue de seis, pelo menos, tenta escapar toda vez que abro a porta. Não tenho nenhum plano ou grande projeto que justifique mantê-los em cativeiro. Eu simplesmente o faço. De vez em quando, me pergunto: qual é meu objetivo com isso? Respondo-me com a consideração de que um dia posso precisar deles, que é bom tê-los à mão etc. Mas a verdade é uma só: não existe objetivo algum, os sacos estão simplesmente ali, ocupando espaço e me confundindo quanto à sua função e à razão pela qual os mantenho.

Com certeza, comecei a colecioná-los por alguma razão. Na verdade, se a memória serve para alguma coisa, acho que tudo começou quando pensei que alguns seriam bons para guardar meu material de tricô. Mas, agora, eu simplesmente jogo qualquer sacola que cruze meu caminho ali dentro, e o resultado é que a bagunça é tão completa que acabo não usando nenhum deles.

Tenha cuidado para que o mesmo não aconteça quando for buscar aconselhamento. Antes de começar, procure identificar o que você quer saber. Assim, poderá guardar o que servir de ajuda e dispensar o resto.

Minha história

Eu não tinha a menor ideia de como funcionava o mundo dos cosméticos, quando comecei. Na verdade, não tinha ideia de como nenhum negócio funcionava. Tinha acabado o último ano de colégio, e o mais perto que havia chegado do tema foi uma matéria chamada Matemática para Negócios. Azar o meu por ter me deixado distrair pela semelhança do professor com Norman Bates, em vez de prestar atenção ao que ele estava ensinando.

Quando me ofereceram um contato com um executivo experiente de uma cadeia de farmácias — que trabalhava com várias marcas de cosméticos, como, por exemplo, a Revlon — para aprender um pouco sobre a relação produtor--revendedor, lancei-me com tudo.

No encontro, o executivo me explicou que cada marca de cosméticos tinha um representante que interagia com um comprador específico da loja. A cada estação, novos produtos eram introduzidos e sessões de treinamento eram programadas. Falou também sobre pedido e compra de produtos, diferentes modalidades de compra e venda (como comprar diretamente da marca ou aceitar o produto em consignação) e muitas outras informações que foram de um valor inestimável.

Depois de tudo isso, ele decidiu oferecer conselhos sobre meus "planos". Resumindo, disse que lançar uma marca só de batons não era boa ideia. Como as outras marcas tinham linhas completas, incluindo blush, rímel, sombra, e coisas do gênero, minha linha única e exclusivamente de batons estava fadada à dificuldade de encontrar espaço nas prateleiras.

Ao sair do encontro, senti-me um pouco fora dos trilhos. Por um lado, esse executivo era bastante experiente e eu tinha aprendido muito. Por outro, ainda acreditava que havia uma demanda genuína para meus batons!

Depois de alguns dias ressuscitando a crença na minha ideia, dei-me conta do que deveria saber, em primeiro lugar: apesar de tudo o que ele havia dito ser verdadeiro, nem tudo era apropriado à minha situação. Ele estava falando do ponto de vista de uma enorme cadeia revendedora, não do tipo específico de butique que eu pretendia procurar. Então, eu deveria usar o que aprendera sobre fornecimento e vendas, mas descartar as informações irrelevantes sobre o que é preciso para ter seu produto nas prateleiras de uma cadeia de drogarias.

Antes de começar um novo empreendimento, você faz muito bem em buscar aconselhamento de quem tem experiência no ramo. Mas tenha em mente que os conselhos são úteis desde que você:

- **Pense sobre o que está procurando e por quê.** Assim, você será encaminhada para a pessoa certa. No próximo capítulo, falarei sobre como proceder ao buscar aconselhamento.
- **Entenda que o aconselhamento que pedir será um reflexo da fonte.** Pense cuidadosamente sobre quem procurar para aconselhamento e tente compreender que os conselhos virão sob determinada perspectiva.
- **Permita-se usar o que precisa e abandonar o resto.** Conselho é a experiência de outra pessoa, portanto, subjetiva. Cabe a você saber quais informações merecem ser guardadas. Tente evitar minha situação com os sacos plásticos. Não estoque tudo automaticamente.

LIÇÃO 12: Saiba lidar com seu crítico interior

Falando em ocupação de espaços, gostaria de apresentá-la a alguém que você já deve conhecer. Provavelmente o encontrou quando buscou atividades novas ou pouco habituais. De modo geral, ele aparece antes de você começar algo e depois simplesmente some, quando você já está fazendo o que se propôs a fazer. É seu crítico interior. Ele puxa uma cadeira de diretor e se aboleta, exatamente quando você está diante de uma decisão nova. Para alguém que não existe, ele pode ser bem dispersivo.

Estou usando ele, porque o meu, apesar do comportamento de elfo, é definitivamente homem. O seu pode ter aparência e voz completamente diferentes. O meu é absolutamente travesso, provocador e mais zombeteiro que mau. A grande provocação está no deleite de me dizer que não posso fazer algo. "Quem você pensa que está enganando?" É o que ele me diz, com voz cantada. "Você não pode fazer isso!"

Por sorte, já o conheço bastante. Já conversei com várias pessoas sobre a maneira com que lidam com os próprios críticos interiores. Hoje, estou pronta para passar adiante os segredos de como tratar essa criatura estranha e persuasiva para que você possa tomar sua decisão e lutar por ela, com ou sem a interferência dele (dela).

O principal é lembrar que ele, na verdade, nunca faz nada — simplesmente comenta. É um crítico de plantão. Mas se você for um pouquinho como eu, pode rapidamente dar credibilidade a essa vozinha fantasma. Quando ela me diz que não posso fazer algo, simplesmente assumo que ela sabe o que está falando. Mas é exatamente assim que ganha força — supondo que você não a desafiará. Ela simplesmente lançará a desconfiança, sem esperar que você devolva na mesma moeda.

PINGUE-PONGUE MENTAL

Pode parecer estranho, mas, da próxima vez que seu crítico interior colocar as manguinhas de fora, imagine-se jogando pingue-pongue com ele. Ele vai jogar todos os tipos de bola para você, mas, ao invés de deixar que atinjam sua cabeça, devolva-as com força e com vontade. Faça com que ele se explique. Se a voz disser algo do tipo: "Você não é a pessoa certa para fazer isso", pergunte: "Por que não?" Ou, se começar a jogar com suposições do tipo: "Não vai dar certo", lance o desafio: "E se der?" Ou simplesmente contraponha: "Pode dar certo!"

Reserve um tempo agora para antecipar os piores ataques de seu crítico interior e criar uma estratégia de defesa para cada um deles. Tome nota. Tal procedimento não só vai ajudá-la a se defender contra essa voz negativa, como vai fazer com que aumente sua confiança nos próprios planos.

Um exercício de pingue-pongue vai ajudá-la a antecipar essas investidas e prepará-la para desarmá-las completamente.

Minha história

Foi um período inebriante. Eu tinha vinte e um anos e meus batons eram um sucesso. O que antes era um simples pensamento — "Vou tentar criar minha própria marca" — agora tinha se tornado uma realidade promissora. Eu ainda ficava maravilhada todos os dias quando entrava no meu escritório e via uma recepcionista, representantes de vendas, contadores e assistentes andando de um lado para outro — tudo isso por causa de uma ideia.

E mais, os escritórios eram exatamente como nas minhas fantasias adolescentes. Localizado numa ruazinha de um bairro industrial de Melbourne, o escritório central da Poppy Industries ficava num antigo depósito de lã de carneiro. Lá dentro, sofás antigos forrados de veludo vermelho, pinturas enormes de papoulas, tapetes com estampa de pele de animais e divisórias de madeira clara. Quando éramos adolescentes, minha amiga Sarah (lembra daquela que parecia a rainha das chefes de torcida?) e eu sempre conversávamos sobre como seria legal ter um escritório moderno em algum armazém antigo desativado... e eu realmente tinha.

Você pode pensar que naquela época eu estaria me sentindo superconvencida e imune à dúvida e à insegurança.

Mas, de vez em quando, meu crítico interior ainda aparecia com algum comentário altamente destrutivo. Ainda me lembro de um em particular.

Eu e minha representante de vendas estávamos sentadas em volta da enorme mesa de madeira de estilo medieval da nossa sala de reuniões, num encontro com compradores de uma loja importante. Realmente esperávamos que eles quisessem vender minha marca em sua loja. Eu estava no meio de uma explanação muito confiante sobre a marca, quando vi minhas mãos de relance e me dei conta de quanto pareciam mãos de criança. Do nada, fui derrubada pelo pensamento de que aquelas não eram as mãos de um adulto. Muito pequenas, um pouco rechonchudas, como as de uma criança, minhas mãos também apresentavam dedos de unhas roídas. Ali, naquele momento, ficou claro para mim que minhas mãos não pareciam nem um pouco autoritárias ou confiantes.

Eu estava no meio de uma frase, quando meu crítico interior agarrou a oportunidade para me dizer que eu era uma fraude. Era só uma criança brincando de representar, sem realmente saber do que estava falando. Com certeza, essas pessoas, com suas mãos maduras, de gente grande, iriam enxergar através de mim. Será que eles não viam que eu nem sequer tinha mãos de adulto, que dirá ideias? O fantasminha dentro de mim tinha balançado completamente minha confiança.

Durante um tempo, minha boca estava se movendo, formando frases, mas minha cabeça estava escutando os comandos daquela voz fantasma. Como era meu costume naquela época, acreditei que a voz estava certa e que era pura sorte ter chegado tão longe. Mas, exatamente quando ela estava para assumir o controle, me defendi e respondi que, mesmo estando certa, eu deveria continuar minha explanação. O desafio calou meu crítico interior por tempo suficiente para que eu terminasse minha apresentação e convencesse os compradores a ficarem com minha linha de batons.

O crítico interior só se relaciona a partir de extremos. De acordo com ele, tudo sempre acabará em desastre. Apesar da natureza tentadora desse argumento, ele tem um ponto fraco: o meio-termo. Quando seu crítico interior disser que algo não vai dar certo, responda que você vai tentar, mesmo assim; e que ainda que as coisas não saiam perfeitas, isso não quer dizer desastre. Quanto menos você ceder à "sabedoria absoluta" dele, mais esparsas serão suas aparições e maior será o seu desejo de tentar coisas novas.

LIÇÃO 13: **Encare seus medos**

Passei muito tempo tentando escapar das coisas que me assustavam, imaginando que, quanto mais longe ficasse delas, menores elas se tornariam e menores seriam seus efeitos sobre mim. Mas descobri que é exatamente o contrário. Se for capaz de dar a volta e, na verdade, andar em direção ao medo, ao invés de fugir, ele começa a diminuir de tamanho.

Eu me lembro de uma das primeiras vezes que dirigi em Los Angeles. Vindo da Austrália, eu estava do lado errado do carro, do lado errado da rua. Era muito estranho — especialmente nos cruzamentos, quando sempre me via olhando para o tráfego vindo de todos os lados. Ficava tão confusa, sem saber para que lado olhar, que acabava olhando até para o céu!

Depois de um tempo, descobri que, em vez de ficar girando a cabeça como se tivesse saído do filme *O Exorcista*, tudo o que eu precisava fazer a cada placa de "Pare" era olhar para o lado que me parecesse mais estranho, menos natural. Bastava ir contra meus reflexos, para saber o lado certo de olhar. Foi difícil no começo, mas quanto mais o fazia, mais fácil ficava. E pode se tornar mais fácil encarar seus medos também, principalmente quando você se dá conta de que essa é a maneira mais certeira e rápida de superá-los.

Minha história

Depois de seis anos no mercado, chegou o momento de investir mais para fazer a empresa crescer. Mas uma coisa que

me apavorava era depender do banco. Na tentativa de evitar a situação, optei por parceiros de negócios, cujo investimento resolveria questões de curto prazo.

Infelizmente, o mix de habilidades e personalidades que veio com as novas parcerias não ajudou a longo prazo. Nossos problemas foram de mal a pior e, no final, exatamente aquilo de que eu tinha mais medo aconteceu: não tivemos alternativa senão o banco. Um dos meus maiores medos, materializado.

Mas descobri que lidar com o banco não era tão ruim quanto eu imaginara. E o mais doloroso, de fato, foi perceber que muitas dessas consequências desagradáveis resultaram da minha tentativa de fugir do meu medo, escondendo-me dele com soluções de curto prazo. Somente quando encontrei uma parede de concreto e não tive outra opção a não ser encarar meu medo, aprendi que é mais fácil fazê-lo desaparecer quando o confrontamos do que quando tentamos evitá-lo.

Se existe uma coisa que posso prometer é que o medo nunca vai embora. Apesar de todos os meus sucessos e de todas as minhas atitudes assertivas, a velha ansiedade ainda comparece toda vez que tomo a decisão de investir numa nova direção. Felizmente, hoje em dia, aprendi a andar em direção a meus medos — e ainda me impressiona vê-los diminuir cada vez que me aproximo.

Conclusão

Aqueles que perseguem seus objetivos podem buscar vários caminhos para o sucesso, mas todos têm uma coisa em comum: em algum momento, eles se enchem de coragem e decidem explorar suas ideias. Fazendo isso, pescaram seus sonhos da pilha do "e se", a que tendemos recorrer em momentos de contemplação, e os promoveram à categoria de "metas".

Mais que qualquer outra coisa, é a falta de confiança em nós mesmos que se interpõe no caminho de nossas decisões. Quando você ultrapassar esse sentimento, estará à beira de algo muito melhor do que pode imaginar. Para chegar lá, tenha em mente os conselhos deste capítulo:

- **Perceba que ideias e decisões são diferentes**. Apesar de uma ideia poder levar meses para se formar, decisões são tomadas num instante. Uma vez que você decide explorar sua ideia, ela deixa de ser algo nebuloso flutuando no seu pensamento e se transforma em meta sólida a ser investigada.
- **Descubra o que dirige sua decisão.** Você não quer perseguir uma ideia pelas razões erradas. Examine suas motivações com bastante cuidado. Elas são sólidas ou são pura vaidade? São racionais ou emocionais? Os dois? Se conseguir ser honesta com você mesma e, ainda assim, continuar determinada a prosseguir, está no caminho certo.
- **Imagine o pior cenário.** Pensar no risco que envolve perseguir uma ideia pode ser o suficiente para nos desligar do empreendimento como um todo. Mas isso acontece porque estamos inseguros sobre como reagiremos diante do pior cenário. Muitas vezes, é simplesmente o medo de uma reação desconhecida que nos impede de prosseguir.
- **Use o instinto para comandar uma decisão.** Existe uma diferença entre medo saudável e pânico indiscriminado. O primeiro indica se está no caminho certo; o segundo sinaliza a necessidade de buscar ajuda. Prestar atenção aos sentimentos vai ajudar a guiá-la na direção correta. Algo que soa absolutamente apavorante, de modo geral, indica que aquilo não é certo para você. Mas não se esqueça: se for muito fácil, talvez você não esteja se esforçando o suficiente.
- **Seja inteligente ao buscar aconselhamento.** Quando você está começando a perseguir uma ideia, quer juntar informações vindas de gente que sabe. Mas tenha em mente que você não preci-

sa se apegar a todos os conselhos que lhe derem. O fato de uma pessoa ser uma fonte valorosa não quer dizer que esteja certa a respeito de tudo.

- **Saiba lidar com seu crítico interior.** Todos temos um crítico interior, aquela vozinha negativa dentro da nossa cabeça, que ama contradizer qualquer sonho positivo e esperançoso. O objetivo de nosso crítico interior é impedir que tentemos algo novo. Você deve fazer o que for possível para superar suas reservas e calá-lo por tempo suficiente para que possa fazer algo.
- **Encare seu medo.** Como eu disse antes, o medo é um componente saudável quando se faz algo novo. É a maneira de a natureza avisar você a prosseguir com cuidado — "prosseguir" continua sendo a palavra-chave.

Você não precisa chegar aos extremos que eu experimentei para se beneficiar das lições que aprendi. Contudo, terá que ser firme e decidida se quiser alcançar o sucesso. E, para fazer isso, você só precisa descartar a interferência negativa, tomar uma decisão e seguir seus sonhos com confiança e clareza.

3

PESQUISAR É MAIS SIMPLES DO QUE PARECE

ASSIM COMO SUA VOZ, seus pensamentos têm um tom. Só de pensar em certas palavras, eu entro em pânico: "personal trainer", "atraso", "relatórios de crédito" (na verdade, "relatórios de qualquer tipo") e "ratos" são algumas que me vêm à cabeça. Até um determinado momento, "pesquisa" fazia parte da minha lista, agora não mais.

Apesar de existirem aqueles que amam o processo de pesquisa, a maioria das pessoas admitirá imediatamente que só começou a pesquisar quando, e se, absolutamente necessário. Neste capítulo, você verá por que a pesquisa é fundamental para qualquer ideia que você venha a colocar em prática, seja um produto novo, seja uma proposta para seu chefe.

Minha história

No colégio, minhas amigas sempre brigavam comigo, para depois fazermos as pazes. Veja bem, eu não era o que se pode chamar de amiga fácil. Apesar de gostar de um papo de mu-

lher, como qualquer garota, era tão interessada — se não a mais interessada — em arrastar minhas amigas por intermináveis conversas analíticas sobre o sentido da vida. Como você pode imaginar, muitas das minhas melhores amigas chegavam, muitas vezes, à conclusão de que precisavam de um tempo.

Mas, alguns anos depois, as mesmas amigas estavam ávidas por tomar parte nos meus questionamentos, porque agora eles eram sobre batons.

Eu passara alguns meses indo e vindo da fábrica de batons, depois de um bocado de tempo dentro daquele laboratório meio amador. Eram três químicos de cosméticos, alguns equipamentos, muitas garrafas cheias de pó e pigmentos coloridos, alguns instrumentos de medição e pesagem, um fogão comum velho e uma geladeira.

Tudo era utilizado para fabricar amostras de batom. Os químicos anotavam meticulosamente o que colocavam na mistura, aqueciam-na, despejavam-na dentro de um molde, levavam à geladeira e depois conferiam o resultado.

Era aí que eu entrava em cena.

Esperava a mistura esfriar e corria para o espelho do banheiro para experimentar. Apesar de não ser capaz de dar nenhum feedback técnico, eu sabia que textura queria que o batom tivesse, e como queria que ficasse quando passado nos lábios. Então, voltava para eles com comentários do tipo: "arranha muito ao aplicar", ou "será que pode ser menos poeirento"?

Finalmente, consegui o que me pareceu a fórmula certa. Um batom compacto, opaco e parecido com lápis de cera, sem ser arenoso; exatamente o que eu queria. Ainda assim, achei que seria uma boa ideia angariar mais opiniões. Foi quando mudei para o modo pesquisa. De repente, toda mulher que eu conhecia tinha se transformado em cliente potencial, um porquinho-da-índia, rato de laboratório, uma mina de ouro de informações valiosas, tudo isso embrulhado para presente.

Pedia a todas as minhas amigas e conhecidas que usavam batom que experimentassem o meu. E, apesar dessa abordagem informal, acabei indo para o mercado com um produto muito melhor, graças às opiniões.

Como você pode ver, pesquisa não precisa necessariamente ser uma tarefa terrível. Na verdade, você vai descobrir que muitas vezes pode ser bastante simples e divertida, dependendo de como você aborda o tema.

LIÇÃO 14: **Evite complicar mais que o necessário**

Pode deixar a sua enciclopédia de lado agora, porque, exatamente como sua ideia, a pesquisa não tem que ser complicada, científica ou pioneira para ser útil. Na verdade, seu maior desafio pode muito bem ser o de manter as coisas simples e confiar que, científica ou não, você já sabe como conduzir uma pesquisa.

Não importa se você tem ou não o jaleco de cientista. Eu aposto que você está sempre pesquisando — muitas vezes, sem saber. Por exemplo, se alguma vez já fez planos para ir ao cinema, provavelmente fez algo do tipo:

1. Decidiu que filme queria ver
2. Procurou saber em que cinema estava passando
3. Combinou com os amigos qual o melhor cinema para todos
4. Escolheu a sessão
5. Pensou na melhor maneira de comprar os ingressos
6. Pensou qual a melhor hora para chegar lá e definiu o ponto de encontro com os amigos

Quer saber? Isso tudo é pesquisa! Fazemos tudo o que está na lista num piscar de olhos, mas, ainda assim, o processo requer análise, avaliação e ação. Então, é assim: se você pode ir ao cinema, já sabe fazer pesquisa.

Claro, você pode fazer dessa ida ao cinema uma operação muito complicada ou muito simples. Por exemplo: pode ler as críticas de todos os filmes, montar um gráfico com todas elas, avaliar a situação sanitária de cada cinema em relação aos padrões aceitáveis, avaliar as ofertas de petiscos oferecidos nas salas em relação à pirâmide de uma dieta saudável, depois, calcular o tempo médio para chegar ao cinema dividido pela distância do ponto de transporte público mais próximo e multiplicar pelo congestionamento no trânsito. Aiiiiii!

Se você precisasse fazer tudo isso, provavelmente ficaria em casa. Mas acho que você entendeu o que quero dizer: até mesmo a pesquisa para uma coisa tão fácil, como ir ao cinema, pode ser simples ou complicada.

Minha história

Quando conto a minha história, seja num jantar ou no auditório sofisticado de um hotel em frente a milhares de espectadores, tem sempre uma coisa que parece intrigar mais as pessoas. Com os olhos arregalados como se fossem pires e a voz sussurrada de encantamento, elas vêm até mim e perguntam:

— Como é que você sabia como se faz um batom?

— Procurei nas Páginas Amarelas — é minha resposta.

Exatamente. Sentei de pernas cruzadas no chão da sala da casa da minha mãe e procurei "fabricantes de batom" nas Páginas Amarelas, da mesma maneira que faria se precisasse encontrar um serviço de sinteco. Depois de explicar isso para as pessoas, posso ver o encantamento sumir de seus rostos e ser substituído por certo embaraço, enquanto avaliam essa resposta tão simples para o que imaginavam ser um processo tão complicado.

A seção de fabricantes de cosméticos da lista telefônica tinha mais ou menos três páginas inteiras de números de telefone de empresas com nomes do tipo Logipack e Ivreson Manufactoring Co. Não é exatamente o que se pode chamar de autoexplicativo. Então, procurei a lista em ordem alfabética. Quando alguém atendia, eu perguntava: "Vocês

produzem batom?" Estando na Austrália, a maioria dos lugares para onde telefonei fabricava protetores solares, óleos de bronzear, artigos que tinham a ver com sol, mas, finalmente, acertei um alvo. Eles não fabricavam batons, mas um rapaz disse (e eu reproduzo): "Conheço uma gangue em Baywater que tá nesse jogo." Depois de uma pausa, ele trouxe um nome da memória e... Bingo! Procurei o número e o resto, como se diz, é história.

Ao longo dos anos, sempre que contava essa história, ninguém adivinhou que eu tinha encontrado o lugar para fazer batons na lista telefônica. Não porque não fossem pessoas inteligentes, mas porque ninguém jamais pensou nisso de forma simples. Às vezes, é realmente inteligente fazer algo que parece muito, muito bobo.

Já que o que você está procurando nesse estágio são respostas às suas perguntas, as soluções mais óbvias são, geralmente, as melhores. Lembre-se, você não ganha pontos aumentando o grau de dificuldade — o máximo que vai conseguir assim é retroceder.

LIÇÃO 15: **O destino determina a viagem**

Se você já organizou planos de viagem, já sabe que a primeira coisa de que precisa é uma ideia firme quanto ao seu destino. Quando sabe para onde está indo, pode começar a olhar as opções de transporte e pensar em que tipo de acomodação e de roupas vai precisar. O mesmo princípio se aplica à pesquisa: você precisa saber aonde quer chegar, antes de planejar como chegar lá e permanecer.

Para sua sorte, hoje em dia, dificilmente você vai se meter em território totalmente desconhecido. Qualquer que seja a natureza da sua ideia, alguém em algum lugar provavelmente já terá feito algo similar. Logo, você terá pegadas a seguir. Não é nenhuma vergonha seguir esses passos, no que diz respeito à sua ideia. Na verdade, segui-los ajudará não só a descobrir passos fundamentais que você precisa dar, como também a refinar e melhorar sua ideia durante o processo.

Minha história

Quando chegou o momento de mapear os passos fundamentais para criar uma marca de batons e começar a vendê-los, dirigi-me ao destino final: as lojas de departamentos. Mas agora, ao invés de simplesmente perguntar sobre batons opacos, fui armada com uma prancheta. Se você alguma vez sentiu que estava perdendo o propósito, o foco, realmente aconselho a prancheta. O simples fato de segurá-la faz com que tudo pareça extremamente oficial.

Prancheta na mão, observei oficialmente as marcas de batom e procurei pelas coisas que tinham em comum. No final do dia, minhas anotações eram mais ou menos assim:

- **Vitrines**
- **Material promocional**
- **Mostruários**

Agora eu tinha uma lista de coisas que precisava investigar.

Descobrir onde encontrar essas coisas seria uma viagem à parte, mas quando prestei atenção às outras marcas compreendi o que era preciso para minha própria jornada.

Antes de buscar as respostas, você precisa encontrar as perguntas certas. No começo de qualquer empreendimento, a maioria de nós se depara com algo que parece um ponto de interrogação enorme, esmagador. Imagine o que deve ter sido para os primeiros exploradores quando saíram pelo mundo sem saber o que esperar. Simplesmente saíram navegando, cruzaram os dedos e esperaram pelo melhor. Mas você não precisa fazer o mesmo — não se prestar atenção ao exemplo deixado pelos exploradores que vieram antes de você.

LIÇÃO 16: **Volte a estudar**

Como você já deve ter percebido, eu não fui uma aluna-modelo, principalmente no que dizia respeito ao dever de casa. O problema não era os exercícios em si, mas a disciplina de sentar para fazê-los. Observava os outros alunos e ficava genuinamente maravilhada com sua habilidade para completar as tarefas de casa. Como eles faziam aquilo?

Lembrando-me disso, compreendi o que me separava deles. Ao invés de perder tempo questionando se deviam ou não fazer o dever, eles aceitavam aquilo como um fato da vida. Finalmente entendi isso, quando dei seguimento à minha ideia com os batons e compreendi que o único segredo para fazer o dever de casa era simplesmente fazê-lo, em vez de me debater com o fato.

Apesar de só chegar a essa conclusão seis meses depois da chance de reverter meus resultados nas provas finais, ela veio a tempo de me ajudar a investigar minha ideia. Com a atmosfera das salas de aula ainda fresca na memória, abordei minha tarefa de adulta com postura de estudante. Na minha cabeça, tratei o processo de investigação como se fosse um dever de casa. Como se meu professor tivesse dito em sala: "O projeto é imaginar que vocês estão criando uma marca de batons e identificar os passos que devem ser seguidos." Não me debati pensando se era factível ou não, simplesmente assumi que era e não perdi nem tempo nem energia questionando a premissa.

Sua perspectiva não precisa ser mais sofisticada que a de um estudante que trabalha sob a suposição de que os problemas a serem resolvidos devem ter solução. Vá em frente e tenha essa mesma postura quando estiver pesquisando vários aspectos da sua ideia. Essa atitude será de muito mais serventia do que ficar sentada, pensando se existem ou não respostas para suas perguntas.

SEU DEVER DE CASA...

Começar um negócio pode parecer estranho e complicado, se você nunca fez isso, mas todos já fizemos deveres de casa e podemos usar essa habilidade para pesquisar nossas ideias. Se abordar uma ideia como um projeto de pesquisa que vale metade da sua nota, tudo vai parecer bem menos complexo.

Reserve um tempo agora para desenhar sua ideia em termos de dever de casa. Por exemplo, se você quer começar a oferecer um serviço de "babá para cães", pode descrever seu dever de casa assim:

"Encontrar evidências que determinem qual o potencial para um serviço de passear com cachorros na sua área."

Depois, você pode começar a coletar informações sobre quantos donos de cachorros moram na sua vizinhança, quantos deles deixam seus cães sozinhos durante o dia e como fazer com que tomem conhecimento do seu serviço. E aí está o começo da sua pesquisa.

Minha história

No meu último ano de colégio, fiz uma matéria chamada Desenvolvimento Humano em Sociedade. Era a versão pós-feminista do antigo curso de economia doméstica. A versão da garota inteligente para aprender a tomar conta do lar. Em vez de ponto de cruz, aprendíamos como comprovar um ponto de vista. Fazíamos projetos onde criávamos uma hipótese e tínhamos que juntar evidências para sustentá-la. Coisas como: "Crianças têm mais habilidade para compartilhar as coisas quando são criadas com irmãos." Aí, você buscava estudos que comprovassem a tese ou criava seu próprio argumento para provar que estava correto.

Eu amava esses projetos, principalmente porque ofereciam a oportunidade de usar a palavra "hipótese" frequen-

temente. Dá para imaginar minha empolgação quando percebi que minha ideia de batom continha uma hipótese viva e real, que era:

Se existissem batons opacos disponíveis, as mulheres os comprariam.

Armada com minha teoria, eu estava pronta para ir à biblioteca e procurar informações que pudessem comprová-la ou negá-la, exatamente como tinha feito na escola.

Apesar de não ter sido tanto tempo atrás, a tecnologia era completamente diferente. O mundo pré-Google envolvia métodos tão antigos como microfilme e — mais comum ainda — sistemas de arquivamento manual. Comecei a procurar artigos de revistas, pesquisas com consumidor e outras informações sobre batons. Apesar de encontrar bastante informação sobre o assunto, nada era detalhado suficientemente quanto à distinção entre batons opacos, brilhosos ou berrantes. Quase sempre, todos faziam parte de um grupo único. Mas a pesquisa realmente me abriu as portas para a linguagem da indústria.

Aprendi termos como: "vestimenta", "desgaste", "valor percebido", "recompra", para citar alguns. A pesquisa me proporcionou estrutura e linguagem que me ajudaram a compreender aspectos do produto que eu não sabia que existiam. Sendo assim, mesmo não encontrando informações que sustentassem minha hipótese original, ganhei conhecimento mais detalhado dos fatores que determinam a intenção de compra. Se fosse um dos meus projetos para a aula de Desenvolvimento Humano em Sociedade, meu próximo passo seria aprofundar a busca por informação, criando eu mesma um modelo de pesquisa e levantamento.

E foi o que eu fiz.

Armada do jargão correto do mundo dos cosméticos (e com trinta dólares em moedas para fotocópias), criei uma pesquisa direcionada para descobrir se mulheres teriam vontade de comprar batons opacos e o que influenciaria o valor do produto percebido por elas, bem como sua intenção de comprá-lo

novamente. Fui para o pátio de uma universidade na hora do almoço e perguntei às estudantes se ficariam incomodadas de preencher um formulário para meu projeto sobre batons.

Apesar de estar quebrando umas quinze regras do campus ao distribuir formulários de cunho totalmente pessoal, consegui meus resultados. Mesmo que não fossem esmagadoramente definitivos sobre a questão da opacidade, aumentaram imensamente meu entendimento sobre consumidoras de batons. Moral da história? Como uma menina de colégio, supus que o mundo à minha volta teria as informações que eu queria. E era verdade!

Assim como as pessoas se surpreendem quando conto que descobri como fazer os batons através da lista telefônica, também ficam surpresas quando digo que ingenuidade foi o que mais me ajudou quando estava montando meu empreendimento. Eu ingenuamente acreditei que minhas perguntas tinham respostas, então, desisti de debatê-las e tentar adivinhar se meus esforços dariam frutos. Simplesmente comecei a pesquisar. No final das contas, a dúvida consome muita energia que seria melhor utilizada se voltada para o aprendizado. Detesto dizer isso, mas os professores do colégio estavam certos!

LIÇÃO 17: **É só perguntar**

Quando eu tinha doze anos, senti uma dor devastadora na parte inferior direita do meu abdômen. A dor foi aumentando sem parar, até que, não muito tempo depois, minha mãe foi me buscar no colégio e me levou direto para o médico. Ele cutucou e apertou a região dolorida, as sobrancelhas franzidas, ar de seriedade:

— Muito bem, Poppy. Pode se sentar, agora — disse e olhou para mim. — Acho que você tem apendicite.

Não perdi a oportunidade:

— *Acha* ou *sabe*? — foi minha resposta imediata.

Fui ousada, eu sei, mas, mesmo aos doze anos, o medo de cirurgia era muito maior que o de confrontar um profissional adulto. Entretanto, quando órgãos vitais não estão envolvidos, não é tão fácil juntar coragem para fazer uma pergunta. Às vezes, até preferimos sacrificar a obtenção da informação por causa do desconforto que sentimos ao perguntar.

Uma timidez invasiva cerca a prática de fazer perguntas. A etiqueta relega essa prática a certas circunstâncias, previamente estabelecidas e autorizadas. Instruídos a levantar a mão e esperar até sermos chamados, muitos de nós continuamos a esperar por um sinal verde que nos diga que é seguro perguntar. A maioria das pessoas que conheço extrapola os limites da correção, no que diz respeito a fazer perguntas, e erra pelo excesso de cuidado. São pessoas educadas demais — educação que custa a satisfação da própria curiosidade e a conquista do que se quer.

Minha história

Uma das melhores perguntas que já fiz foi: "Posso falar com o comprador de cosméticos, por favor?" Eu estava num quarto de hotel em Nova York, falando ao telefone com o escritório central de uma das mais respeitadas e influentes lojas do mundo: a Barneys.

Era a minha primeira viagem a Nova York, desde que criara minha marca. Os batons estavam à venda em algumas lojas de Melbourne há mais ou menos seis meses e tudo ia tão bem que decidi ir a Nova York para ver o que estava acontecendo por lá na área de cosméticos e ter uma ideia do panorama internacional do mercado de batons.

Alguém do mundo da moda de Melbourne sugeriu que eu fosse à Barneys. Quando cheguei lá, entendi a razão. A Barneys era muito diferente das outras lojas de departamentos. Tudo lindamente selecionado e cuidadosamente supervisionado. Foi a primeira vez que vi uma loja tão encantadora sem estar entulhada de produtos. Apesar de vender as mesmas coisas que outras lojas (meias-calças, acessórios,

cosméticos, roupas etc.), cada uma dessas categorias estava representada por produtos únicos, exclusivos, que você não encontraria em outro lugar.

Soube imediatamente que aquela era a loja onde queria que meus batons estivessem. Mas eles estavam à venda na Austrália havia apenas seis meses; ninguém tinha ouvido falar de mim em Nova York; eu não tinha nenhum contato, nenhum acesso a ninguém, nem material de apresentação que me ajudasse a oferecer meu produto. Mas, apesar de tudo isso, procurei o telefone do escritório central, respirei fundo e liguei.

— Barneys de Nova York — a recepcionista atendeu.

— Eu poderia falar com o comprador de cosméticos, por favor?

— Quem deseja falar?

— Poppy King — eu disse, educadamente, porém com confiança.

Um clique, e depois...

— Hollis falando — era a compradora da época.

Imagine... fui encaminhada diretamente! Não esperava por isso e vivi momentos de puro pânico, antes de entrar no assunto.

— Oi, meu nome é Poppy King, estou vindo da Austrália. Acabei de lançar uma linha de batons, porque não conseguia encontrar um batom de que gostasse, então, quando terminei o segundo grau, no ano passado, decidi criar uma marca própria. Eu adoro a sua loja e estava me perguntando como poderia fazer para, um dia, talvez, apresentar minha linha para vocês.

— Tudo bem — ela respondeu simplesmente. — Que tal amanhã?

Bom, esse encontro faz parte do folclore da Barneys hoje em dia. Um dos outros compradores presentes disse: "Eu trabalhava com as empresas de cosméticos de maior prestígio, todas se ajoelhando para entrar na nossa loja.

Aí, aparece uma garota da Austrália e simplesmente nos desmonta."

Lembro-me muito bem do encontro. Tudo o que eu tinha para apresentar eram alguns batons e meu próprio entusiasmo. Aquelas eram pessoas acostumadas a apresentações sofisticadas de Power Point e a um blá-blá-blá próximo à súplica. Mas todas me pareceram simpáticas, embora muito caladas, durante meu monólogo sobre minha marca. Não sabia o que pensar. Hoje eu sei que o que os impressionou foi o fato de que eu não estava simplesmente discursando, usando os jargões habituais. Eles perceberam, pela minha disponibilidade, pela minha excitação, pelo meu tom apaixonado, que eu respirava aquilo, que eu vivia para fazer a diferença com meu produto. E isso tem mais apelo que qualquer método sofisticado.

No final, uma delas me disse:

— Vamos adorar ter você e sua marca conosco na inauguração de nossa nova loja, na Madison Avenue.

A outra:

— Eu só tenho uma pergunta... O que vocês comem lá na Austrália para chegar aos dezenove anos de idade assim, feito você?

A maior parte das informações que me ajudaram a chegar ao sucesso veio da minha habilidade de sair da minha zona de conforto e de fazer perguntas. Também fico agradavelmente surpresa ao dizer que as pessoas, em geral, respondem. Mais ainda, algumas das informações mais úteis vêm não de diretores ou das pessoas de difícil acesso, mas de quem está na linha de frente, como por exemplo:

- Funcionários dos departamentos de vendas
- Recepcionistas
- Assistentes
- Assistentes de assistentes
- Até mesmo dos concorrentes!

Descobri que seres humanos adoram responder e, geralmente, ficam muito felizes por você ter feito uma pergunta. Pode acreditar na minha palavra: se você formular a questão educadamente e souber se aproximar, vai se impressionar com a quantidade de informação que as pessoas vão querer oferecer.

E, no final das contas, qual é a pior coisa que pode acontecer? Alguém se recusar a responder. A não ser que esteja perguntando sobre algo ilegal, indecente ou fraudulento, você não tem nada a perder. Se uma pessoa diz não, você parte para a próxima. Em algum momento, alguém vai dar a resposta que você precisa.

LIÇÃO 18: **Use seus contatos**

Quando eu era adolescente, a capacidade de buscar informação ao redor do mundo, sem mesmo ter que levantar da sua escrivaninha, era coisa de ficção científica. Hoje em dia, não só é uma realidade, como um recurso fundamental de pesquisa para sua ideia.

Você pode digitar qualquer coisa no Google; em segundos, as informações vão aparecer. Eu trato o Google como trataria um amigo sábio, cujo hábito fosse escapar pela tangente caso minhas instruções não fossem claras. Eu faço perguntas diretas à máquina de pesquisa. Por exemplo: "O que as mulheres querem de um batom?" Assim, pode-se chegar a respostas que talvez não aparecessem, digitando simplesmente "batons preferidos". A internet é tão ampla, que toda palavra que você usa pode mudar o resultado da pesquisa. Então, esteja preparada para variar a abordagem. No meu exemplo, incluir o verbo "querer" significa maior probabilidade de obter resultados, trazendo mais informação qualitativa que quantitativa. Nunca se sabe onde informações essenciais podem estar escondidas.

O mesmo princípio se aplica ao mundo fora do computador. Apesar de a conveniência da internet fazer com que muitos de nós relutemos em buscar informação em outro lugar, cada um tem acesso a uma rede própria de pessoas e conexões. Quando analisamos nossos contatos, talvez nenhum deles nos venha à cabeça como uma fonte para nossa ideia. Mas todas as pessoas da sua rede de relações têm as próprias redes, e assim por diante.

Para encontrar links que podem ajudá-la na sua pesquisa, olhe além da superfície das pessoas que conhece. Seu amigo Tom pode ser engenheiro elétrico, mas você não tinha ouvido dizer que o tio dele era do ramo de alimentação? E, apesar de o trabalho de contadora da Mary não ter nada a ver com sua ideia para um novo tipo de tênis, ela não disse uma vez que a colega de trabalho dela tinha largado tudo para abrir uma loja de sapatos? No final, é muito provável que descubra que quanto mais estiver aberta para o mundo à sua volta, seja através de seu computador ou de seus contatos, mais oportunidades se apresentarão.

Minha história

Enquanto ainda estava fazendo pesquisas para criar o meu batom, consegui um trabalho de meio expediente numa loja linda de lingerie, num bairro chique de Melbourne. Tinha acabado de concluir o ensino médio e ainda morava com minha mãe, portanto, o trabalho tinha mais a função de ampliar meu círculo social do que garantir minhas finanças.

Como era de se esperar, uma das meninas que trabalhava comigo era muito sociável e sempre me convidava para festas. Numa sexta-feira à noite, saímos do trabalho e fomos para a festa de aniversário de uma amiga dela. Quando chegamos lá, reconheci uma garota com quem já tinha esbarrado antes. Reparei que ela usava um batom muito forte, e mais quase nada de maquiagem. Daquela vez não foi diferente. Ela era obviamente minha alma gêmea do batom, mas nunca teria pensado em usá-la como fonte, se não estivesse ali na minha frente.

Vendo-a naquele momento, dava-me conta de que seria uma pessoa ótima para conversar sobre o mundo dos batons. Contei para ela que vinha pensando em criar minha própria marca. De repente, durante a conversa, ela teve uma ideia: "Por que você não conversa com um amigo meu sobre a possibilidade de abrir um negócio? O pai dele é um empresário muito bem-sucedido e já abriu algumas empresas."

Ela disse o nome dele e, apesar de conhecê-lo, eu nunca tinha pensado em procurá-lo para aconselhamento.

O caso é um conto de fadas e uma lenda ao mesmo tempo. Lenda porque eu era muito pouco receptiva naquela época, e conto de fadas por causa do final da história. Na minha opinião, não seria de nenhuma ajuda procurar aquela pessoa para aconselhamento, porque, pelo que eu sabia, nem ele nem a família tinham envolvimento com o ramo de cosméticos. Então, nunca liguei.

Algumas semanas depois, assim que acabei de limpar o chão da loja de lingerie, apoiada no esfregão, como se fosse a própria Cinderela, o telefone tocou. Era o rapaz. A garota da festa mencionara minha ideia sobre a linha de batons e ele tinha achado interessante. Disse que ficaria feliz em me dar alguns conselhos e, talvez, até mesmo investir. Depois de mais ou menos um mês de reuniões, ele acabou virando meu sócio — além de um elo inesperado e crucial para que minha ideia tomasse forma.

Foi uma sorte — o que aconteceu comigo é bastante raro. Aprenda com meu engano e tenha a mente aberta, quando estiver fazendo sua pesquisa. Fique de olhos abertos e siga as pistas, antes de abandoná-las como inúteis. E lembre-se: apesar de eu ter tido muita sorte, ela não teria me encontrado se eu não estivesse fazendo minha parte na pesquisa, para começo de conversa.

LIÇÃO 19: **Preste atenção às suas prioridades**

Tive um namorado que era dono da mais estranha das despensas. Ele adorava cozinhar, mas só preparava comidas sofisticadas. Gostava de dar jantares. Por causa disso, comprava de acordo com os pratos exóticos que fosse fazer para os convidados. Uma noite era comida marroquina, outra, tailandesa ou francesa. Seus armários eram cheios de ingredientes estranhos, úteis para casos específicos, mas impróprios para uma simples mistura, se você apenas quisesse algo para comer (a não ser, claro, que você tivesse desejo de comer papel de arroz vietnamita cru com pasta de azeitona, calda de chocolate e açafrão. Eca!).

No que diz respeito à comida, existem alguns ingredientes muito interessantes, mas não necessariamente úteis, e aqueles indispensáveis. O mesmo se aplica à pesquisa — as partes mais interessantes nem sempre são as mais necessárias. Quando estiver fazendo sua pesquisa, com certeza encontrará alguns aspectos mais divertidos e atraentes que outros. Mas, apesar de parecer mais tentador segui-los primeiro, a experiência será muito mais eficiente se você souber priorizar.

Algumas prioridades são óbvias. Por exemplo: sua ideia é ser pediatra, portanto vai precisar de uma formação em medicina, antes de poder praticar a profissão (a menos, é claro, que você queira ser uma pediatra que vai para a cadeia). Outras prioridades não são tão óbvias e, na verdade, aparecem mais tarde, quando for necessária uma exploração mais profunda da sua ideia. Por exemplo: sua ideia é começar um curso de culinária para crianças. Você pode pensar que sua primeira prioridade é encontrar o lugar certo, o espaço perfeito. Enquanto você está por aí, procurando com seu corretor, ele pode perguntar se você tem uma licença ou alvará para funcionar. Parabéns! Uma nova prioridade acabou de nascer. Ficou claro que, antes mesmo de assinar um contrato de aluguel, você precisa provar que tem autorização. Conseguir o alvará, agora, é sua primeira prioridade, e a busca imobiliária, a segunda.

Seu trabalho para priorizar dobrou. Primeiro, decida qual parece a ordem mais lógica. Qualquer um pode fazer isso! Todos nós o fizemos na escola, quando foi necessário, vamos dizer, decidir sobre fazer o dever de casa antes de uma festa — e todos já sofremos as consequências de escolher a prioridade errada. Separe um tempo para pensar na sua ideia e descubra o que precisa ser feito primeiro. Não fique presa à imagem de ter uma primeira lista perfeita, porque a segunda parte do seu trabalho de priorizar é saber que, assim que começar a trabalhar na sua lista de prioridades, outras vão aparecer e, talvez, alterar a ordem. Seu trabalho é completar a lista e continuar buscando e mudando, se necessário, as prioridades, uma vez que tenha começado a explorá-las efetivamente.

NADA COMO O PRESENTE

Informação sem o entendimento das prioridades é tão útil quanto um armário cheio de ingredientes, mas nenhum apropriado para cozinhar. Vá em frente e abra um leque das suas prioridades agora, como se fosse uma lista de coisas a fazer. Simplesmente escreva as coisas mais óbvias que precisam estar em seus devidos lugares para que sua ideia aconteça. Se tiver problemas para descobrir quais são, e em que ordem devem aparecer, simplesmente escreva tudo o que acha que tem a ver com a sua ideia. Da lista grande, selecione os itens e ordene-os. Lembre-se, a lista não tem que ser "certa"; ela simplesmente deve empurrá-la a começar por algum lugar, por um primeiro item. Por exemplo: você precisa descobrir como algo é feito, antes de saber quanto vai custar? Se assim for, então, encontrar o fabricante de *x* é sua primeira prioridade. É exatamente como fazer palavras cruzadas: quando você descobre uma palavra, ganha pistas para a próxima. Desse processo, surge seu plano de ação.

Minha história

Quando encontrei meu fabricante de batons, supus que seria uma parada única, que cuidaria de todos os detalhes chatinhos da produção, permitindo-me seguir em frente com minha excitante função de montar uma estratégia de promoções. Em vez disso, descobri que a fábrica só fazia o batom em si, a massa, a coisa que você passa nos lábios. Qualquer outro aspecto do produto final teria de ser feito em algum outro lugar.

Eu teria, então, que encontrar três outras fábricas: uma para fazer as embalagens, uma para fazer a caixa, uma para fazer os rótulos. E precisaria ter tudo pronto antes que a fábrica aprontasse os batons para que eu pudesse vendê-los.

Obviamente, não poderia ir adiante até que pesquisasse cada um desses elementos. Lá fui eu, visitar o fabricante de embalagens recomendado pela fábrica de batom. Eu não tinha ideia do que esperar e fiquei chocada com o que encontrei. A fábrica de embalagens parecia saída de outro tempo — e eu não estou falando do futuro.

Vinha direto dos anos 50. Assim que entrei, não teria me surpreendido se fosse recebida por Ward e June Cleaver, personagens de um seriado de televisão daquela época. A secretária lançou um olhar levemente suspeito sobre as lentes dos óculos para o meu ser de apenas dezoito anos e, depois, continuou sua digitação, unhas postiças e tudo, no maior computador que eu já tinha visto.

O chefe dela também dedicou um olhar surpreso à minha jovem aparência. Eu até esperava que me mandasse embora, mas ele me convidou a entrar em seu escritório e me mostrou as embalagens que tinha feito. Não era só a decoração do lugar que me parecia antiquada. Minhas opções variavam de "entediante", "da época da minha vó", a "já não vi isso num museu"? Relutantemente, escolhi "entediante", e me dei conta de que, agora, tinha uma nova prioridade: descobrir uma maneira de trazer uma embalagem de batom para o século XX.

Minha solução virou minha nova prioridade: arte gráfica, design. Teria que decorar aquelas embalagens para dar a elas algum charme. Então, encontrar e contratar um artista gráfico subiu alguns degraus na minha lista de coisas a fazer. Quanto mais eu pesquisava, mais claros ficavam os próximos passos.

Ordenar prioridades é fundamental para o sucesso em várias áreas de nossas vidas, mas é somente através da pesquisa que elas se materializam. A menos que faça o esforço necessário para separar as prioridades do restante, você pode acabar correndo com sua ideia e tropeçar logo adiante, por ter deixado passar algo crucial.

Conclusão

Quanto mais você desfizer a impressão de que uma boa pesquisa requer algum tipo de graduação, certificado ou expertise, mais fácil ela se tornará. Mesmo que coletar informações pareça pouco familiar no começo, confie que você já tem tudo de que precisa para pesquisar sua ideia e descobrir meios de começar a construí-la como uma realidade. Não é necessário voltar para a escola para um "treinamento adicional", nem contratar uma firma profissional de pesquisa. Se uma jovem de dezoito anos foi capaz de fazer isso, você também pode.

Quando começar a enxergar o mundo sob as lentes da pesquisa, vai descobrir que tudo parece bem diferente. Todo tipo de atividade que você já fez centenas de vezes pode ser feita de novo, agora em nome da pesquisa. De repente, tudo e todos se transformam em fontes. Por exemplo:

- A garçonete do seu café favorito pode saber muita coisa sobre abastecimento de produtos
- Aquela livraria, onde você passava horas lendo revistas, pode agora ser o lugar onde você folheia livros sobre criação de patentes
- A internet, que você usava para navegar indiscriminadamente, pode agora ensinar você a criar seu negócio

Para pesquisar corretamente, basta que sua mente esteja no lugar certo — nos pontos abordados neste capítulo. São eles:

- **Mantenha a simplicidade.** Antes de ir adiante, é preciso superar alguns vestígios do medo da pesquisa. Pesquisa não precisa ser nada complicado. Na verdade, se feita apropriadamente, deve ser simples e, na maioria das vezes, bastante interessante.
- **Deixe seu destino ser seu guia.** Visualize seu objetivo final: quando tudo tiver sido dito e feito, onde você quer que sua ideia esteja? Em todos os shoppings do país? On-line? Pense sobre isso, depois vá a esse lugar e ganhe intimidade com ele.

Quem já está lá, fazendo o que você quer fazer? Como estão fazendo? Como chegaram lá? Pesquisar os exemplos de quem veio antes de você vai ajudá-la a formular sua lista de coisas a fazer.

- **Pense como um aluno.** Lembre-se dos seus tempos de estudante. Os bons alunos não ficavam sentados, questionando se deviam ou não fazer o dever de casa. Nem se as perguntas dos professores nos testes tinham ou não resposta. Simplesmente faziam o que deviam fazer e, surpresa, boas notas eram o resultado. É assim que você deve abordar a pesquisa da sua ideia: com atitudes de "posso fazer" e "devo fazer".
- **Pergunte, e você deverá ter uma resposta.** Muitos têm medo de fazer perguntas, receosos de serem mal-educados ou, de alguma forma, impróprios. No que se refere à pesquisa, tal medo não vai levar sua ideia muito longe. Ajuste sua coragem e saia perguntando por aí.
- **Use suas redes.** Cada um de nós tem duas redes muito importantes à disposição: a rede on-line e a rede humana. As duas são tesouros de informações, se você souber explorá-las.
- **Fique atento a prioridades emergentes.** Quando você começa uma pesquisa para a sua ideia, segue o caminho mais óbvio. Porém, em algum momento, novas e inesperadas prioridades aparecerão. Prioridades nem sempre são os aspectos mais interessantes ou excitantes do seu projeto, mas são vitais para seu sucesso.

O pior que pode acontecer? Você chegar a alguns becos sem saída ou algumas recusas de resposta às suas perguntas. E daí? Ouça minhas palavras: nenhum desconforto que resulte disso será obscurecido pela força que terá conquistado para si mesma, cada vez que se dispuser a buscar respostas. No mínimo, você terá algumas boas histórias para contar — talvez até uma piada ou duas.

Eu tenho uma piada que vem da minha fase de pesquisas. Até hoje, nunca falhou em quebrar o gelo, quando estou fazendo uma palestra. Conto para a plateia como, no começo, consumidores e revendedores me perguntavam constantemente se os batons eram testados em animais.

Minha resposta:

— Isso depende do que você pensa sobre os meus amigos.

Bingo!

4

OLHANDO DE PERTO

Livre associação. Já ouviu falar? Não é um culto, um estilo de ioga, uma oferta especial de TV, mas um método de psicanálise desenvolvido por Sigmund Freud para que os pacientes falem livremente sobre qualquer coisa que lhes passe pela cabeça, permitindo, assim, que se chegue à raiz de seus problemas. Pense neste capítulo como uma chance para deitar sua ideia no sofá proverbial e colocar tudo para fora. Depois de juntar informações sobre sua ideia, chegou a hora de analisar seus fundamentos. Para entender verdadeiramente sua ideia, você não só precisa determinar suas forças, como também precisará lançar uma luz sobre seus aspectos mais obscuros, secretos, e ver que perigos podem estar escondidos mais à frente.

Antes de se sentir desencorajada, tenha em mente que examinar o lado negativo, bem como o positivo, pode ajudá-la a longo prazo. Uma vez que descobrimos as coisas que nos impedem de alcançar todo o nosso potencial, temos a chance de aprender a nos conduzir à margem delas. Pense neste capítulo como uma aventura — uma viagem ao centro da sua ideia.

Lembre-se: nenhuma ideia é perfeita. Mesmo as melhores têm suas falhas. O sucesso da sua ideia depende inteiramente da sua capacidade de examiná-la com clareza, honestidade e sem preconceitos, para depois descobrir como fazer o máximo com o que você tem.

Minha história

Quando criei minha marca de batons, tudo mudou. Em oito meses, o negócio rendeu mais de um milhão de dólares. Tudo isso, partindo de sete cores de batom e vinte e oito mil dólares de custos iniciais. Em um ano, comprei a parte do meu sócio, e aos vinte anos virei a única dona da marca milionária que eu havia criado. Em dois anos, o movimento total alcançou quatro milhões de dólares, chegando a um pico próximo de seis milhões.

Em 1995, três anos depois de lançar os produtos, fui nomeada Jovem Australiano do Ano, numa cerimônia apresentada pelo primeiro-ministro e documentada no programa de tevê *60 Minutos* (Austrália). Aparecia em revistas e jornais no mundo inteiro e fui nomeada uma das Líderes Globais do Novo Milênio pela revista *Time*. Pessoas na rua me paravam constantemente com pedidos de autógrafos. Dirigia uma BMW, morava num apartamento grande e ouvia música num aparelho de som altamente sofisticado — tudo pago com dinheiro que eu tinha feito! Estava voando para todos os lados do mundo para me encontrar com compradores e gente da imprensa. Na verdade, eu era tão conhecida na Austrália que fui incluída na versão australiana do jogo Trivial Pursuit (um jogo de conhecimentos gerais e cultura popular). Incrível! Mesmo enquanto escrevo, preciso lembrar a mim mesma que não estou inventando nada disso, já que, mais de dez anos depois, ainda me assombro com esses acontecimentos.

Mas, com todas essas incríveis realizações, houve algumas dificuldades também. Em 1998, exatamente três anos

depois desse auge, não só meu negócio estava com problemas, como estes se espalhavam por toda a imprensa da Austrália. Quando a empresa ultrapassou esse momento difícil, me dei conta de que, apesar das mudanças (boas e más) por que minha ideia original para minha marca de batons havia passado, as vantagens e desvantagens continuavam as mesmas. Ou seja, o cerne da ideia era o mesmo, apesar de parecer diferente por fora, de um ano para outro.

Moral da história? Para compreender o cerne de uma ideia, você precisa entender onde está o lado negativo, tão bem quanto o positivo. Esse cerne será composto dos dois lados, e, compreendendo-os desde o princípio, você estará muito melhor preparada para a estrada à sua frente. Muito raramente o cerne de uma ideia muda, não importa quantas alterações aconteçam em torno dele. Conheça seu interior, e ele sempre lhe ajudará a tomar as melhores decisões enquanto você vai adiante.

LIÇÃO 20: **A importância da análise SWOT**

Quando meu primeiro sócio pediu que eu fizesse um curso de business à noite, eu estava muito mais ávida pela prática do que pela *teoria* sobre como proceder para continuar. Acho que fui a duas aulas, antes de chegar à conclusão de que aquilo era muito careta para a queridinha aqui. Graças a Deus, aguentei o suficiente para tomar conhecimento da análise SWOT.

Pense na análise SWOT como um organizador de armário para o cérebro, uma ferramenta para trazer ordem ao emaranhado de pensamentos empresariais aparentemente desordenados. Não é necessário gastar um tostão numa loja de embalagens, caixas, módulos de arquivamento, nada disso. As únicas despesas serão tempo e energia para sentar e ordenar todas as informações que você tem.

SWOT é uma sigla do inglês: *Strengths* (forças), *Weaknesses* (fraquezas), *Opportunities* (oportunidades) e *Threats* (ameaças).

- **Forças.** O que na sua ideia a faz forte?
- **Fraquezas.** Quais aspectos de sua ideia a enfraquecem?
- **Oportunidades.** Que aspectos do mundo à sua volta podem ajudar a promover sua ideia?
- **Ameaças.** Que elementos externos podem pôr em risco o sucesso da sua ideia?

Usando cada um desses conceitos, liste cada item que imagina dizer respeito à sua ideia. Eu geralmente sugiro fazer um quadro de análise SWOT. Assim:

FORÇAS	FRAQUEZAS
OPORTUNIDADES	AMEAÇAS

Como você pode ver, há quatro espaços, um título em cada um. Não existem respostas certas ou erradas para cada um deles. Essa é sua opinião, e você não precisa de uma graduação em business para ter uma.

Forças e fraquezas são os aspectos internos da sua ideia. O que é inerente a ela e a faz forte, assim como o que a enfraquece. Oportunidades e ameaças são elementos externos. Que oportunidades cercam sua ideia e que ameaças a põem em risco.

Vamos fazer disso algo realmente pessoal. Pense na sua ideia sob um ponto de vista romântico. Pense nas forças: o que você gosta na personalidade, na natureza do outro? Agora, aplique o mesmo tipo de abordagem à ideia que está considerando. Por exemplo: eu gostava da ideia de que meus batons opacos fossem diferentes dos outros. Também gostava que tivessem textura mais compacta e fossem mais aderentes à boca. Então, sob forças, eu poderia escrever "produto único, diferenciado" e "efeito duradouro". Agora, quais são os pontos fracos da sua ideia? Em outras palavras, o que é preocupante na natureza da sua ideia? Assim como nenhuma pessoa, nenhuma ideia é perfeita. Há as coisas de que você gosta e as que a preocupam. No meu caso, por causa da textura compacta, me preocupava com a possibilidade de algumas pessoas acharem o batom um pouco seco nos lábios e, por causa da falta de familiaridade do público com a opacidade, me perguntava se entenderiam que tipo de produto era.

Agora, vamos falar dos aspectos externos — as oportunidades e as ameaças. Estes não têm tanto a ver com a natureza da ideia em si, mas com as influências externas que podem afetar seu potencial e precisarão de atenção. Voltando à analogia romântica, quais são as coisas que você espera que aconteçam quando estiver com o ser amado, e quais são as coisas que você teme que aconteçam? Usando meus batons como exemplo, tivemos uma grande oportunidade de alavancar a exclusividade, a singularidade do produto para criar um nicho de mercado. A ameaça era que o maior competidor poderia copiar o mesmo produto.

Apesar de qualquer medo que o processo possa trazer à tona, olhar para todo esse levantamento numa folha de papel vai ajudá-la a avaliar sua ideia. No final, quanto mais você puder usar suas forças e oportunidades, manobrando as fraquezas e ameaças, maiores serão as chances de aguentar firme e transformar sua ideia em realidade viável.

Minha história

Bem no começo do desenvolvimento da minha ideia de criar uma marca de batons, vi um anúncio de um Prêmio Nescafé Big Break numa revista — era um concurso que premiaria seis vencedores com vinte mil dólares. Para entrar, você só precisava de uma "grande ideia" e ter menos de vinte e um anos.

Encanta-me lembrar da competição, porque entrei antes de ter feito muita pesquisa. O resultado foi que estava muito confiante, e tão convencida de que minha ideia era absolutamente infalível, que minha inscrição pode ter soado mais ou menos assim: "Batons opacos — se você não consegue enxergar a oportunidade, é idiota."

Bom, não foi preciso muito tempo para que eu percebesse que aquela não era necessariamente a melhor maneira de inspirar confiança na ideia. Quanto mais pesquisa eu fazia, mais claramente se configurava um quadro de uma análise SWOT (antes mesmo de eu saber o que era um). Quando os desafios começaram a surgir, dei-me conta de que existe um mundo de diferença entre o factível e o que é definitivo. Quando chegou a hora de convencer uma pessoa específica do potencial da minha ideia, estava mais preparada, com uma perspectiva realista, que mostrava que era uma pessoa apaixonada e bastante alerta, pé no chão. Acabou funcionando, porque a mesma pessoa acabou virando meu primeiro parceiro de negócios.

Quanto à competição Nescafé, você certamente não se surpreenderá com o fato de eu não ter ganhado nenhum dos seis prêmios. Mas a história tem uma boa virada. Alguns anos depois, fui convidada para ser júri do mesmo prêmio. Eles devem ter imaginado que, àquela altura, eu já teria amadurecido o suficiente para avaliar uma proposta (inclusive a minha) com mais equilíbrio.

Uma análise SWOT é uma experiência de fundamentação. Força você a lidar com os dois lados da moeda da sua ideia. Sempre existem dois lados. Nunca se esqueça de que, assim como as forças e as oportunidades, também existem as fraquezas e as ameaças. Agora que você decidiu levar sua ideia suficientemente a sério para fazer alguma pesquisa, a SWOT vai lhe ajudar a juntar as informações, organizá-las e fazer com que sejam mais efetivas. Dizendo de outra maneira: vai preparar você, e a sua ideia, para os próximos passos necessários para levá-la para o mundo lá fora.

LIÇÃO 21: **Como fazer um *brainstorming***

Fico sempre impressionada com a eficiência de um *brainstorming*, principalmente se pensar que soa um pouco como um desses frenesis que vêm e vão, como quando imaginamos derrubar todas as paredes do escritório e ter nada mais que espaço aberto à nossa frente. Mas fazer um *brainstorming* é diferente. Por mais *new age* que pareça, é de fato uma ferramenta muito bem estabelecida e altamente eficiente.

SUA ANÁLISE SWOT

A esta altura, sua análise SWOT é a oportunidade perfeita para uma sessão de *brainstorming*. Como é direcionada para o seu olhar e só, não há necessidade de editar o pensamento. Foque na quantidade. Escreva qualquer coisa, tudo o que lhe vier à cabeça, sob cada título. Nada é tão óbvio, bobo, sem importância para ser anotado. Lembre-se, não existem respostas certas ou erradas.

Pense nisso como uma limpeza da mente de todas as informações (racionais ou não) armazenadas no seu cérebro. Armazene-as em pilhas. Depois, você pode começar a escolher quais delas deseja manter.

O processo do *brainstorming* é desenhado para ter início livre e amplo, para se tornar preciso e estreito, depois. Quando você começa, quanto mais coisas pensar, melhor. A análise SWOT é o lugar perfeito para praticar suas habilidades, adicionando-as ao seu arsenal criativo e à sua capacidade de solucionar problemas.

Minha história

Depois de conseguir passar bem e honestamente pela minha primeira análise SWOT, continuei utilizando a abordagem do *brainstorming* em muitos outros setores relativos à minha marca de batons. Mas nunca tanto quanto no momento de nomear cada cor. Naquele estágio, tinha finalizado as fórmulas e chegado às sete cores que pensava serem difíceis de encontrar: vermelho-claro (não rosa), duas tonalidades de marrom, vinho fechado, uva, vermelho-fogo e cor de ferrugem.

Nunca gostei muito dos nomes dados aos batons nos anos 1980. Como qualquer membro da Geração X, geração que deveria supostamente estar no comando, sentia-me subjugada, além de um tanto ofendida, por nomes como "Pink Chiffon Frosted" (Rosa Chiffon Cintilante). Acreditava que mulheres tomavam decisões, tanto quanto cuidavam do lar, e queria que minhas consumidoras soubessem que meu batom era feito para elas, estivessem indo buscar os filhos no jardim de infância ou sentadas à mesa numa sala de reuniões. Claro, também me dava conta de que era só um batom, e não queria que parecesse que meu produto se dava tanta importância.

Foi quando me ocorreu que sete era um número interessante. Então, foi por aí que comecei meu *brainstorming*. A seguir, a jornada de pensamentos a que isso me levou.

Primeiro, pensei em nomear as cores com os sete dias da semana. Achei que poderia ser curioso e divertido; faria

com que parecesse que o batom é uma necessidade, quando sabemos que é um luxo. Quase me rendi, até que me lembrei das calcinhas com os dias da semana. A ideia de tê-las como fonte de inspiração me pareceu meio horripilante. Então, continuei pensando.

Em seguida, minha mente me levou às sete maravilhas do mundo. Mas isso era um pouco grandioso. Quer dizer, eu amo batons, mas não a ponto de chamá-los de maravilhas do mundo. Além do mais, quem iria comprar um batom chamado "Stonehenge"? Aí, pensei que talvez pudesse inventar minhas próprias maravilhas do mundo. Mas tudo que eu pensava me parecia muito piegas. Claro, filhotinhos de animais e pôr do sol são maravilhas, mas um pouco Hallmark demais para mim. Então, fui em frente.

Dei boas gargalhadas com a ideia de usar os sete anões, mas, no final, "Dunga", "Zangado", "Soneca" e "Atchim"... não tinham nada a ver (apesar de os nomes me descreverem às vezes).

Quando cheguei aos sete pecados capitais, pensei: "Bingo, tem todos os elementos de que preciso." Era sexy, engraçado e completamente contrário à mensagem "mulheres precisam ser vistas, não ouvidas", implícitas nos nomes dos batons daquela época. Ao mesmo tempo, parecia um pouco negativo, até mesmo sacrílego, se fossem levados a sério.

Ao invés disso, considerei as sete virtudes. Ahá, pensei, antes de me lembrar de que elas eram coisas meio chatas... paciência, castidade, abstinência. Não exatamente o tipo de palavra vibrante, emocionante, ativa, que eu estava determinada a usar. Então, decidi criar minhas próprias sete palavras. Naquele tempo eu andava fascinada pelo livro *A Nascente*, que conta a história de um arquiteto teimoso, porém brilhante, que se recusa a se conformar. As ideias da autora Ayn Rand alimentavam completamente minhas fantasias de adolescente sobre o poder do indivíduo. Entre as páginas do

livro, achei sete palavras que queria usar: "ambição", "coragem", "inspiração", "integridade", "virtude", "liberdade", "unidade".

Palavras que me dariam orgulho.

Como tempestades de verdade, *brainstormings* são caóticos, mas poderosos. São ainda mais produtivos quando você liberta sua mente, sem frear nada. Algumas das minhas melhores ideias vieram não numa única onda, mas em torrentes de pensamento — daquele tipo que nos levanta, carrega, depois nos deixa sobrevoando esses insights que só são encontrados nas esquinas da mente. Tente não lutar contra a força dos seus pensamentos, independentemente da confusão que eles parecem causar na sua cabeça.

LIÇÃO 22: **As coisas não são sempre o que parecem**

Quando eu estava terminando o segundo grau, limparam o teto da Capela Sistina. Obra-prima adorada, a Capela Sistina de Michelangelo já havia sido objeto de séculos de diálogo entre os acadêmicos. Estudiosos conhecidos e manuais se referiram aos tons sombrios e duros que o mestre usou para indicar a seriedade de seu tema. Crianças de escola escreveram redações sobre a importância simbólica de tais matizes. E aí limparam o teto — e o mundo se chocou ao descobrir vermelhos vibrantes, laranjas brilhantes e amarelos poderosos. Como se pode ver, as cores originais, utilizadas por Michelangelo, eram vivas como as pinturas de um pôster!

Amo a História, porque mostra que o pensamento tradicional nem sempre está certo. Nada deve ser imune ao questionamento — nem mesmo informações passadas de geração para geração. Apesar da tentação de se apoiar no pensamento tradicional na hora de acessar as forças, as fraquezas, as oportunidades e as ameaças relacionadas à sua ideia, se você não ficar atenta e repensar, pode acabar perdendo importantes descobertas no processo.

DESAFIE O CONVENCIONAL

A tradição deve ser respeitada, mas ela nem sempre está certa. Lembre-se disso quando estiver na hora de rever sua análise SWOT. Agora que você já fez um *brainstorming* de uma tempestade de informações e as categorizou de acordo com os quatro títulos da análise SWOT, desafie seu próprio pensamento, buscando por fagulhas que podem estar disfarçadas de nuvens negras e vice-versa.

Reveja toda sua análise e, só por diversão, veja que sentimentos uma troca de lugares provoca. Por exemplo: veja se algo que originalmente foi considerado por você como uma fraqueza, pode se transformar em força, se visto sob outro ângulo. Talvez noventa por cento, ou mais, de suas primeiras alocações estejam corretas, mas nunca se sabe... esses dez por cento restantes podem fazer toda a diferença.

Minha história

Muito do que o pensamento tradicional classificaria como fraqueza ou ameaça à minha ideia, enxerguei como o contrário. Apesar de não poder dizer que minha análise SWOT não tinha sua porcentagem de desafios desanimadores (nem toda tradição pode ser tão facilmente reclassificada), havia algumas supostas fraquezas que fui capaz de virar de cabeça para baixo. Por exemplo: as pessoas gostavam de me lembrar que eu não poderia contratar uma top model para ser a cara da marca — fórmula "tradicional" e amplamente aceita para promover cosméticos. Mas decidi que isso poderia, na verdade, ser uma força. Qualquer pessoa pode pagar gente para anunciar seus produtos, mas minha marca era muito mais real, e isso poderia ser uma vantagem.

Bom, qualquer pessoa pode ver que não sou nenhuma modelo. Mas eu sou real e, feições perfeitas ou não, decidi que minha história verdadeira e eu éramos boas o suficiente para

nos transformar em força para a marca. Apesar da minha convicção, lembro de me sentir completamente arrasada durante a sessão de fotos para o fôlder promocional de lançamento da marca. Assim que começamos, o fotógrafo olhou para mim sobre a câmera e disse: "Muito corajoso da sua parte fazer isso." Foi bem difícil dizer "xis" ou "*cheese*" logo depois — a menos, é claro que o *cheese* fosse mesmo queijo suíço, já que minha autoconfiança estava cheia de buracos naquele momento.

Mas me comportei bravamente, apesar das dúvidas inevitáveis. As fotos não ficaram muito boas. Não tenho certeza do que o maquiador estava tentando fazer com minhas sobrancelhas, mas acabei parecendo a filha da Brooke Shields com o Groucho Marx. Lembro de me sentir enjoada quando chegou o momento de escolher uma das fotos, mas não tinha dinheiro para fazer novamente. Então, simplesmente aceitei os fatos e esperei que minhas consumidoras apreciassem o gesto, independentemente de quão terríveis minhas sobrancelhas parecessem.

Todo mundo pode concordar que aquelas fotos não eram as mais encorajadoras, mas quer saber? Quando a marca decolou, as mesmas pessoas que disseram que não anunciar da maneira tradicional era uma fraqueza falaram que ter feito algo tão pessoal tinha sido uma das minhas escolhas mais inteligentes.

Apesar de haver fatos duros, difíceis, que não podem ser contestados, há também "verdades" que são uma questão de opinião e de execução. Antes de sair pelo mundo com a avaliação da sua ideia e da situação, certifique-se de que reservou algum tempo para desafiar suas próprias opiniões.

LIÇÃO 23: **Você está sempre numa missão**

Se a análise SWOT tivesse um filhote, seria a declaração de missão — uma frase saudável e pequena que resume o objetivo da sua ideia. Uma boa declaração de missão tem três componentes fundamentais:

1. **É fácil de ler e compreender.** Em outras palavras: seja simples. Agora não é hora para prosa sofisticada, pouco clara. Ao contrário, quanto mais óbvia, melhor. Pense na Walt Disney Company, por exemplo. Sua declaração de missão é: "Fazer as pessoas felizes." Até o Mickey Mouse poderia ter inventado essa.
2. **Indica claramente a direção que você almeja.** A declaração de missão é como uma bússola apontando a posição para sua ideia avançar.
3. **Serve como ponto de referência.** Quando você precisar checar para onde está indo, ou mesmo se já chegou ao lugar certo, pode voltar à sua declaração de missão. Isso se torna cada vez mais importante, quanto mais você avança com sua ideia. Muitos dos enganos cometidos nos negócios acontecem quando você se afasta demais da sua declaração de missão.

Para ter uma ideia melhor da importância da declaração de missão, vamos usar o exemplo de uma das maiores derrapadas da história corporativa: Nova Coca-Cola. Nos anos 1980, a empresa da Coca-Cola ficou muito assustada com a crescente popularidade da Pepsi. Enquanto esta se anunciava "a escolha da nova geração", a Coca-Cola estava começando a parecer notícia velha. Então, a empresa decidiu lançar a dita Nova Coca-Cola, que tinha gosto diferente, para substituir o produto existente. Foi um desastre, e a retirada das prateleiras deu-se em poucos meses. Desde uma pesquisa inadequada até o marketing mais reacionário, os muitos enganos inerentes ao movimento fizeram dele exemplo altamente estudado sobre o que não se deve fazer.

Se olhar mais de perto, descobrirá que muitos dos elementos da estratégia da Nova Coca-Cola iam, na verdade, contra a declaração de missão da empresa: "Nós existimos para criar valor para nossos sócios a longo prazo, construindo um negócio que realça a marca registrada da empresa da Coca-Cola." As pistas indicando a Nova Coca-Cola como sendo um movimento errado são:

- "Valor" é difícil de "criar", se o produto principal é removido
- "Longo prazo" não acontece através de soluções de curto prazo para enfrentar a competição

- "Construindo um negócio" acontece quando você adiciona às bases, em vez de transformar completamente
- Finalmente, o maior, mais óbvio afastamento da declaração de missão é pegar seu produto existente, mandar a mensagem para o mercado de que ele não é bom e simplesmente substituí-lo; não é uma mensagem que "realça a marca registrada da empresa da Coca-Cola"

Tudo o que você fizer deve ser fiel à sua declaração de missão. É por isso que a linguagem com que fraseia sua missão deve ser simples o suficiente para ajudar a desenvolver sua ideia, sempre lembrando os motivos que a fizeram trabalhar por ela, para início de conversa. Muitas vezes, o primeiro motivo que nos leva a fazer alguma coisa é exatamente o que nos ajuda a decidir o que fazer no caminho.

Minha história

Manter a simplicidade não é uma habilidade que me acomete naturalmente. Sempre tive tendência de florear tudo que escrevo. No entanto, em se tratando de declarações de missão, menos é definitivamente mais, então, sempre precisei me empenhar para ser mais simples.

Lembro-me de ter feito um esforço para deixar de lado meu desejo de dizer tudo o que fosse possível ao consumidor, quando estava trabalhando no meu mostruário e na sua identidade visual. Estava decidida a me concentrar no que causasse maior impacto. Por que o consumidor escolheria meu produto, com tantas opções no mercado?

Apesar de não ter problemas em ter ideias para o visual do meu mostruário, sofri para achar uma frase que resumisse o propósito do meu batom. Como seria a frase de definição do produto, cada palavra contava. Adoraria ter algo esotérico como: "Use batom, para ser você mesma", mas o que isso significava, na verdade? Como este batom específico ajudaria a pessoa a ser ela mesma? Já que não poderia

estar ao lado de cada mostrador e fazer uma palestra a respeito, a mensagem teria que ser muito mais óbvia. Se meus batons pudessem dizer a razão de sua existência numa frase ou menos, o que diriam?

Pensei sobre isso e coloquei da maneira mais simples possível: "É diferente. É opaco." Essas eram as palavras do mostruário. No final das contas, eram elas as duas razões principais a me empurrar para o empreendimento. Eu queria um batom opaco que parecesse diferente, criando uma sensação diferente, em todos os sentidos possíveis.

Naquela época, não dei à frase o crédito devido, nem de longe. Agora, voltando no tempo, seria uma declaração de missão que poderia ter me ajudado a expandir mais efetivamente, enquanto a linha se desenvolvia. Dos muitos produtos que lancei mais tarde, os que não funcionaram foram os que se afastaram demais dessa simples premissa. Nem tudo o que eu fazia tinha que ser opaco, mas tinha que ser diferente de outros produtos, porque era exatamente o motivo de eu ter criado uma marca, em primeiro lugar. A frase fez um trabalho eficiente, convencendo as consumidoras a experimentar meus batons, e eu deveria ter me lembrado mais disso à medida que o negócio crescia, embora não tenha funcionado para todo mundo.

Logo que a marca começou a fazer sucesso, um dos meus melhores amigos juntou coragem e me perguntou por que cargas d'água eu tinha decidido usar a frase: "É diferente, companheiro (tradução de *mate*)." Sendo um homem australiano, ele naturalmente leu por engano a palavra "*matte*" (opaco) como se fosse "*mate*" (companheiro).

Por sorte, ele não era meu público-alvo.

É fácil se afastar da sua missão original. Assim como você tem a sensação de não sair do lugar quando nada no mar, por causa da correnteza, as ideias também são suscetíveis a correntes. Algumas reações que mais lhe afastam da sua ideia original são complacência, urgência e ações sem questionamento. Por sorte, tudo isso pode ser evitado desde o início, com uma frase simples que defina sua missão e proteja a integridade dos seus planos.

Conclusão

Existe um lema famoso, atribuído aos jesuítas, que diz: "Dê-me a criança aos sete anos, que lhe darei o homem." O mesmo princípio é verdadeiro no que se refere à sua ideia — seja o que for, sua ideia não vai mudar de essência. Saber o que a constitui é imprescindível para o sucesso. A empresa Coca-Cola ainda vende bebidas, não abriu para o ramo da gasolina. A Disney não está fazendo concorrência ao mercado de funerárias, e continua focada em produtos de entretenimento. E por aí vai.

Enquanto avança em direção à sua meta, não se esqueça de que sua ideia é tão forte quanto sua capacidade de avaliá-la clara e honestamente, desde o princípio. A seguir, algumas das melhores maneiras de fazer o que foi dito anteriormente:

- **Faça uma análise SWOT.** Forças, fraquezas, oportunidades e ameaças — quatro fatores que sempre irão afetar sua ideia. Portanto, mantenha os olhos bem abertos para ter certeza de que está usando suas forças e oportunidades para combater suas fraquezas e ameaças.
- **Faça *brainstormings* para obter melhores resultados.** Sempre que se sentir bloqueada — o que pode acontecer com frequência —, volte ao *brainstorming*. Pratique constantemente. Ponha para fora todos os seus pensamentos, sem se importar se são irrelevantes, ridículos ou pouco inspirados. Quando terminar, escolha as melhores ideias e siga em frente.
- **Procure oportunidades escondidas.** É fácil cair na armadilha da convenção, tomar as coisas por seu valor declarado e reagir de maneira habitual, sem pensar. Olhe mais fundo e descubra que

algumas fraquezas e ameaças podem perfeitamente ser forças e oportunidades escondidas.

- **Escreva uma declaração de missão.** Essa simples frase pode ser a parede de concreto a barrar todas as mudanças de rumo e viradas de meta que acontecem com o passar do tempo. Volte a ela sempre que precisar se lembrar dos motivos que a fizeram ter a ideia em primeiro lugar.

Uma vez que você chocou sua ideia, tomou a decisão de se aprofundar nela e fez a pesquisa necessária, deve ir ao cerne da sua proposta de negócio e desvelar os componentes essenciais: quais as forças inerentes? As fraquezas? Você pode transformar as fraquezas em forças? Quais as ameaças? Quão perigosas elas são? Quais as oportunidades? Como tirar melhor proveito delas?

Por fim, entenda o propósito final da sua ideia. Antes de ir adiante, certifique-se de que o propósito está claro. Quanto mais progredir e mais oportunidades surgirem, mais terá de se lembrar de servir à sua proposta principal. Como você pode ver com meu exemplo, e muitos outros, não servirá de nada ter sua cabeça nas nuvens, se seus pés não estiverem plantados firmemente no chão.

5

O CAMINHO DAS PEDRAS

QUANDO EU ERA pequena, tínhamos uma gatinha adorável que se chamava Annie. Alma delicada, ela estava com minha mãe fazia mais tempo do que o que eu tinha de vida. Eu adorava a Annie. Um dia, estava vendo tevê e decidi que o bigode dela estava irregular, que era meu dever apará-lo. Peguei minha tesoura e comecei o serviço. Um pouquinho aqui, um pouquinho ali. Em pouco tempo, a única coisa restante era um chumaço. Eu tinha a péssima sensação de ter feito uma perversidade, mas imaginei que bigode era simplesmente cabelo, e ter cabelo curto não machuca seres humanos. Só quando minha mãe chegou em casa e viu a gata, entendi a importância do bigode.

— O que aconteceu com a Annie? — minha mãe perguntou, num misto de raiva e choque.

— Eu aparei o bigode dela — eu disse, culpada.

Minha mãe ficou bastante irritada.

— Poppy, os gatos precisam do bigode para perceber o ambiente e se movimentar de acordo. Foi muito ruim o que você fez com ela.

Ela estava certa, é claro. Eu aprendi a lição e nunca mais achei que alguma coisa na Annie não tinha importância. O bigode cresceu novamente e ela ainda viveu feliz uns bons anos depois disso.

É uma introdução bastante estranha para um capítulo sobre planos de negócios, mas não consigo deixar de comparar o que o bigode faz pelos gatos com o que os planos bem traçados fazem pelas pessoas com objetivos. Esteja você preparando terreno para um negócio ou para uma grande promoção, todo objetivo e desenvolvimento da ação necessitam de algum tipo de plano. Planos ajudam a avaliar os arredores e a entender como se mover, para que você tenha melhores condições de alcançar sua meta final.

Simplesmente subir não é um plano, não importa o quanto nós queremos e achamos que merecemos o sucesso. Em vez disso, um plano de negócios benfeito, sólido, vai ajudá-la a lidar com os altos, baixos, e até mesmo todo o resto entre os dois. Preparando-se para as várias possibilidades, seu plano de negócios garantirá que tenha controle sobre as coisas — seu trabalho —, em vez do contrário.

Minha história

Meu empreendimento tinha alcançado novas alturas e, naquele momento, eu também — literalmente. Estava num avião, voltando de mais uma filmagem excitante em Sydney, liguei para o escritório e fiquei sabendo que tínhamos vendido cem mil dólares em batons só na semana anterior. Melhor de tudo, não parecia que estávamos nem perto do topo. Ainda estávamos escalando! Acabara de ganhar um *upgrade* da moça do balcão da companhia aérea e acabei sentada ao lado de um dos mais famosos, ricos e bem-sucedidos empresários da Austrália.

Conversamos a viagem toda, ele falando sob seu olhar de homem de cinquenta e poucos anos, eu do alto dos meus dezenove. Dividi com ele minha surpresa com o que tinha alcançado com minha empresa, já que não tinha essa expectativa, nem tinha planejado meu negócio para tanto em tão pouco tempo. Estava literalmente radiante com o estímulo que aquilo me dava.

> **Em retrospecto, posso ver quão cuidadoso ele estava sendo para não estourar minha bolha, ao mesmo tempo em que me dizia que os negócios iriam se equilibrar em algum momento — e que agora, em meio ao que se parecia bastante com onipotência, era o momento de focar na vulnerabilidade e diminuir o nível das expectativas, em vez de aumentar.**
>
> **Quando chegamos a Melbourne, ele me deu carona até a cidade. Eu estava dentro de um Rolls-Royce enorme, rodeada de mogno e couro, quando ele me disse uma coisa que ficou guardada comigo por mais de uma década: "Nunca esqueça essa primeira onda de sucesso, porque nada vai ter o mesmo gosto."**
>
> **Foi quando me dei conta de que, até mesmo aquele carro de duzentos mil dólares, nunca daria a ele a "onda" que metade daquele valor acabara de me dar. Porque era minha primeira vez — e primeiras vezes só acontecem uma vez.**

A dependência dessa "onda" cria uma situação impossível. Quanto mais alto você chega, mais alto precisa subir para manter a mesma vibração de antes. Um plano de negócios passa por cima da afobação da animação e mantém você em solo firme para poder experimentar uma excitação mais sóbria e sustentável.

LIÇÃO 24: **Feche a lacuna de informação**

Além de ajudá-la a se conduzir nos altos, baixos e planos que o futuro tem reservado, seu plano de negócios deve também servir como uma ligação que une a sua ideia às pessoas que podem ajudar a concretizá-la. É a carta de apresentação que explica sua ideia e seu incrível potencial para qualquer um em posição de ajudar, desde o gerente de empréstimos para pequenas empresas do seu banco até seu tio rico, que tem alguns milhares de dólares para investir.

Um bom plano de negócios deve ajudar seus leitores, independentemente de seu histórico, a compreender os aspectos fundamentais da sua ideia. Para fazê-lo, tenha os três indicadores a seguir em mente:

1. **Não tenha medo de fazer uma estimativa baseada em um pouco de adivinhação.** Relaxe. Ninguém espera que seu plano de negócios seja perfeito ou exato. É por isso que temos permissão para "adivinhar/estimar" — ou seja, uma mistura de estimativa com um pouco de adivinhação. Planos de negócios são feitos com bases nesses e outros conceitos alcançáveis, como suposições, tendências, previsões, resumos e descrições. Mas apesar de você não precisar ser exata com os fatos e números que apresenta, deve tentar chegar o mais próximo possível disso. Embora ninguém espere que seu negócio se desenvolva exatamente de acordo com seu plano, as pessoas para quem você vai apresentá-lo irão apoiá-lo a partir do alcance de suas palavras. Qualquer informação muito enganosa, ou discrepância óbvia, inevitavelmente será revelada, ao longo do caminho. Apesar de firulas serem permitidas, o mesmo não se pode dizer de desonestidade.
2. **Mantenha a relevância.** Pense em pequenas quantidades de informação, sustentadas por fatos críveis. Esqueça o preenchimento — você não quer desperdiçar espaço com qualquer pedacinho de informação que possa ter. Isso só servirá para confundi-la ou desanimar seus leitores.
3. **Não descarte o óbvio.** No que se refere a planos de negócios, quanto mais obviedade melhor. Fique longe de floreios esotéricos e foque no que é realmente pertinente. Por exemplo: você não ofenderá ninguém se reiterar que metade da população é constituída de mulheres — contanto que esteja usando o argumento por alguma razão, como ilustrar o tamanho de seu mercado potencial.

Minha história

Eu estava no Japão pela primeira vez, desde o lançamento da marca Poppy nas lojas Sephora e Barneys locais. Trabalhava com uma agência japonesa que importava algumas marcas modernas e sofisticadas de cosméticos, e eles precisavam que eu fosse até lá para me reunir com a imprensa.

A agência marcara encontros com editores de revistas de moda, mas, como poucos deles falavam bem inglês, minha agência providenciou uma "intérprete", uma moça que, na verdade, era gerente de vendas da agência.

Apesar de me garantirem que ela tinha bastante noção de inglês, eu tive minhas dúvidas (sem falar na gargalhada geral que se espalhou pelo escritório inteiro), quando recebi um exemplo do tal "inglês excelente" sob a forma de uma quase ininteligível mensagem de e-mail enviada por ela, logo antes da minha visita. Bom, leia você mesmo:

```
Querida Poppy
Como vai?
Um editor popular da revista perguntou se
teríamos fotos que tirem Poppy (o editor deseja
ter suas fotos de quando você tem os dezoito anos
por aí).
O editor da revista queria pegar sua foto
e publicar uma história e boas velhas fotos
suas. Fotos como seu rosto sorrindo é ótimo! A
razão por que a revista quer publicar suas fotos
antigas é para fazer um processo (pode ser sua
história) como você tem ficado bonita e publicar.
É por isso que precisamos tirar uma foto de você
mesma.
Você poderia trazer suas deliciosas fotos de
memória com você quando vier para Tóquio desta
vez?
```

"Deliciosas fotos de memória?" Só podia ser brincadeira! Apesar da minha desconfiança, em poucos dias eu estava sentada com a autora do e-mail, confiando na sua habilidade de tradução.

As duas primeiras entrevistas levaram mais ou menos três horas cada, por causa do tempo necessário para a intérprete traduzir as informações que eu tentava passar. Falei com os editores sobre como eu adorava as estrelas do cinema antigo, que sempre achei que as mulheres poderiam ser fortes e poderosas, e que queria que minha marca representasse isso. Contei que a inspiração para a embalagem veio do estilo *art déco* e era bastante influenciada por uma marca muito popular em Londres nos anos 70, chamada Bibba, uma loja que os Rolling Stones e o David Bowie frequentavam. Falei sobre os benefícios dos meus batons, das diferenças de textura e de onde partiram as ideias para os nomes das cores. Até dividi minhas observações sobre a mudança nos hábitos de maquiagem femininos e como isso refletia a mudança de papel da mulher na sociedade.

Bastaram duas entrevistas para que eu alterasse drasticamente a abordagem.

Durante todo o tempo em que discursei, oferecendo um pano de fundo ilustrativo, nenhum dos editores pegou a caneta para anotar uma única palavra. Eles simplesmente concordavam de vez em quando. Quase no final — depois de ouvirem tudo o que eu tinha a dizer — pegaram seus blocos de anotações e fizeram a pergunta que julgavam mais importante:

— Então, você tinha dezoito anos quando montou seu negócio?

— Exatamente — respondi, e eles anotaram aquilo, arrumaram suas coisas, fizeram uma pequena reverência e saíram.

Apesar de muitas vezes não estar lidando com barreiras de linguagem entre você e os leitores do seu plano de negócios, é melhor imaginar que existe uma barreira de informações. Seu trabalho é fechar o buraco que existe entre o seu entendimento sobre a ideia e o da outra pessoa, providenciando informações pertinentes que podem ser usadas como atalhos para cruzar a fronteira.

O DISCURSO DE ELEVADOR

Se você quer se tornar uma *expert* em descrever seu negócio, pratique o discurso de elevador. Imagine-se num elevador com alguém em posição de ajudar seu negócio — alguém como Bill Gates, Warren Buffet ou Donald Trump. Você tem menos de um minuto para explicar sua ideia e ganhar o interesse deles. O que você diz?

DICA: a chave para articular sua ideia é ser direta e mostrar entusiasmo ao mesmo tempo.

LIÇÃO 25: **Comece pelas perguntas**

Todo mundo precisa ficar confortável com o plano de negócios. O que significa que você também precisa, bem como qualquer outra pessoa que esteja dedicando tempo e/ou dinheiro ao empreendimento. A única maneira é através da informação. Pense na sua ideia como um candidato potencial para uma vaga de emprego, e entreviste-a como faria com qualquer um que se oferecesse ao cargo.

Deixe sua ideia se sentar e faça as seguintes perguntas-chave:

1. O que você é?
2. Por que você está aqui?
3. Qual é seu plano para gerar os resultados?
4. De quem você precisa?
5. Quando você vai cumprir essas promessas?
6. Quanto você vai custar?

Vamos responder em ordem:

1. **O que você é?** Qual é a sua ideia? Se você criou sua declaração de missão no capítulo passado, vai achar extremamente útil revisitá-la agora. Os princípios por trás de uma declaração de

missão aplicam-se a esta primeira questão. Para explicar qual é sua ideia, você precisa reduzi-la aos ingredientes mais vitais e atrativos.

2. **Por que você está aqui?** Por que sua ideia existe? Quais as circunstâncias precedentes? Muitas vezes, sua própria experiência é um dos principais motivos para que a ideia surja. Por exemplo: um amigo meu apareceu com a ideia fabulosa de um produto para hospitais, depois de uma estada pós-operatória dolorosa. Sua ideia surgiu porque ele mesmo experimentou a necessidade de tal artigo, e pôde enxergar um problema comum que o mesmo resolveria. Para responder a esta questão, suas próprias experiências podem ser bastante relevantes — contanto que você possa apontar a razão para que sejam também relevantes para os outros.

3. **Qual é seu plano para gerar os resultados?** Como essa ideia pode virar realidade? Em outras palavras, quais os passos para estabelecer e, depois, operacionalizar a ideia? Assim, você satisfaz as funções básicas da sua ideia. Pense nela como uma lista de compras e imagine onde vai comprá-las. Mostrando que identificou, compreendeu e se preparou para os detalhes práticos da ideia, provará que tanto você quanto ela em si estão prontas para começar imediatamente.

4. **De quem você precisa?** Quem você precisa contratar, para quem você vai vender e em quem precisa prestar atenção como competidores? Claramente, esta pergunta tem três partes:

   • *Quem você precisa trabalhando nos bastidores?* Aqui estamos falando de equipe. Em alguns casos, você pode precisar trazer vários *experts*, pessoas com habilidades diferentes e antecedentes positivos. Outras vezes, você pode ser tudo e, se puder mostrar que isso basta, tudo bem. Aqui estamos falando de qualidade, não de quantidade.

- *Quem é seu foco mercadológico, seu consumidor?* Este é um dos momentos onde você pode "adivinhar/estimar". Contanto que tenha estatísticas sólidas, críveis e informações que sustentem suas estimativas, as previsões não precisam ser exatas, podem ser simplesmente indicativas.
- *Quem mais está fazendo a mesma coisa?* Descreva quem compete com você e o que seus competidores estão fazendo. Depois, explique como você planeja criar uma vantagem e se diferenciar no mercado.

Você pode elevar o entusiasmo ao máximo nas respostas a essas perguntas sobre "quem". Não é hora para modéstia, mas para se promover e alavancar sua equipe, seu mercado potencial e suas vantagens sobre os outros.

5. **Quando você vai cumprir as promessas?** Agora é a hora de sua ideia articular as estratégias. A estratégia explica o prazo para: o quê, o porquê e o quando você precisa fazer as coisas. Agora, muitas ideias terão que se dirigir a tópicos de marketing e/ou vendas. Marketing significa construir o conhecimento sobre uma ideia, e vendas são o resultado desse conhecimento. Os dois precisam começar de algum lugar, mas você verá que, normalmente, existe um intervalo entre o começo do marketing e o começo das vendas. Contanto que esteja mapeado no plano de negócios, tal intervalo não deve representar um problema.

   As questões básicas a responder aqui são: qual o momento em que sua ideia começa e quando ela irá crescer? A menos que tenha um sólido histórico de vendas do produto em questão, você precisará usar um pouco de "adivinhação/estimativas" e suas primas próximas, as suposições. Mais uma vez, contanto que sua ideia possa fornecer boas razões para as projeções e demonstrar como estas são possíveis, ninguém esperará que tais previsões sejam perfeitas.

Com sorte, sua ideia está indo bem — já disse o que é, por que ela existe, como pode evoluir, de quem precisa e quem precisa dela, quem mais está fazendo a mesma coisa e qual o prazo planejado para cumprir o prometido. Nesse momento, você está pronta para fazer a pergunta de sessenta milhões (ou, esperemos, menos) de dólares:

6. **Quanto você vai custar?** Para calcular quanto dinheiro você precisa e quanto pode ser esperado em retorno, você precisa sacar sua calculadora de "adivinhação/estimativas" e escolher um dos modelos a seguir.

    - *Modelo conservador/moderado.* Aqui, para poder chegar a um valor, você trabalha com estimativas de custos máximos e de mínimo de retorno das vendas previstas. Tais números dirão como a ideia vai se comportar se os custos forem mais altos que as expectativas de venda.
    - *Modelo otimista/agressivo.* Para chegar a esse valor, você continua gastando o mesmo, como no modelo conservador (as coisas sempre acabam custando um pouco mais do que você gostaria, então, não subestime esse departamento), mas trabalhe com as estimativas mais altas de vendas. Em outras palavras, aqui você calcula o que vai acontecer se gastar o mesmo dinheiro e tiver maior retorno. É o que você espera que aconteça.

      Claro, você precisará entender os dois cenários, antes de decidir com qual deles se sente mais confortável para apresentar no seu plano de negócios.

Como eu disse antes, o propósito de todas as perguntas da entrevista que você acabou de fazer sobre a sua ideia é estabelecer conforto pessoal e para terceiros. Quando as perguntas forem respondidas satisfatoriamente para todos, você estará preparada para embarcar no trabalho que tem pela frente.

BRINQUE DE "VAMOS COMPRAR NOSSA PRÓPRIA ILHA"!

Enquanto escolhe entre os modelos conservador e agressivo para seu plano de negócios, você pode se pegar distraída com valores mais altos e, talvez, impossíveis, quando está sozinha. Os cálculos do tipo "vamos comprar nossa própria ilha" são somente para seus olhos, mas podem ser extremamente motivadores ao mesmo tempo, porque mostram o que poderia acontecer se as vendas extrapolassem todas as expectativas.

Mas não recomendo que inclua isso no seu plano de negócios, porque a última coisa que você quer é que pessoas comprem sua ideia baseando-se em expectativas irreais ou pouco usuais. Ainda assim, não há nada de errado em sonhar com o que poderia acontecer!

Minha história

A Austrália estava passando por uma recessão quando lancei meus batons. Muito desemprego, demissões e apertos financeiros em todos os setores empresariais. Os bancos estavam dificultando os empréstimos, a economia estava em baixa e o ar estava impregnado de incertezas, de sensações de tristeza e fatalidade financeira. A Austrália, um país conhecido como a terra da oportunidade, de repente parecia não ter nada a oferecer. Estava deprimida, tanto quanto era deprimente.

Foi quando avancei com minha pequena empresa de batons que, sem que eu soubesse, estava prestes a se tornar a "boa notícia" do ano.

Eu tinha entrado em contato com algumas revistas de moda para mostrar meu produto. O resultado foi um parágrafo e uma pequena foto na edição de março de 1992 da

Vogue australiana. De alguma forma, o que era para ser um simples item de beleza foi alardeado pela mídia como ninguém poderia ter previsto.

Aparentemente, os jornais da noite precisavam de alguma notícia positiva... e eu era ela! A voz grave do apresentador subiu alguns tons, partindo da seriedade para a surpresa: "E agora a história de uma jovem que, não conseguindo encontrar o batom que queria, criou sua própria marca! Tracy 'das quantas' nos contará mais detalhes sobre esse começo extraordinário."

Claro que foi ótimo para mim e para a marca. Fui convidada para vários programas de rádio e televisão. Aparecia em capas e em cadernos de negócios de todos os jornais. Dei tantas entrevistas, para tantos veículos diferentes, que não só as mulheres sabiam da minha história, como os maridos também! Boca a boca na hora certa e no lugar certo.

Dei tantas entrevistas que acabei respondendo às mesmas perguntas um milhão de vezes. Como ter dezenove anos parecia incongruente com a habilidade para negócios, uma das perguntas mais comuns era: "Sua idade cria dificuldades para que você seja levada a sério?" Eu respondia que, independentemente da idade, qualquer pessoa que queira ter sua ideia levada a sério precisa saber articulá-la e planejá-la de maneira profissional. Boas ideias podem surgir em qualquer idade.

Inevitavelmente, a próxima pergunta seria: "Você acha difícil ser levada a sério, sendo mulher?" Compreenderia que fizessem a pergunta a uma mulher jovem se, vamos dizer, ela tivesse criado uma nova marca de pneus antichoque para a indústria de aviões. Quer dizer, quem você levaria mais a sério, um homem de meia-idade criando uma empresa de batons, porque ele não conseguia encontrar um de que gostasse, ou uma jovem?

As perguntas que você faz ao seu plano de negócios servem para extrair as informações que demonstrarão a competência de uma ideia, ou o contrário. Apesar de parecerem completamente óbvias e saídas de uma fórmula, se sua ideia não pode respondê-las adequadamente, é sinal de que precisa trabalhar nela, até que possa.

LIÇÃO 26: **Mapeando**

Planejamento, avaliação, estimativas, tudo isso pode ser bastante cansativo. Agora que você já tem as respostas para as grandes perguntas e está pronta para formatar seu plano de negócios, você e sua ideia podem relaxar e entregar-se a algumas tarefas mais leves. Como planos de negócios são preparados de maneira bastante simples para eliminar a confusão do leitor, a única preocupação que você deve ter é apresentar as informações da maneira mais concisa, clara e profissional possível.

Instruções para formatar um plano de negócios estão disponíveis on-line, assim como em livrarias e bibliotecas. Você encontrará todos os modelos possíveis para baixar da internet (dica: simplesmente entre no Google e pesquise "modelos de planos de negócios"). No final das contas, são as informações que você adiciona para embasar e provar sua ideia que farão a diferença, e não o modelo.

Minha história

Depois de um ano no mundo dos negócios, estava ficando claro que não podia mais continuar trabalhando sozinha. Era preciso pedir reforço de profissionais. Então, montei um conselho consultivo, composto de adultos, ao contrário de mim, não mais que uma adolescente, e que tivessem mais conhecimento da parte operacional e de planejamento de um negócio em expansão. Havia meu irmão (que já trabalhava comigo), dois contadores experientes da pequena firma que nos prestava serviço, um publicitário com passado em grandes agências e, de vez em quando, um advogado ou outro profissional.

Encontrávamo-nos uma vez por mês para falar dos negócios e tentar vislumbrar o que estava por vir, para que estivéssemos preparados — o que era bastante difícil no início, visto que o quadro promissor do momento era um produto disparado nas vendas. A maior parte desses encontros mensais consistia em um bando de contadores típicos maravilhados, coçando a cabeça em surpresa animada. Eu, por outro lado, não tinha nenhuma experiência anterior no mundo dos negócios, então, não estava tão chocada com o fato de nossas vendas estarem crescendo em torno de mil e duzentos por cento ao mês.

Com os negócios lembrando mais e mais um trem a vapor a bordo do qual estávamos, tais encontros serviam para nos manter o mais próximo possível do motorista, para que pudéssemos rastrear e planejar o futuro. Por exemplo, se antecipássemos tal volume de vendas, quanto precisaríamos ter em estoque? Que outros produtos seriam lançados e quando? Qual a expectativa de venda deles? Quanto precisaríamos gastar antes? E por aí vai.

Agora que tinha todos aqueles profissionais a bordo, a constância com que me devolviam o boné de motorista me surpreendia. Seus modelos e métodos não eram úteis sem as informações necessárias — e tais informações deveriam partir de mim. Qual o meu feeling, em termos de aumento de vendas, no caso da chegada das festas de fim de ano? Já tinha pensado se meu batom era um produto a ser comprado como presente? As mulheres compram cores diferentes para tais festividades? Lembro que fiquei frustrada de ter que pensar sobre essas perguntas, que me pareciam tolas, quando tínhamos um negócio enorme para cuidar. Mas este é exatamente o ponto: você não pode ser grande se não mapear o pequeno.

Apesar de "não se preocupe com coisas pequenas, sem importância" ser um sábio conselho, não se aplica ao seu plano de negócios. Quando você está juntando informação e pesquisa, são exatamente as grandes coisas que não devem ser levadas em consideração. O formato, as seções, as exigências e os modelos estão prontos, esperando para serem preenchidos com números e estatísticas. Pense neles como coisas a menos com que se preocupar.

LIÇÃO 27: **Esteja preparada para mudanças**

Aqui vai algo que não digo toda hora: "plasticidade fenotípica". Biólogos usam o termo para descrever a capacidade de um organismo de ajustar seu comportamento em resposta a condições variáveis. Tal adaptabilidade é tão crucial para a sobrevivência de uma espécie, que os ajustes que resultam da mudança podem ser encontrados não só na maneira de se comportar, mas também em sua própria reestruturação genética.

Um negócio não é diferente, no que diz respeito à necessidade de responder à mudança das circunstâncias para poder sobreviver. Às vezes, só será preciso fazer ajustes superficiais, outras vezes, a própria estrutura do negócio terá que se adaptar. Mas como você pode adivinhar que mudanças serão necessárias? O plano de negócios é a resposta.

Por causa do alto nível de atenção aos detalhes envolvidos na feitura do plano de negócios, você estará mais preparada para acessar e prever mudanças fundamentais. Um dos aspectos mais importantes desse plano é a habilidade de enxergar a correlação entre ação e reação. Quando ocorrer uma mudança, seu efeito aparecerá em algum lugar.

Lembre-se, mudanças em si não são uma ameaça, desde que seu impacto seja identificado o mais cedo possível. Atualizando as informações no seu plano à medida que as mudanças ocorrem, você pode se organizar para manejar com eficiência as novas circunstâncias. Elasticidade — sabendo que mudanças acontecerão e se planejando para elas — é parte vital de qualquer plano de negócios sadio. Uma estrutura física reforçada é mais difícil de tombar.

Minha história

Quando minha empresa ganhou o primeiro milhão, houve um lucro de quarenta por cento — o tipo da coisa com que

você sonha, mas que nunca planeja. A maioria dos empreendimentos nem mesmo planeja ter lucro no primeiro ano, quanto mais um valor dessa magnitude. Adoraria creditar tais resultados à minha destreza, mas, na verdade, devo isso à tamanha cobertura da imprensa. A fama da nossa marca cresceu tão rapidamente que uma grande parte das vendas aconteceu enquanto eu ainda levava a empresa como uma indústria de fundo de quintal.

Na verdade, quando cheguei a um milhão, o negócio ainda era tocado dentro da minha casa. Em vez de um depósito, eu tinha o chão do meu quarto, uma despensa atrás da casa dos pais de um amigo e o banco de trás do meu carro. Em vez de armários de arquivos, usava uma mesa velha de pingue-pongue para guardar os relatórios de estoque. E como recepcionista, tinha contratado um serviço de atendimento para receber os pedidos. A maioria dos artigos que falava do produto incluía o telefone do serviço e, com pedidos chegando de todas as partes do país, me sentia como se tivesse ganhado na loteria.

Tinha gastado tão pouco e ganhado tanto, que fui forçada a decidir se manteria o negócio ou se pegaria o dinheiro e fugiria. Não poderia fazer os dois, porque crescer exigiria mais investimento. Agora que estava vendendo em lojas de departamentos de verdade e fazendo dinheiro de verdade, a empresa precisaria de uma estrutura de verdade. De outra maneira, não seria capaz de atender apropriadamente os revendedores e, no fim, nossas consumidoras seriam prejudicadas.

Imagine, por exemplo, que eu não tinha um sistema confiável para monitorar a entrada e saída de estoque. Não conseguia saber realmente o que eu tinha guardado, para onde o produto estava indo, quanto faltava e quando uma loja precisaria de mais. Também não tinha como rastrear todo o material auxiliar, como mostruários e provadores. Então, antes mesmo de ter um escritório apropriado, nos organizamos para ter um depósito decente.

Encontramos um lugar e o preparamos com prateleiras e espaço para estocar material. Depois, montamos um pequeno escritório num canto, em frente à grande porta dobrável de garagem que ficava aberta durante o dia para que a minivan, que compramos para distribuir os batons, pudesse estacionar. Até contratei Richard, meu primeiro empregado depois do meu irmão. Funcionário do estoque, o trabalho dele era organizar e empacotar os pedidos, entregá-los no endereço certo e inventariar o que saía e entrava no depósito.

Como você pode imaginar, pessoas, lugares, produtos e processos custam dinheiro, então, quando começamos a ficar mais organizados, precisamos ajustar o plano de negócios de forma que acomodasse as mudanças. Foi difícil assistir a margem de lucro cair lá da altura vertiginosa da fantasia para o reino terreno da normalidade. Como eu disse, para cada ação existe uma reação. A reação do plano de negócios era clara na linha de base, no desfecho — aquela que mostra o que sobra, depois das despesas. Por sorte, as mudanças também eram sentidas nas linhas de topo, na receita — as que rastreiam o volume de vendas. Pelo fato de estarmos gastando mais, estávamos equipados para atender a novas lojas e contas — o que se traduzia em mais vendas, consumidores e, finalmente, mais dinheiro.

Cada detalhe do plano de negócios tem seu próprio efeito ondular. Algumas ondas serão maiores e de maior alcance, outras afetarão somente uma pequena superfície, próxima ao ponto do impacto. A beleza do plano de negócios é que ele permite que você veja e compreenda claramente os efeitos das suas decisões empresariais.

Conclusão

Um dos meus contos de fadas preferidos é *O Mágico de Oz*, que nos diz que muitas vezes temos habilidades das quais não nos damos conta, até que somos empurrados a descobri-las. O plano de negócios funciona de maneira bastante parecida. Muitos de nós assumimos que certas coisas estão além da nossa competência, mas tudo de que realmente precisamos é coragem para experimentar, a intenção de usar o cérebro para orquestrar os detalhes e o coração para seguir os sonhos, obedecendo a um plano.

Elaborar um plano de negócios pode parecer uma proposta assustadora, mas, uma vez que comece, descobrirá que não existe mágica por trás disso, somente o bom e velho plano e trabalho duro — o que, com sorte, será muito mais fácil depois das lições compreendidas neste capítulo.

- **Colete informações.** Mantenha a proposta do plano de negócios em mente, enquanto anota e coleta informações. Isso trará gente nova para seu lado, além de mais fatos, números e previsões para provar que, sim, você será uma grande história de sucesso.
- **Foque nas seis grandes perguntas.** Para completar sua proposta e conquistar aliados, sua ideia terá que falar por si e responder às sete questões fundamentais de um plano de negócios: quem é você? Por que você? O que é você? Qual seu plano para gerar os resultados? De quem você precisa? Quando você vai cumprir as promessas? Quanto você vai custar?
- **Não se preocupe com o formato.** Muitas pessoas se preocupam porque não sabem como elaborar um plano de negócios. É a parte mais fácil. Modelos com o formato padrão estão disponíveis on-line e em vários livros.
- **Esteja preparada para mudanças.** Os melhores planos de negócios mostram que podem operar e se adaptar de acordo com uma variedade de circunstâncias, e não são confiáveis só numa situação fortuita. Garanta atualizações em seu plano de negócios sempre que novas informações surgirem.

A ideia de que você não é capaz de elaborar um plano de negócios, ou de que fazê-lo está acima da sua capacidade, é uma ilusão, exatamente como o Mágico de Oz. Como sempre, por trás de toda pompa e circunstância, toda fumaça e espelhos, ele é só um homem normal criando todo esse barulho através de uma máquina. Claro, Dorothy e companhia precisaram confrontar os próprios medos para descobrir isso. Você também. Olhe para este capítulo como sua própria estrada de tijolos amarelos. Depois, simplesmente siga o conselho de sair de uma página em branco para um consistente e completo plano de negócios.

6

NA TRILHA DO DINHEIRO

Eu sempre gostei de *Seinfeld.* Mas só depois que Jerry Seinfeld decidiu acabar com o programa, fiquei curiosa a respeito do homem Seinfeld. Eu sabia como é difícil acabar com alguma coisa na hora certa, e queria compreender de onde vinha a força interior dele. Então, em maio de 1998, quando o programa estava prestes a sair do ar, comprei a *Vanity Fair* que trazia Jerry Seinfeld na capa.

Na matéria, ele dizia exatamente o que eu sentia e pensava sobre o sucesso e sobre fazer dinheiro, mas nunca tinha sido capaz de expressar. Falando sobre algumas negociações finais com a NBC, ele explicou: "Algumas pessoas pensaram que eu estava em queda, que queria ganhar tempo, e que dinheiro era um fator. Mas, na verdade, eu nunca considerei o dinheiro, o que é a abordagem mais eficiente do meu meio. Quando você não considera o dinheiro, é capaz de fazer a escolha certa. E a escolha certa sempre leva ao dinheiro."

Minha história

Não canso de dizer: sou obcecada por batom! Adoro dar cor aos meus lábios, adoro ver cor nos lábios de outras pessoas, adoro comprar batons, adoro tê-los. Adoro a linguagem do batom, a camaradagem do batom, e adoro o símbolo que ele representa. O batom é e será sempre meu verdadeiro amor cosmético. Então, sempre que estive cara a cara com a decisão de entrar em outra linha de produtos cosméticos, fiquei pouco à vontade.

No final, a decisão foi tirada das minhas mãos pelo meu novo sócio, que estava determinado a fazer dinheiro rápido. Cortar custos e/ou aumentar a receita são os dois caminhos para ganhar dinheiro num negócio que já existe. Depois de aparas no primeiro item, ele voltou a atenção para o segundo: precisávamos impulsionar as vendas.

Parecia coisa fácil. Se estávamos vendendo x na categoria boca, o negócio cresceria substancialmente se oferecêssemos produtos em todas as categorias de cosméticos. Lembro-me de ter argumentado, mas com a confiança abalada pelos eventos do último ano, quando meus sócios anteriores e eu terminamos numa disputa longa e exaustiva; eu não tinha energia para muita briga. No fundo, eu não achava certo lançar todos esses novos produtos. Estaríamos fazendo isso pelas razões erradas. Ou melhor, estávamos fazendo por uma única razão... dinheiro.

Eu não tinha força diretiva nem visão criativa para produtos como base, sombra de olho e rímel. Não eram coisas que me encantavam. Não havia nada em particular que eu quisesse comunicar através de sua cor ou textura. Não havia mensagem. Pior, não havia paixão. Acabamos lançando uma linha inteira de cosméticos de uma vez só. Apesar de terem sido alterados de acordo com meu gosto pessoal, os

produtos não foram trabalhados por mim no laboratório, como os batons. E mais, para satisfazer o elemento corte de custos da estratégia, mudamos a embalagem. No passado, nossa embalagem tinha uma vinheta específica para cada história; agora era uniforme. Da noite para o dia, tínhamos virado mais genéricos e menos diferentes, porque ser diferente ia contra essa nova abordagem masculina de aceleração de ganhos.

Apesar de ter surgido a partir de preocupações financeiras válidas, tal abordagem nunca respondeu com remédio financeiro válido, porque era voltada demais para o objetivo único de ganhar dinheiro. Nossos consumidores não estavam animados com os novos produtos. E por que deveriam? Eu também não estava animada com eles. Ainda não tenho certeza sobre como pude ter pensado que a escolha certa para uma marca chamada Poppy seria produzir mercadoria que deixava a mim, Poppy, simplesmente morna.

Apesar de Jerry Seinfeld estar se referindo à indústria de entretenimento na sua citação, eu estenderia o que ele disse a qualquer negócio ou decisão relativa a dinheiro. Quanto mais você foca na escolha certa, em vez de se fixar no dinheiro certo, mais dinheiro é provável que faça a longo prazo. Por outro lado, fazer as coisas somente por dinheiro pode dar errado de maneira estranha.

LIÇÃO 28: **Ideias precisam de dinheiro, e vice-versa**

Criatividade e dinheiro nem sempre andam juntos. Diz a sabedoria popular que tipos criativos normalmente não são bons com dinheiro e tipos que gostam de dinheiro não são criativos. Então, o que é mais importante? Dinheiro ou criatividade? No caminho da concretização da ideia, quem ganha o direito de passagem? Dinheiro ou ideias? Minha filosofia diz que são os dois. A criatividade só o levará até certo ponto, e o dinheiro sozinho não pode garantir que algo dê certo. Eles precisam um do outro, se qualquer um dos dois quer ir adiante.

Para fazer uma ideia acontecer e continuar caminhando, você precisa de uma mistura bem sintonizada de dinheiro e criatividade. Há momentos em que o dinheiro será o foco e outros em que terá que ceder o lugar no banco da frente à criatividade. A dinâmica de qualquer ideia está sempre mudando, e nem a criatividade nem o dinheiro assumem definitivamente a direção. Os dois precisam coexistir, com o máximo de equilíbrio possível.

Como você vai ver, a ênfase que dá a cada um, e por que motivo, será provavelmente uma extensão da sua filosofia, dos seus valores e da sua visão sobre o papel do dinheiro.

Minha história

A caminho de uma sala de reuniões no escritório central da Selfridges, em Londres, para me encontrar com o comprador de cosméticos, senti uma lufada de orgulho quando dei uma olhada numa das salas do corredor. Lá, no quadro de avisos do departamento de design, juntamente com outras fotos e amostras daquilo que os profissionais achavam inspirador, estava o cartão-postal do meu Shine. Não era a primeira vez que acontecia. Já havia passado por vários lugares do mundo e visto meu cartão em paredes de escritórios incríveis e modernos.

Shine era um tremendo sucesso. Em 1995, depois de alguns anos conhecida pelo meu batom, decidi criar um brilho para os lábios. Não era um simples gloss, como os de antigamente, mas exagerado, um brilho intenso, com acabamento absolutamente molhado e brilhante. Se batons querem dizer glamour, brilhos querem dizer sensualidade, e o meu seria proibido para menores, tanto em aparência quanto em sensação.

Sendo meu primeiro ataque longe dos batons, queria que fosse uma declaração. O nome Shine o fazia diretamente — a rainha do batom opaco estava agora fazendo brilho. Depois, a imagem. Sempre adorei "pintura de caminhão", airbrush. Sinônimo de "anos 70", era o estilo responsável por aqueles desenhos cafonas e artificiais de pôr do sol, decalques de labaredas nas laterais dos carros e motos, silhuetas sensuais de mulheres com medidas de Jessica Rabbit. Era uma fantasia deliberada, sem reivindicação de nada real ou humano — e sem pedidos de desculpas, também. Com permissão para exagerar, aquele era o estilo perfeito para as imagens promocionais de Shine.

Achei uma foto numa revista que era um close do rosto de uma moça usando óculos escuros grandes e gloss. Depois achei um artista que trabalhava com airbrush para fazer uma representação exagerada daquela imagem. Óculos escuros enormes, estilo aviador, lábios impossivelmente grossos e vermelho-brilhantes, cabelo solto e selvagem. Atrás da mulher, um pôr do sol que se refletia nos óculos escuros. Mas não seria um simples pôr do sol. A garota não seria uma rata de praia, mas uma urbana chique, ultramoderna, olhar altivo. Nova York. Essa seria a paisagem refletida nos óculos, juntamente com todas as esperanças e sonhos que tal vista representa.

Sobre onde colocar o nome do produto, os anos 70 foram novamente uma inspiração. Lembra daquelas gargantilhas que tinham um nome pendurado no meio? Nossa garota teria a palavra Shine pendurada na gargantilha.

Não economizei na produção dessa imagem. Imprimimos grandes pôsteres para figurar nos balcões de Poppy nas lojas e em cartões-postais para as vitrines e os mostruários. Se você não está familiarizado com a economia no mundo da impressão, é mais ou menos assim: quanto menos encomenda, mais caro é; e quanto maior a qualidade, maior o preço, principalmente se é uma tiragem pequena e de uma vez só. Nossa quantidade não era suficiente para diminuir o custo, mas eu não me importei. Adorava tanto a imagem que me recusei a aceitar qualquer coisa que fosse menos que o papel de melhor qualidade, a melhor resolução, o acabamento mais brilhante, as cores mais ricas e a melhor opção em qualquer categoria de escolha.

Justifiquei meu comportamento como um investimento na marca e, apesar de ter alguma verdade nisso, existem também outras verdades que merecem consideração, como custo de matéria-prima; em outras palavras, quanto custa para fazer o produto. Toda indústria tem seus padrões, e a despesa luxuosa na produção e embalagem de tal imagem fez com que os custos de produção do meu Shine extrapolassem os padrões normais, a racionalidade e o mundo dos negócios, passando à categoria de pensamento mais apropriado ao mundo das artes.

Os gastos tiveram sua recompensa. A imagem fez mais pelo *status cult* da marca Poppy que qualquer outra figura do imaginário que lançamos ao longo da nossa existência de doze anos. Ainda assim, será que os mesmos resultados poderiam ter sido alcançados dentro dos moldes de uma economia mais convencional? Talvez. Mas eu tinha os pés tão enfiados no acelerador com aquela ideia que recusei qualquer freio na onda criativa.

Se o propósito é continuar fazendo dinheiro, o dinheiro precisa respeitar as ideias, e as ideias precisam respeitar o dinheiro, se querem alcançar seu potencial. Sem dúvida, existem aqueles momentos onde dinheiro e criatividade estão em lados opostos. Mas uma vez que você compreende a interdependência dos dois, estará muito menos propenso a dar as costas para o que é melhor para a dupla.

LIÇÃO 29: **Decidindo entre opções financeiras**

Todo mundo que já tentou pedir um café na Starbucks sabe disto: muita variedade pode ser uma coisa complicada. Se você precisa de dinheiro para fazer sua ideia acontecer, então terá algumas grandes escolhas a fazer. Se o seu instinto inicial é perseguir toda e qualquer oportunidade de financiamento em que possa colocar as mãos, reserve um tempo para avaliar quais opções fazem sentido para você, antes de assinar uma linha pontilhada.

Compreender o que é apropriado pode ser bastante subjetivo. A verdade é que, esteja você gastando, ganhando, dando, pegando emprestado ou emprestando, dinheiro vem com alguma bagagem. Majoritariamente, tal bagagem pode ser dividida em duas categorias: bagagem pessoal e bagagem profissional. A primeira vem com dinheiro emocional, ou dinheiro que vem de amigos, família, conhecidos, vizinhos, amigos de amigos, e por aí vai. Bagagem profissional, por outro lado, vem com dinheiro institucional — de bancos, investidores de risco, organizações, governos, e coisas do gênero.

O tipo de financiamento que você escolher dependerá do tipo de bagagem com a qual se sente mais confortável. Tanto a pessoal quanto a profissional têm seus prós e contras. Dinheiro emocional pode ser mais fácil de encontrar, porque os critérios para ele não são normalmente tão rigorosos. Por exemplo, tio Harry provavelmente não pedirá um plano de negócios tão detalhado quanto um banco. Mas, de novo, tio Harry pode ter expectativas mais irreais do que um banco, e pode presumir que sua prima também deve fazer parte do negócio. Enquanto isso, o sr. Gerente de Empréstimos do Banco dificilmente ficará chateado se você não demonstrar gratidão suficiente, ou não empregar a prima dele — mas também não correrá tantos riscos, porque deve respostas sobre suas decisões a outras pessoas.

Antes de buscar fontes de investimento, pense sobre sua bagagem potencial e decida o que faz mais sentido para você. Sente-se mais confortável com padrões rígidos e pouca emoção, ou menos critério e mais emoção?

AVENTURAS NO MUNDO DOS NEGÓCIOS

O mundo de hoje oferece mais oportunidades para empreendedores do que quando dei início à Poppy Industries. Naquela época, tínhamos nossas redes pessoais, bancos e investidores de risco (fundos de instituições de fora em troca de equidade, ou sociedade na sua empresa). Empresas de capital de risco eram bastante estreitas, no que diz respeito aos critérios, e, a menos que você pudesse demonstrar retorno relativamente rápido, investimento de risco era quase impossível de conseguir. Por sorte, hoje em dia existe uma coisa que eu chamo de "capital aventureiro".

"Capital aventureiro" vem de uma fonte não somente ávida por riscos, como também necessitada deles para permanecer competitiva. Com a competição em cada mercado mais intensa do que nunca, grandes monstros como a General Motors não estão tão confortáveis com sua posição de mercado como antigamente, quando não tinham nenhum incentivo para aventuras fora das próprias práticas. Hoje, essas companhias estão abertas a meios novos, menos tradicionais, de fazer negócio.

Se você puder oferecer um meio para que uma empresa mergulhe os dedos em novas águas sem grande compromisso, talvez seja uma proposta interessante. Como tentar algo novo internamente pode ser caro e complicado, costuma valer mais a pena apostar em alguém de fora e depois convidá-lo para entrar na empresa caso a experiência tenha sido um sucesso.

Além do desejo de permanecerem competitivas e no topo de novas tendências, empresas também são motivadas a se aventurar se sentirem a necessidade de provar algo para seu mercado ou para o público em geral. Dependendo de sua agenda particular, uma empresa pode querer provar que é inovadora, centrada na comunicação, responsável socialmente, etnicamente diversa, que não é machista, e por aí vai. Se sua ideia pode se encaixar em alguma dessas áreas, você pode estar no lado de quem recebe o dinheiro de uma corporação ou do governo. Quando algo que você faz tem potencial para associar boa vontade a inovação, maiores as chances de conseguir financiamento para sua ideia através de uma empresa, ou mesmo de governos e bancos.

Siga os passos a seguir para chegar aos tomadores de decisão nas empresas, que podem ajudá-la a viabilizar sua ideia:

- **USE O TELEFONE.** Ligue para escritórios de corporações e peça para falar com alguém do departamento de novos investimentos ou desenvolvimento. Se não tiverem nada do gênero, pergunte à telefonista que departamento ela sugeriria para que você apresentasse uma ideia. A pessoa ao telefone pode ajudá-la se você for educada, entusiástica e humana — quer dizer, seja você mesma e não tente jogar pesado.
- **TENTE, TENTE NOVAMENTE.** Se sua primeira tentativa de falar com alguém não deu certo, pergunte por alguém do departamento de recursos humanos, desenvolvimento de marcas, o que quer que você consiga imaginar. Continue tentando pensar em novos ângulos de abordagem. Nunca se sabe como, ou quando, se pode chegar em alguém que finalmente a colocará na direção certa.
- **USE SUA PESQUISA.** Quase sempre você pode descobrir o nome das pessoas de comando procurando na internet. Tente pesquisar os sites das corporações ou entre no Google e procure palavras-chave, como "novo departamento de desenvolvimento na Subway sanduíches, chefiado por..." Quando conseguir o nome, vá em frente e telefone. Lembre-se: se sua ideia é vencedora, então você está prestando um serviço a eles ao contatá-los. Muitas vezes, chegar a essas pessoas é mais fácil do que se supõe. Muita gente chegou a mim simplesmente pegando o telefone. *Cuidado*: existe uma fronteira entre persistência e perseguição. Apesar da necessidade de ser persistente para conseguir falar com chefes ocupados de grandes empresas, se tentou entrar em contato com alguém por mais de três semanas e não conseguiu nada... vá adiante em direção a outra pessoa ou empresa.

LIÇÃO 30: Use a linguagem adequada

Se quiser causar boa impressão, certifique-se de usar a linguagem adequada. O fato de falarem a mesma língua não quer dizer que não haja muitas diferenças na comunicação. Diferentes fontes de financiamento — profissionais, pessoais, políticas — responderão a diferentes maneiras de falar. Então, a menos que o gerente do banco seja seu tio, não espere que ele o leve muito a sério se falar com ele como se fosse.

Para melhores resultados, prepare sua abordagem de acordo com o público, entendendo onde estão seus botões de ouro. Se for para uma reunião com uma organização profissional ou política que pode oferecer subvenção ou financiamento, prepare-se, procure seus websites, brochuras ou panfletos, tudo o que puder encontrar sobre eles. É a melhor maneira de se ter uma noção dos conceitos que lhes são importantes. No que diz respeito a conquistar fontes de financiamento mais pessoais que profissionais, como no caso do bom e velho tio Harry, pense na pessoa e nas suas motivações, antes de dar início a seu longo discurso.

Quando você tiver entendido quais elementos da sua ideia cativaram o seu público, você terá encontrado seus próprios botões de ouro. É nisso que deve manter o foco, em sua reunião.

Minha história

Mais ou menos três anos depois de lançar meus primeiros sete batons, eu tinha muito mais produtos para os lábios e novas cores. Ainda assim, para me manter competitiva e continuar expandindo a marca, precisava de mais produtos novos. Nossas vendas haviam estagnado em cerca de quatro milhões de dólares, e, se quiséssemos continuar crescendo, precisaríamos de mais gente e infraestrutura adicional, duas coisas que requerem tempo e dinheiro. E buscar dinheiro leva tempo.

Passei a maior parte de 1996 fazendo apresentações para milhares de potenciais investidores. Reuni-me com uma procissão sem fim de ternos, por todos os cantos da Austrália — indivíduos ricos, empresas de investimentos de risco, bancos, sindicatos privados. Um grupo sugeriria que

fosse visitar outro, que diria que eu devia falar com ainda outra pessoa, e por aí vai.

Então, todo dia eu passava meu batom, juntava o material para meu show e ia me apresentar para ganhar meu jantar. Por mais interessante e divertido que fosse ter uma garota de vinte e um anos oferecendo uma possibilidade no mundo das vaidades femininas para aquelas pessoas, ninguém levou realmente a sério minha proposta. Eu tinha muito a dizer, mas não fazia a menor ideia de como dizê-lo.

Claro, eu era capaz de passar algumas horinhas explicando o marketing, a visão, as oportunidades e o posicionamento da marca. Mas não na linguagem do investidor profissional. Sendo tão bem-sucedida em me comunicar com meu público-alvo, eu achava que era a melhor pessoa para fazer o mesmo na comunidade investidora. Na verdade, isso é o mesmo que supor que a estrela do filme também é a melhor pessoa para ocupar a cadeira de produtora. Pode até ser, mas somente se compreender as duas linguagens: estar num filme e fazer um.

O que aconteceu foi que eu não tinha ideia que minhas palavras estavam encontrando ouvidos surdos naqueles lugares. Quer dizer, por que aqueles chefões não se interessaram com a perspectiva de levar glamour urbano para um mercado maior, de pós-feministas clássicas, porém consumidoras modernas, cuja psicologia tinha tudo a ver com estilo de vida?

Linguagem errada.

Agora, se eu tivesse sido capaz de contratar alguém que transformasse toda aquela verborragia em coisas como EBITDA, ROI, P&L,[1] e no resto das siglas que o mundo do investimento profissional conhece, talvez eu tivesse tido mais sucesso com a comunidade dos negócios. Em vez disso, acabei conseguindo o investimento de que precisava através de um canal bastante pessoal, que trouxe consigo uma enorme quantidade de bagagem emocional. Olhando para trás,

---

[1] EBITDA refere-se ao lucro antes de juros, impostos, depreciação e amortização; ROI é retorno sobre investimento; e P&L significa lucros e perdas.

percebo por que só fui capaz de encontrar investimentos do tipo emocional — porque era a única linguagem que sabia usar ao apresentar meu negócio.

Poliglota. É o que você deve tentar ser. Apesar de todos nós termos nossa língua primeira, sempre podemos aprender como falar outro idioma bem o suficiente para comunicar uma ideia. E se não podemos, precisamos de um intérprete — alguém que possa ajudar a traduzir nossa ideia em linguagem apropriada. Dependendo da língua que você fala, isso pode significar trazer um MBA, com muita experiência em novos negócios, para falar com investidores profissionais, ou o recrutamento de seu primo mais criativo, com talento para marketing, para iluminar sua apresentação quando estiver buscando financiamento de amigos e parentes.

LIÇÃO 31: **O sócio 101**

O parceiro de negócios é uma das criaturas mais exóticas e aventureiras da floresta financeira. Independentemente das instituições principais, como bancos e firmas de investimento, o parceiro de negócios é quase sempre autônomo e não muito adepto a grandes relatórios. Pode circular livremente e sem medo, daí seu status no mundo selvagem do investimento. Não se congrega a um habitat em particular, mas quase sempre é visto entre família, relações profissionais, amigos, redes de contatos e grupos de ajuda. Também é muito amigo da senhorita Sorte, e, apesar de você talvez precisar da intervenção dela para encontrar um espécime dessa natureza, não é preciso contar exclusivamente com ela, já que existem passos que podem ser dados para aumentar suas chances de encontrar parceiros potenciais.

Sociedades muitas vezes são comparadas ao casamento — não é à toa. Se você aplicar as mesmas estratégias e os mesmos princípios que usaria para encontrar um companheiro quando estiver buscando um sócio, estará no caminho certo. Por exemplo:

- **A localização é tudo!** Para estar no lugar certo, na hora certa, você precisa estar no lugar certo frequentemente. Assim como pessoas que buscam um parceiro para a vida toda vão a bares, ou procuram sites de namoro on-line, quem está procurando um sócio deve ir aonde o tipo de parceiro potencial vai.

- **Tome a iniciativa.** Uma vez que está nos lugares apropriados, supere a timidez e lance a mensagem de que está procurando um sócio para ajudá-la a levantar um negócio. Quando me mudei para Nova York, minha sensibilidade entrou em choque devido ao (entre outras coisas) arrojo das pessoas, no que dizia respeito ao coração (e outras partes da anatomia). Perguntavam sem cerimônia se eu conhecia alguém que pudesse apresentar para um amigo. A procura por um sócio requer preparo similar para anunciar e fazer com que as pessoas saibam.
- **Proteja-se.** No que diz respeito à proteção pessoal e da sua ideia, você precisa saber o que pode dizer para atrair o interesse das pessoas, sem revelar demais. Na fase inicial do negócio, quando você está só começando a medir o interesse na sua ideia, considere a possibilidade de patenteá-la e de pedir que as pessoas assinem acordos de confidencialidade, antes de dar muita informação. É como sua mãe sempre disse: qualquer pessoa que não quer deixar você se proteger, não pode ser a pessoa certa.
- **Leia os sinais.** Quando estiver buscando um sócio em potencial para seu negócio, tente descobrir se vocês formam uma boa parceria ou se são uma receita para o desastre. Basta ficar atento aos sinais comuns. Certas coisas são fundamentais para uma boa sociedade nos negócios, outras são boas, mas não necessárias, e outras ainda potencialmente problemáticas. Veja o quadro "Sinais do que está por vir", para uma lista detalhada.

Minha história

Eu não tinha ideia do que esperar no meu primeiro encontro com a pessoa que acabaria sendo meu primeiro sócio. Como mencionei num capítulo anterior, foi fazendo contatos e por causa de uma amiga em comum que acabei sentada diante de alguém que expressara interesse na minha ideia de

criar uma marca de batons. Alguns dias haviam se passado desde nosso primeiro contato. Lá estava eu, diante dele na sala de jantar, do outro lado da mesa de vidro, com a chance de alavancar minha ideia.

Havia vários sinais positivos. Dei uma olhada em volta e percebi que ele gostava de arte e de colecionar; que seu gosto tinha uma tendência contemporânea, desafiadora e ousada. Dito de outra maneira: não havia paisagens, natureza-morta ou vasos de flores; ele obviamente gostava de estar à frente do seu tempo. Também não havia nada genérico ao redor. Tudo era exclusivo, único. E, conversando sobre isso, fiquei sabendo que ele, por conta própria, tentava dar apoio a jovens artistas e criadores emergentes. O tema nos levou ao propósito daquele encontro.

Contei como minha ideia havia surgido, durante minha busca por batons opacos. Expliquei como cheguei à conclusão de que talvez eles fossem algo que as mulheres estavam procurando, e que me baseava em comentários de assistentes de vendas nos balcões de cosméticos das lojas. Falei que tinha encontrado uma fábrica que poderia produzir os batons e que já havia entrado em contato com os responsáveis. Fui mais adiante, falando sobre quem eu pensava ser o público-alvo para meu produto, sobre como e por que meu batom teria apelo. Não foi exatamente uma apresentação formal, mas como englobei as bases principais — o que era a ideia, como poderia ser realizada e para quem era dirigida — acabou ficando com cara de uma.

Durante o encontro, meu sócio em potencial me fez várias perguntas, respondeu com cuidado e consideração e depois explicou seu interesse. Disse que havia financiado alguns pequenos negócios no passado, porque achava compensador e excitante dar chance às pessoas. Estava no começo da carreira de advogado, então não tinha interesse em nada que fosse requerer o comprometimento de sua agenda. No final, disse que precisava de algum tempo para pensar na ideia, que estaria viajando por algumas semanas, mas me daria uma resposta quando voltasse. Se estivesse interessado em prosseguir, precisaríamos de um novo encontro para tratar de mais detalhes. Não parecia nem entusiasmado nem particularmente indiferente quando agradeceu pelo meu tempo e me levou até a porta.

Apesar de um pouco desapontada por ter que esperar até que ele voltasse, vi alguns bons indícios de que poderia trabalhar com aquela pessoa. No nosso primeiro encontro, ele provara ser aberto ao risco, mas não sem as devidas considerações. Admirava o processo criativo, mas identificava que preferia o papel de facilitador ao de criador. Já correra esse tipo de risco antes, então tinha alguma experiência nos negócios. E, como tinha se formado em direito, obviamente tinha um grau de entendimento estrutural que seria bastante útil. Era educado, respeitoso e não só fazia perguntas, como escutava minhas respostas. Aquele homem parecia bastante fácil de ler, mas, se você vai entregar a alma a alguém, que fará o mesmo com você, o inferno está realmente nos detalhes das primeiras inteirações.

Quando ele voltou de viagem, me telefonou querendo um novo encontro. Alguns dias depois eu estava de volta à sua mesa de vidro.

— Sabe do que mais? Acho que você está certa — ele disse. — Procurei batons opacos em todas as lojas de departamentos onde fui durante a viagem, e nenhuma tinha. Me disseram o mesmo que disseram a você.

Agora sabia que ele estava falando de negócios. Poucos homens de 27 anos que eu conhecia sairiam por aí perguntando por batons opacos!

Encontrar um sócio não é tão fácil quanto, digamos, pegar um empréstimo no banco. Toda parceria tem uma dinâmica diferente na maneira de funcionar. As formas, os estilos e as expectativas são mais variáveis do que em instituições que têm procedimentos rígidos e estabelecidos. É por isso que formar uma sociedade bem-sucedida pede a mesma confiança nos instintos, nas impressões e nos sentimentos, de que precisamos quando buscamos outros importantes relacionamentos pessoais em nossas vidas.

SINAIS DO QUE ESTÁ POR VIR

Por mais benéficos que parceiros de negócios possam ser para sua ideia, eles também podem ser altamente destrutivos, caso você escolha o sócio errado. Para assegurar que sua parceria tenha tudo para dar certo para sempre, preste atenção aos seguintes sinais:

Essenciais

- **VISÃO COMPARTILHADA.** Seja seu parceiro uma pessoa, um sindicato, uma corporação ou instituição, ele deve compartilhar sua visão de futuro. O que não quer dizer que ele tenha que entender completamente todos os aspectos do negócio, mas todos os envolvidos precisam compartilhar e compreender os objetivos do negócio em si. Certifique-se de ouvi-lo descrever com as próprias palavras como vê a ideia e seu objetivo. Assim, qualquer discrepância virá à tona e você poderá deixá-lo de fora (ou não). Não importa quanta estabilidade financeira uma parceria pode trazer. Se não vier acompanhada de visão compartilhada dos objetivos gerais, estará comprometida desde o início.
- **RESPEITO COMPARTILHADO.** Respeito significa que você admira as habilidades, os talentos, as experiências e capacidades de alguém — não necessariamente que goste delas. Como sociedades precisam lidar com altos e baixos, o respeito permite que compromisso e comunicação triunfem sobre inevitáveis diferenças de opinião. Se não conseguir encontrar algo que realmente respeite em seu(s) potencial(ais) sócio(s), reconsidere a sociedade. É bem possível que não termine bem. O provérbio "durma com cães e acordará com pulgas" me vem à cabeça.
- **RESOLUÇÕES DE DISPUTAS E ESTRATÉGIAS DE SAÍDA COMPARTILHADAS.** Por mais deprimente que seja falar sobre o fim quando se está somente no começo, é preciso senso compartilhado sobre como tal fim poderia acontecer.

Por exemplo: depois de certo tempo, uma parte terá a opção de vender seu quinhão na sociedade para outra? O que farão se houver uma disputa ou desgaste? Existem várias estratégias de saída e resoluções de disputa conhecidas e aceitáveis à disposição. A melhor aposta é concordar sobre quais usar, antes mesmo de começar. No caso desafortunado de sua sociedade ter problemas, a frustração pode ser muito grande e a camaradagem muito pouca para que as partes pensem claramente.

Recomendáveis

- **VALORES COMPARTILHADOS.** A história já mostrou algumas sociedades entre duplas estranhas e/ou opostas. Por exemplo, ainda é possível uma grande parceria entre pessoas que têm diferentes crenças religiosas, torçam por times diferentes ou votem em diferentes partidos políticos — basta lembrar de Bill Clinton e George Bush pai, que juntaram forças em várias causas recentemente. Compartilhar valores pessoais pode ajudar bastante, mas não é garantia de que uma parceria de negócios vá ser bem-sucedida. Lembre-se, só porque as partes têm ótimas conversas numa mesa de jantar, isso não quer dizer que se deva fazer uma tentativa real de algum acordo profissional. É mais importante que concordem quanto à estratégia do negócio do que, digamos, quanto à estratégia do Mets.

Potencialmente problemáticas

- **HABILIDADES COMPARTILHADAS.** Como ideal, você quer que sua sociedade complemente seu arsenal de capacidades e traga nova expertise para a empreitada. Muitas capacidades compartilhadas podem causar complicações e duplicações nos papéis que cada indivíduo interpreta numa sociedade. É importante distinguir e separar claramente as habilidades; assim, não só ajudarão na execução da sua ideia, como também minimizarão políticas de território. As brigas internas e disputas de poder, além de desgastantes e ladras de tempo, desviam a atenção dos objetivos reais da parceria.

- **EXPECTATIVAS DIFERENTES.** Garanta que seja claro desde o início o que cada entidade da parceria espera, e em quanto tempo. Mesmo que os sócios tenham uma visão compartilhada, pode haver diferenças sobre como e quando uma das partes espera que tal visão seja realizada. Algo simples como *timing* pode fazer uma parceria forte se romper, se as expectativas sobre o tema não são compartilhadas e satisfatórias para todos os envolvidos.

No começo, muita informação pode ser captada através de gestos. Antes de se precipitar e entrar de cabeça numa parceria, dê uma boa olhada e pense sobre os gestos e sinais que está vendo — apesar de não haver garantias, você pode encontrar pistas suficientes para tomar uma decisão com alguma sabedoria.

LIÇÃO 32: **Às vezes, um dólar é mais que um simples dólar**

Um bom negócio nem sempre significa um bom valor. O capital em si (financiamento ou dinheiro) pode ser composto de valor agregado. Por exemplo: cinquenta mil dólares de uma fonte podem ser bem diferentes de cinquenta mil dólares de outra. O dinheiro vem com o quê? Vem com expertise ou infraestrutura capaz de ajudá-la, além do dinheiro? Ou vem de uma fonte que não tem sinergia ou experiência real no campo da sua ideia? Existem forças que podem ser compartilhadas ou absorvidas, como um possível potencial de vendas, que poderia ser usado para vender algo seu? Um dólar nem sempre vale exatamente cem centavos — não quando vem com muitos extras embutidos.

Agora, quanto ao valor do dólar, depende da natureza dos extras atrelados. Afinal de contas, nem todos os extras são benéficos. Por exemplo, algum amigo de alguém será apontado para gerenciar o negócio? Em caso positivo, por que e qual sua experiência? Para o capital ser verdadeiramente agregado de valor, não basta que venha com qualidades agregadas, e sim com as qualidades certas agregadas, como expertise, conhecimento ou sistemas de suporte que realmente ajudarão você.

E lembre-se: às vezes os melhores acordos não são necessariamente melhores para você. É muito fácil ser atraída por acordos e esquecer tudo de que você realmente precisa. Isso me acontece toda vez que compro na Century 21, a famosa loja de liquidações em Nova York. Fico tão tomada pelas barganhas que quase sempre compro modelitos que acabam no brechó mais próximo, depois de uma estada rapidíssima no meu *closet*. Então, tenha em mente que, mesmo que você consiga um bom acordo, se o valor estiver centralizado somente nele, talvez você deva procurar por capital que traga mais que uma simples barganha.

Minha história

Houve um momento em que pensei que qualquer negócio seria melhor do que nada. Eu estava errada. O meu negócio estava com alguns problemas fundamentais, devido ao crescimento muito rápido, platôs de vendas, competição e decisões gerenciais internas pobres (muitas delas decisões minhas).

Tudo isso acontecia enquanto eu estava na estrada com meu show, buscando investimentos altos e baixos, cheia de dificuldades, porque ainda não tinha entendido como encontrá-los. Pensava que tudo o que o negócio precisava era de dinheiro para cobrir o buraco entre nossas oportunidades e o banco malvado. Finalmente consegui, através de um contato.

Além do meu desejo genuíno de fazer com que as coisas funcionassem, realmente não havia nenhuma sinergia. Infelizmente, boas intenções não são o suficiente, e a sociedade azedou, tornando-se um problema que ia muito além das finanças.

A situação ficou tão ruim que acabamos todos nas mãos do banco, que, por sua vez, trouxe pessoas para gerenciar a crise que, agora, já havia se tornado um impasse entre as partes, sobre o caminho a ser seguido. Através desse processo, tive contato com algumas pessoas de inteligência aguçada da empresa KPMG. Gente que tinha muita experiência e conhecimento sobre como conduzir empresas durante períodos difíceis e que conhecia alternativas possíveis para negócios que haviam se desestabilizado.

Depois de negociar com estrategistas tão capazes, dei-me conta do que gostaria de ter sabido desde o início da minha busca por um sócio — que aquilo de que eu realmente precisava era expertise, não dinheiro.

No mundo do financiamento, nem tudo que brilha é ouro. Quando estiver procurando e comparando, não se esqueça de que dez dólares de uma fonte experiente e informada podem valer mais do que cem dólares de quem não traz conhecimento de valor.

LIÇÃO 33: **Posse não é tudo**

Posse. A palavra mais polêmica e provocativa do vernáculo empresarial. Quem tem? Quanto? Por que e até quando?

A própria ideia de posse está profundamente entrelaçada na psique humana. Nossos instintos se organizam para proteger a propriedade a qualquer custo, porque quanto mais você possui, mais controle tem. Entretanto, a posse em si não é sempre o melhor caminho para se obter sucesso. Você pode ter e controlar um negócio inteiro, ou ter uma pequena parcela da empresa. Agora, pense nisto: você ainda prefere ter a torta inteira, mesmo que seja uma porcaria, ou preferiria uma fatia menor de uma que fosse gostosa?

Diferentes fontes de financiamento trarão diferentes estruturas de propriedade. Se o financiamento realmente tiver valor agregado, como falamos anteriormente, pode ser que valha a pena considerar sacrificar uma parcela da propriedade em nome de uma expertise que pode realmente ajudar a dar à sua ideia a melhor opção. O melhor tipo de suporte financeiro, seu melhor parceiro, terá clareza quanto às suas capacidades e seu valor em relação ao quadro geral, e deve mostrar compreensão sobre isso, oferecendo posse substancial nas áreas onde você é melhor. Isso pode não se traduzir em propriedade total, mas pode representar uma proposta mais saudável.

Minha história

— Alô, Poppy Industries.

Esse era o cumprimento padrão de atendimento telefônico quando alguém ligava para minha empresa. Muitas vezes, quando várias linhas tocavam ao mesmo tempo e a recepcionista estava ocupada, eu atendia pessoalmente.

Era uma sensação boa atender dizendo as palavras "Poppy Industries". Isso mesmo. Meu negócio. Minha criação. Eu tinha sonhado com algo que agora era uma operação completa, com gente de verdade, telefone tocando de verdade, gente de verdade ligando do outro lado da linha. Às vezes, eu me sentia muito orgulhosa de ser a Poppy, da Poppy Industries. Outras vezes, ficava apavorada. Havia momentos em que eu olhava para os funcionários saindo e desejava poder, eu mesma, ir embora sem aquele sentimento de que tudo aquilo era responsabilidade minha. Qualquer pessoa que seja dona e dirija uma organização se sente assim, às vezes, independentemente da complexidade do negócio. É fácil desenvolver um caso de melancolia do tipo "a grama do vizinho é mais verde".

Eu tinha funcionários maravilhosos e muito apoio, mas os momentos em que as palavras "Poppy Industries" pareciam mais desalentadoras eram aqueles em que eu realmente precisava de ajuda — ajuda na forma de outras pessoas que fossem donas do negócio comigo. Eu precisava da força da experiência de alguém que, como eu, estivesse comprometido como proprietário, e também precisasse de resultados de sucesso para a empresa. Mas, aos vinte e quatro anos, eu

estava por minha conta. Era dona de um negócio multimilionário e de uma dor de cabeça do mesmo tamanho.

Quando chegar a hora de dividir a propriedade da empresa, tente não ficar obcecada em se organizar para ter as maiores vantagens. Em vez disso, concentre-se em como se organizar para o melhor. Isso pode parecer um dever de casa piegas, resultado de um curso careta e revelador de fim de semana do tipo "como formar uma equipe", mas o fato é que ficar com menos pode permitir que você faça melhor o todo. Quanto mais cada um se concentra na sua diretriz individual, mais satisfatório será o resultado.

Conclusão

Você deve ter notado que, para um capítulo sobre dinheiro, eu falei um bocado sobre felicidade. É verdade que dinheiro não compra felicidade, mas felicidade, muitas vezes, pode gerar dinheiro. Quanto mais feliz você estiver com o acordo financeiro firmado e com o seu parceiro, mais eficiente você será. Mas prepare-se: felicidade não é o mesmo que conforto. Ao contrário do que possa pensar, dinheiro não é antídoto para desconforto. Pessoas são. Relações sólidas são. Quanto melhor você se sente em relação ao dinheiro e às pessoas, lugares e coisas que vêm com ele, mais chances terá de um melhor discernimento.

Quando você gosta do que faz, sua felicidade é contagiante. Não deixe que o fardo financeiro a impeça de ter prazer com o que está fazendo. Lembre-se de:

- **Equilibrar dinheiro e ideias.** Para um negócio sobreviver, dinheiro e ideias precisam coexistir pacificamente. Seja você uma pessoa guiada pelas ideias ou pelo dinheiro, certifique-se de não favorecer um dos lados em detrimento do outro quando estiver tomando decisões empresariais.
- **Pese suas opções financeiras.** Se você não pode bancar completamente sua ideia, vai precisar buscar investidores. Empréstimos pessoais e profissionais vêm acompanhados de diferentes tipos

de solicitações, então, analise que tipo de investimento deixa você mais confortável, antes de assinar uma linha pontilhada.

- **Use linguagem apropriada.** Simplesmente ter uma ideia, uma paixão, além de facilidade com as palavras, não significa que você sabe como apresentar sua ideia. Pense nas necessidades e preocupações da sua plateia. Ajuste sua linguagem de acordo. Se não conseguir, leve alguém que possa fazer isso.
- **Avalie possíveis sócios cuidadosamente.** Quando digo cuidadosamente, digo cuidadosamente como se escolhesse um potencial marido, porque é exatamente *esse* papel vital que seu sócio vai ter na sua vida profissional. Use seus sentidos para encontrar alguém compatível.
- **Considere os extras.** Além de dinheiro, todo acordo em potencial traz seus próprios bens e débitos, vantagens e desvantagens. Esses são os extras. Em vez de focar demais na quantidade de dinheiro, considere tais extras, quando estiver decidindo se deve ou não juntar forças com investidores potenciais.
- **Evite ficar presa à ideia de propriedade.** Alguns empreendedores ficam tão atrelados à ideia de posse que se esquecem que ter uma parte menor de algo bom é melhor do que ter a maior parte de quase nada. Quando estiver negociando acordos e contratos, lembre-se de que o importante não é ter mais, e sim o melhor — e, às vezes, isso significa ficar com uma fatia menor da torta.

Durante sua longa permanência como presidente do Federal Reserve dos Estados Unidos, Alan Greenspan se transformou em figura quase *cult*. Presidiu períodos incríveis da economia americana — desde a quebra da bolsa de 1987 até a bolha da internet e os colapsos da Enron e da World-Com —, apesar da sua personalidade enigmática. Também tinha uma maneira altiva de se expressar que garantiu grandes citações. Duas das mais famosas são "exuberância irracional" (para descrever o frenesi da internet) e "ganância infecciosa" (para descrever os escândalos corporativos). Em várias ocasiões, me ocorreu que se retirarmos os dois melhores elementos das duas citações e juntá-los, aparece uma fórmula vitoriosa para fazer e encontrar dinheiro: exuberância infecciosa!

7

MARKETING: QUALQUER UM PODE FAZER

Não faz muito tempo, eu estava na fila da farmácia, quando a música ambiente que ecoava das caixas de som foi interrompida por uma propaganda:

— Você já experimentou o Drinque Energético Kabbalah?

Não escutei o resto, porque olhei para o cara atrás de mim na fila e nós dois caímos na gargalhada, sacudindo a cabeça, chocados. Um dos mais altos ensinamentos judaicos, a cabala não é algo que uma pessoa imediatamente associa a "uma deliciosa mistura cítrica, que contém vitaminas e aminoácidos essenciais para levantá-lo e mantê-lo ativo".

É claro que isso só serve para mostrar que o marketing está em todos os lugares — mesmo quando parece não existir espaço para ele. Ainda assim, acredito firmemente que não se deve abusar do sistema para se utilizar dele. Num mundo onde mensagens nos alcançam vinte e quatro horas por dia, sete dias por semana, vindas de todas as fontes e mídias possíveis e imagináveis, você tem que decidir se é receptor passivo ou jogador ativo. Independentemente do que queira fazer, desde criar sua própria linha de batons até ascender no mundo corporativo, quanto mais consciente das mensagens que veicula, melhor você se posiciona em direção ao sucesso.

SOMOS TODOS GURUS DO MARKETING

Apesar da necessidade de prática para aperfeiçoar suas habilidades marqueteiras, você pode começar imediatamente, com um produto que todos possuímos, está sempre mudando e tem potencial de crescimento ilimitado. É um produto que não pode ser roubado, derrubado, não sai de linha, nem pode ser produzido por outra pessoa. Como já deve ter adivinhado, tal produto não é nenhum outro a não ser você mesmo. Seja lá o que for, não existe outra marca de pessoa como você.

Esteja fazendo marketing pessoal no trabalho ou na vida social, o ponto fundamental é o mesmo: existe um produto, no caso você, e existe o consumidor para quem está tentando se vender, seja ele seu chefe, um interesse amoroso ou um amigo em potencial. Muito provavelmente, você já fez marketing pessoal muitas vezes, usando uma das técnicas abaixo.

- Escrevendo um currículo
- Indo a entrevistas de trabalho
- Contando piadas
- Bancando o difícil
- Fazendo hora extra por iniciativa própria

Em todas essas instâncias, e talvez em várias outras, você está tentando mandar a mensagem de que pode ser um ganho e oferecer algum tipo de benefício, de vantagem. Como vai descobrir, certamente, quanto mais consciente da mensagem que está tentando enviar, mais bem-sucedida você será.

Minha história

Nunca vou me esquecer como fiquei empolgada na primeira vez em que fui visitar a fábrica de batons, depois de encontrá-la nas Páginas Amarelas. Caverna de Aladim, aí vou eu, pensei.

Mas, quando cheguei lá, não era nada do que eu esperava. Onde estava a entrada secreta? Quem havia escondido o enorme painel de controle? E o que tinha acontecido com todo o veludo? Bom, eu só tinha 17 anos, mas você não esperaria que uma fábrica de batom tivesse algum veludo?

Eu também precisei superar o fato de que o pessoal no comando não era um bando de James Bonds suaves ou *femmes fatales* devastadoras, mas gente comum do tipo que você encontra arrastando o carrinho nos corredores do supermercado. Acontece que aquilo era só trabalho, só trabalho, e não uma cruzada em nome dos poderes de sedução do batom.

O choque final aconteceu quando eu vi como os batons são feitos. Aparentemente, na verdade, o batom é simplesmente uma mistura de pós, pigmentos, óleos e ceras. Mais nada! Não estou dizendo que é fácil fazer direito, mas a coisa em si é tão básica... de alguma maneira, eu esperava mais. Alguma magia. Algum segredo da Antiguidade na mistura. Mas não... toda a excitação e todo o dinheiro que o batom gera pode ser rastreado até fábricas totalmente sem glamour.

Eu mal podia acreditar. Todas as vezes em que meu coração tinha batido acelerado na hora de comprar um batom... Às vezes em frente ao espelho, quando espalhava um batom nos lábios e me sentia instantaneamente transformada numa mulher mais sofisticada. A fixação em encontrar a cor perfeita, que faria Tom, Bill, Josh, ou qualquer um por quem eu sentisse atração na época, de repente reparar em mim. O sentimento de orgulho por ter virado mulher

e finalmente poder usar. Todas essas esperanças e sonhos que aquele produto carregava, não só para mim, mas para bilhões de mulheres ao redor do mundo! E lá estava eu, confrontada com a realidade que dizia que tudo o que foi mencionado anteriormente não tinha nada a ver com o produto em si, mas com todas as expectativas e sugestões à sua volta.

A palavra "marketing" tem um tom tão técnico, que muitas pessoas ficam apavoradas, pensando nas suas implicações. Ph.D.'s em aventais de laboratórios. Grupos de discussão. Estatística. São só algumas imagens que me vêm à cabeça. Mas, ao contrário da crença popular, os maiores sucessos de marketing não vêm de firmas de pesquisa de marketing, mas da empatia. O melhor marketing é recorrer aos desejos e às necessidades das pessoas, sejam eles vãos e irracionais ou sensíveis e práticos. Agora, como descobrir quais são esses desejos e necessidades? Olhe para seus próprios desejos e necessidades. Simples assim. Você não precisa de grupos de discussão.

LIÇÃO 34: **Mantenha a humildade**

Quando estiver se preparando para se tornar um expert em marketing, certifique-se de que seu lado humano não desapareça. Nunca se esqueça que seus alvos são pessoas antes e público depois. Não importa se você quer usar o marketing para conquistar a atenção de consumidores ou do seu chefe, se sua plateia é formada por uma pessoa ou por cem mil, você estará sempre lidando com seres humanos exatamente como você.

Existe uma enorme variedade de teorias úteis de marketing, terminologias e fórmulas. Apesar de ser interessante considerar todas, elas não substituem seus próprios pensamentos e sentimentos. Expert em marketing é, na verdade, só outra maneira de descrever alguém que acredita muito na própria intuição. Alguém muito consciente da própria reação às pessoas, lugares e situações torna-se muito bom em prever as reações dos outros.

Quando você se concentra em compreender a si mesma e presta atenção aos próprios pensamentos e sentimentos, naturalmente se torna mais compreensiva e simpática em relação aos outros. Quando isso acontece, fica cada vez mais fácil conceber mensagens que produzirão as reações que procura.

Minha história

Quando minha empresa tinha mais ou menos quatro anos, a reputação lendária dos batons tinha se espalhado para lugares como África do Sul, Rússia e Índia. Eu era abordada por toda a sorte de pessoas querendo representar minha marca nesses países, mas a aproximação mais agressiva veio de um canto muito plácido do mundo: o Canadá. Um dia, meu irmão recebeu um telefonema de um cara de Montreal, que disse ter registrado o nome da marca Poppy no Canadá. Se algum dia quiséssemos fazer negócios lá, teríamos que dividir com ele. Não, não era o Tony Soprano.

No final das contas, esse estilo arrasa-quarteirão de se apresentar foi simplesmente a maneira que o cara conseguiu de mostrar o quanto ele acreditava no produto. Meu irmão explicou que não tínhamos recursos para abrir novos mercados e que, na verdade, estávamos buscando uma injeção de capital, antes de considerarmos novas oportunidades.

— Sendo assim — ele disse —, vocês podem vir para o Canadá para um encontro comigo e com o meu pai. Nós temos muitos contatos. Talvez possamos ajudar vocês.

Depois de alguma pesquisa sobre ele e a família, foi exatamente o que fizemos. Incluí uma parada no Canadá na nossa próxima viagem de negócios com a Barneys.

Ele nos pegou no aeroporto e nos levou rapidamente para um fim de semana na imensa propriedade da família. O plano era passar os dias bolando uma estratégia para a marca e possibilidades de financiamento. Lá pela hora do almoço, a terra começou a tremer, enquanto um zumbido

pavoroso crescia em velocidade galopante. Mas era só o pai dele. Chegando de helicóptero.

O pai parecia um ator escalado para o personagem do charmoso e bruto megamilionário. Ele não só parecia: se vestia e portava como tal. Homem que não media palavras, dava sua opinião, eu querendo ou não. Num certo momento, me perguntou se eu gostaria de dar um mergulho. Aí, em vez de entrarmos no carro, nos empilhamos dentro do helicóptero e voamos até um lugar delicioso para nadar. Enquanto estávamos no ar, ele se inclinou sobre mim (e se não tinha um charuto entre os dentes, deveria) e disse:

— Quanto você acha que custa voar por cinco minutos nesse troço?

Não me lembro dos números, mas o valor era estarrecedor. Ele riu, quando viu o choque estampado no meu rosto. Era o jeitão dele, uma criança grande com brinquedos grandes.

Se está parecendo que eu me apaixonei por ele naquele fim de semana, é porque isso aconteceu um pouco. Não era só por causa da sua personalidade intrigante ou da situação emocionante, mas dos conselhos sábios e das histórias fantásticas. Uma de que sempre vou me lembrar é sobre um empreendedor que tinha ganhado toneladas de dinheiro com esses catálogos que a gente encontra nos assentos dos aviões. Sempre acabo folheando, quando estou entediada, e foi exatamente nisso que o tal homem se fixou: aviões têm público cativo, sem nada melhor para fazer do que encomendar um pratinho de comida de cachorro, que também serve como suporte para vasos de plantas. Com o negócio dos catálogos se desenvolvendo, ele decidiu afastar qualquer concorrência, levando o serviço um passo adiante; em vez de terem os produtos entregues pelo correio, os consumidores poderiam recebê-los no aeroporto. Tchan-tchan-tchan-tchan! Gratificação imediata.

Parece uma boa ideia, não? Então, ele investiu em depósitos perto do aeroporto, montando um sistema que registrava o

pedido, enquanto o comprador ainda estava no avião, e entregava o produto na chegada. E o que você acha que aconteceu?

Ele perdeu um caminhão de dinheiro, foi isso que aconteceu. A ideia parecia ótima na teoria, mas, na verdade, a primeira coisa que a pessoa quer fazer quando chega ao aeroporto é sair correndo dali. Ninguém quer esperar mais bagagens para buscar, mais balcões onde comparecer, nem perder mais tempo esperando, se por alguma razão chegarem antes dos pacotes. Agora, se esse cara tivesse pensado na própria experiência de viajante, talvez se desse conta de que não gostaria de passar mais tempo em aeroportos que o estritamente necessário. Nem seus consumidores, já que não eram alienígenas, e sim pessoas como ele, orbitando o mesmo universo.

Não se perca em grandes tramas, esquemas e teorias. Concentre-se na realidade. Você pode enlouquecer, se tentar incorporar todas as diferentes filosofias de marketing, ou pode adotar estratégias sãs de mercado — através da empatia. Empatia não se encontra em diagramas, estatísticas ou gráficos, mas dentro de você mesma. Preste atenção em como você responde e reage às experiências. Depois, confie no fato de que não está sozinha. Se você está sentindo ou pensando em algo, existe um exército de pessoas que provavelmente pensam e sentem a mesma coisa.

LIÇÕES 35-38: **Os quatro elementos para um marketing bem-sucedido**

Apesar de talvez não haver nenhuma certeza no mundo do marketing, existem alguns indicadores de sucesso. As campanhas mais bem-sucedidas podem ser descritas como:

- Simples
- Verdadeiras
- Consistentes
- Donas de um ponto de vista

Pode ser mais fácil lembrar desses quatro pontos se você incorporá-los ao popular versinho relativo ao casamento: "algo velho, algo novo, algo emprestado, algo azul." Em outras palavras: **algo simples, algo verdadeiro, algo consistente e algo com ponto de vista**.

Apesar de não haver garantias, você pode pensar nesses quatro elementos como um grande começo e tentar tê-los em mente enquanto trabalha para passar sua mensagem.

LIÇÃO 35: **Algo simples**

Num mundo em que velocidade e clareza estão na ordem do dia, mensagens simples são muito mais bem-sucedidas do que as complicadas. No meio das muitas mensagens nos bombardeando todos os dias, duas coisas despontam como as mais contundentes — valor e validação. Para se fazer marketing com sucesso, é preciso mergulhar num dos dois campos. Valor significa bom retorno de dinheiro; esse tipo de marketing apela para seu lado prático, de quem preza a responsabilidade fiscal e se preocupa com orçamento. A validação se atinge pela emoção, como se o produto, de alguma maneira, viesse com certos benefícios que fazem com que se queira pagar pelo prêmio.

Vamos usar os exemplos da Starbucks e da Dunkin' Donuts. No jornal *Economist*, o empreendedor da internet Tom McInerney foi citado quando disse: "A Starbucks tem cadeiras confortáveis, mas não cobra para que as pessoas se sentem nelas. Em vez disso, oferece um ambiente confortável em troca do café acima do preço." Por outro lado, a Dunkin' Donuts tem sido bem-sucedida com seu café barato, usando a mensagem oposta — nada de frescura, só um bom café.

Tanto as mensagens de valor quanto as de validação têm seus prós e contras. Mas você precisa escolher um lado. Com mensagens de valor, você pode oferecer bons acordos ao consumidor, mas terá que vender muitos produtos para compensar os preços baixos. Se estiver trabalhando uma mensagem sob o ângulo da validação, terá que investir muito mais em convencer as pessoas de que você tem o que elas precisam. Apesar de esse tipo de mensagem ser muito mais caro para veicular, você pode cobrar o dobro, o triplo, ou dez vezes mais pela sensação de validação que vem com seu produto ou serviço.

Qualquer que seja sua estratégia, o segredo é escolher uma mensagem de fácil compreensão para o consumidor. Não deve haver espaço para confusão.

Minha história

A Austrália é conhecida por suas praias, seu estilo de vida e habitantes atléticos, adeptos da vida ao ar livre. O que é menos conhecido sobre a Austrália é algo chamado "vergonha cultural". Esse termo se refere ao triste fato de que, em alguns setores da indústria — moda e cosméticos particularmente —, os consumidores australianos estão mais inclinados a acreditar nos produtos importados do que nos nacionais. Apesar de tal tendência ter sido revertida na última década, quando criei minha marca de batons, em 1992, ela estava a todo vapor. Naquela época, os únicos cosméticos australianos do mercado eram muito baratos e nem de longe competiam com marcas americanas ou francesas. Relegadas às seções de promoção nos fundos das lojas, companhias australianas eram consideradas infinitamente inferiores às estrangeiras, como Estée Lauder e Lancôme.

Como essa era a mentalidade com que os fabricantes do meu batom estavam acostumados, dá para imaginar o descrédito quando disse que cobraria um preço que nos colocaria lado a lado com os VIPs.

— Você realmente acha que as pessoas vão pagar tão caro por um batom australiano? — eles me perguntaram.

— Vão, se souberem que é especial — respondi.

Eu estava certa de que se cumprisse a minha parte no acordo e fizesse com que meus consumidores sentissem que o produto era especial, então eles, por sua vez, fariam sua parte, pagando um pouco mais. Tinha certeza de que minha maior prioridade seria comunicar a "especialidade" primei-

ro e tudo o mais na sequência. Com isso em mente, fui capaz de manter as coisas bastante simples na hora de tomar decisões de marketing. Isso contribui para o "fator especial" ou se afasta dele? Qualquer coisa que confirmasse a segunda opção seria descartada. Quanto mais claro fosse para mim, mais claro seria para o consumidor.

Nunca vou me esquecer do dia em que percebi que minha marca era tão bem-vista quanto as importadas. Estava indo para a fábrica com uma colega e, na faixa ao lado, havia um ônibus escolar lotado de meninas adolescentes em uniformes azul-marinho e amarelo. Uma delas me viu no carro ao lado e começou a gritar: "Ei, é a Poppy!" Mas tudo que aquilo mostrava era o meu sucesso com autopromoção, e não a comunicação da mensagem da marca. O que fizeram depois comprovou que minha marca tinha se tornado não só algo para comprar, mas algo em que acreditar e com que se sentir bem. Do nada, umas dez ou quinze meninas começaram a acenar pela janela com brochuras dos batons Poppy, como se fossem bandeiras. Aquilo foi um grande momento para mim!

Esteja interessado no mercado de trabalho ou no mercado consumidor, você estará em uma posição vantajosa se for capaz de articular claramente o que faz, em vez de tentar mostrar que pode ser e fazer de tudo. Lembre-se: manter a mensagem simples não tem a ver com estupidez ou algo maçante, nem mesmo que seja difusa ou absolutamente tudo para todas as pessoas. Mas é preciso trabalhá-la para atingir a mosca e não qualquer outro círculo do alvo.

LIÇÃO 36: **Algo verdadeiro**

A verdade está no âmago de qualquer programa de marketing bem-sucedido a longo prazo. Pode não ser uma verdade que você admira, mas é uma verdade, mesmo assim. Clientes, consumidores e o público não são idiotas. Conseguem perceber as diferenças entre falso e autêntico. O bom marketing tem a ver com a entrega de algo verdadeiro e a construção a partir de tal conexão.

É muito mais provável que uma mensagem baseada no que é real, autêntico e genuíno conduza ao sucesso não pela ética, mas pela lógica. Faz sentido que quanto mais perto sua mensagem está de uma verdade, mais forte e potente será o seu alcance. Agora, ao contrário da sabedoria convencional, a verdade não precisa ser nobre, certa ou justa; basta que seja verdade de alguma maneira, por algum caminho, em qualquer formato. Não se preocupe com a nobreza da sua mensagem. Preocupe-se somente com a verdade dela. Em outras palavras: o caminho à sua frente vai ser muito mais claro se deixar a verdade determinar a mensagem, e não o contrário.

UMA COISA VERDADEIRA

Em *Paris é uma Festa*, Ernest Hemingway escreve sobre como ele vence seus bloqueios de escrita. Diz para si mesmo que simplesmente escreva "uma frase verdadeira. Escreva a frase mais verdadeira que você conheça". É impressionante o quanto tal insight me ajuda em momentos de bloqueio, medo e crise de confiança. Se não consigo saber qual a próxima coisa a fazer, me concentro em escrever a coisa mais verdadeira sobre aquilo que estou tentando fazer, e isso ajuda. Como Hemingway disse: "Então, eu finalmente escrevia uma frase verdadeira para, depois, continuar dali."

Agora é sua vez. Qual a coisa mais verdadeira que você pode dizer sobre o que está tentando fazer? Reserve um momento e escreva.

Minha história

O andar de cosméticos das lojas de departamentos australianas nos anos 90 me lembrava os pátios de escola. Assim que

o sino tocava, todas as crianças saíam correndo das salas de aula e iam para o pátio em grupos, de acordo com seu círculo social. Crianças de todos os tipos, de todas as aparências, idades, tamanhos e estilos estavam representadas, cada qual gravitando na direção de seu grupo. Fosse o departamento de cosméticos o jardim da escola, por sua vez, não saberia com quem andar.

Eu realmente não me encaixava em nenhuma das gangues. Dior, Estée Lauder e Lancôme eram muito chiques para mim. Clarin e Clinique eram muito arrumadinhas, com suas vestimentas cirúrgicas. Maybelline e Cutex, muito alegres. E existiam as gangues fajutas, que devem permanecer sem nome. Nenhuma dessas marcas parecia uma espécie com a qual eu pudesse me relacionar. Nenhuma delas tinha senso de humor, principalmente no que se referia a elas mesmas. Eram todas institucionalizadas e muito corporativas, coletivas.

Quando chegou a hora de fazer o marketing da minha linha de batons, volta e meia eu ficava com medo (exatamente como na escola) de não conseguir ser, ao mesmo tempo, diferente e popular e de não ser capaz de fazer minha marca se encaixar nesses tipos coletivos. Mas isso ia diretamente contra a frase mais verdadeira para falar sobre ela. A frase era: não é coletiva.

Eu tinha alternativas. Poderia tentar fazer com que minha marca parecesse bem-acabada e perfeita como as outras, ou aceitar que ela seria um pouco bagunçada e diferente. Aí, a ficha caiu. Claro! Eu deveria fazer mais do que simplesmente aceitar que não era coletiva. Se essa era a verdade, então eu realmente deveria fazer o marketing com esse conceito, e esperar que, dizendo a verdade, mais pessoas respondessem, e não o contrário.

E elas responderam. Pode não ter sido perfeito, mas era original e chamou a atenção em toda parte — muitas vezes, pessoas que jamais esperava que aderissem à minha diferente e peculiar marca. Nunca vou me esquecer do sorriso

conspirador no rosto de uma velhinha (ela devia estar bem para lá dos 80) que veio a um dos meus pontos de venda. Ela se inclinou na minha direção, cheirando a naftalina e talco e, com uma das mãos no meu antebraço, a outra apoiada no banco em busca de firmeza, disse: "Quero dois tubinhos de batom Lust (luxúria)."

A frase "a verdade liberta" é duplamente verdadeira no marketing. Quanto mais real a sua mensagem, mais apelativa será. E tão importante quanto isso: se você descobrir seu aspecto mais autêntico, será capaz de ver à frente e tomar decisões baseada em tal verdade. Se não, gastará todo seu tempo tentando se encaixar, deixando os outros ditarem sua direção como uma pré-adolescente no pátio da escola. E isso, dito de maneira simples, não é bom marketing.

LIÇÃO 37: **Algo consistente**

Ser consistente é um dos fatores mais subestimados e deixados de lado numa estratégia de marketing. Todo mundo gosta de apontar os independentes, destemidos, pioneiros, os *enfants terribles*, como os heróis do marketing, mas é consistência o que realmente salva. Mais que qualquer outra qualidade, a consistência é o que faz com que as pessoas acreditem em você, nos seus produtos ou serviços. Então, lembre-se: "repetição, repetição, repetição" é para o marketing o que "localização, localização, localização" é para o mercado imobiliário — uma enorme vantagem.

Consistência soa como algo entediante, mas não precisa ser assim. No final, não é a entrega que precisa se manter consistente, somente a mensagem sublinhada. Você pode criar campanhas de marketing excitantes e variadas, todas compartilhando a mesma mensagem. Gucci, por exemplo. Durante os anos 90, a casa redesenhou a própria imagem para ter mais sucesso — tudo isso sem nunca mudar a mensagem central: de ser uma marca elegante, fortalecedora, para quem tem ambição.

Tenha em mente que demora muito tempo para ter uma mensagem reconhecida, mas muito pouco para rejeitá-la. Pense na cabeça de seu cliente, consumidor, chefe, como uma caderneta de poupança: você precisa fazer depósitos consistentes de uma mensagem por um tempo, antes de ter dinheiro suficiente para ser impactante. Mas bastam algumas despesas radicais para que volte à estaca zero.

Minha história

Aqui vai uma ideia... Por que você não finge ser professor e faz uma avaliação dessa minha história? A nota que eu receber deverá analisar a consistência da minha história em relação à mensagem rebelde da minha marca ou sua inconsistência em relação apenas a uma marca divertida. Honestamente, eu continuo indecisa até hoje.

Tudo estava indo tão bem! Estávamos ganhando milhões com os batons, e a marca Poppy estava cravada em folclore. Como mencionei antes, tinha sido nomeada Jovem Australiano do Ano em 1995 e, sem pensar nas consequências, comecei a dar corda a assuntos mais pesados fora da arena da moda e dos cosméticos. Sempre fui um tipinho bastante insistente, nunca aceitei um não como resposta e agora tinha um palco nacional para instigar as pessoas sobre questões importantes para mim.

Então, assim que ouvi dizer que havia um movimento se formando para que a Austrália se tornasse uma república, entrei em ação. Uma aula rápida sobre a Constituição australiana: o monarca encarregado da Inglaterra (no caso, a rainha Elizabeth) é também rei/rainha da Austrália, portanto, chefe de Estado. Ela, a rainha, tem o maior posto possível da Austrália sem mesmo ser australiana. Agora, não tenho nada pessoal contra a mulher — na verdade, é uma figura bastante admirável —, mas sou contra a ideia de a Austrália ainda precisar se apoiar na barra da saia inglesa. Apesar da nossa forte conexão com o Reino Unido, somos

um país independente. E eu, juntamente com outros, queria reconhecer isso, através de mudanças na Constituição.

Entrando de cabeça nesse debate fervilhante, dei palestras sobre o assunto em escolas, igrejas e prefeituras, em todos os cantos do país. Alinhei-me publicamente a outros membros em evidência do movimento. No final, fiquei quase tão conhecida no meio pelo apoio ao movimento quanto pelos batons. E, junto com isso, vieram os problemas.

Primeiro: qualquer debate tem seus adeptos, assim como desafetos. Devo ter afastado muitos consumidores que não compartilhavam o meu apoio à causa. Segundo: batons têm a ver com diversão, moda, cor e feminilidade. Causas políticas carregam uma mensagem inteiramente diferente. Pode ser que esteja tudo bem para alguém como Anita Roddick, que começou sua loja de produtos para o corpo, a Body Shop, baseada numa mensagem cuja essência era relacionada a questões ambientais e políticas. Mas a minha marca tinha humor, era completamente diferente — inconsistente com as emoções raivosas que rodeavam o futuro constitucional do país.

Então, professor, o que você acha? Vai me dar um C, por consistência (ou mesmo um F)? Ou um B, por bravura? É uma questão de opinião pessoal. Apesar de admiração pela causa, minhas atitudes prejudicaram a mim e à marca, no que diz respeito à consistência. Eu era uma mulher de negócios ou de política? Meu produto pertencia ao mundo divertido da moda ou ao mundo dos assuntos sérios? Boas intenções ou não, sempre que tentar incluir uma nova mensagem num ambiente, empurrará as originais para escanteio.

Você não precisa ser expert em marketing para ser boa no assunto. Na verdade, você pode ganhar mais pontos sendo incrivelmente consistente do que consistentemente incrível. Em *Ligações Perigosas*, um dos meus filmes favoritos, o personagem de John Malkovich responde à alegação da personagem da Glenn Close ao se dizer a melhor em alguma coisa com o seguinte: "Sim, mas são sempre os melhores nadadores os que afundam." Tenha essa citação em mente quando fizer o seu marketing pessoal. Enquanto o excesso de confiança empurra você para a experiência extrema, a consistência a manterá ancorada, lembrando-a que o laço entre você e seu público precisa de atenção constante. Não existe mensagem forte o suficiente para sobreviver sem repetição consistente.

LIÇÃO 38: **Algo com ponto de vista**

Tenho um par de chinelos incrível que comprei na Índia. A pontinha dobra para trás não uma vez só, mas três, e o trabalho feito é tão elaborado que o uso mais como decoração do que qualquer outra coisa. Toda vez que olho para meus chinelos penso no cara de quem comprei. Quando perguntei para ele qual era o tamanho, respondeu: "Qual o seu tamanho?" Como sabia aonde ele queria chegar, não respondi. Simplesmente continuei perguntando o tamanho dos chinelos, nós dois sorrindo, nem um nem outro entregando os pontos. Era um verdadeiro impasse, tudo por um par de chinelos. Eu sabia que ele responderia que aquele era o tamanho certo para qualquer número que eu dissesse ser o meu.

Apesar de eu ter acabado comprando o par de chinelos, não recomendo o uso dessa estratégia. Para o marketing ser bem-sucedido, ele precisa de um ponto de vista, algo que seja identificável como seu. O que não quer dizer, necessariamente, que você precisa ser diferente para ter sucesso, mas sim que deve ser bem-definido.

Mais ou menos como o lugar onde você mora, também o seu ponto de vista traduz para o cliente aquilo em que você acredita e qual o seu lugar no mundo. Em se tratando de marketing, são muito poucas as áreas virgens. Quase tudo já foi coberto, mas tudo bem. Contanto que você tenha algo a dizer, não é necessário que seja algo completamente novo e desconhecido.

Minha história

Sofro de amnésia quando se trata de piadas e de siglas. Com certeza já me contaram muitas piadas ao longo da vida, mas

sempre que me pedem, só consigo me lembrar de uma ou duas. Para onde foram todas as outras? O mesmo acontece com siglas, aquelas letras usadas para representar algo, como KFC, para Kentucky Fried Chicken. Nos negócios, existem milhares delas. Ainda assim, não importa quantas vezes me digam o que as letras representam, não consigo registrar a informação. No entanto, existe uma que nunca esqueço: AUS. Representa "average unit sale" ou média de venda unitária, que é o valor médio que uma pessoa gasta comprando alguma coisa.

Marcas de cosméticos são obcecadas com AUS e com a possibilidade de fazê-la subir. É claro que querem que o consumidor compre cada vez mais seus produtos; por que não quereriam? Tenho certeza de que esse é o motivo para tanta gente atrás dos respectivos balcões, usando tantos produtos. Quanto mais camadas de maquiagem você insiste que a pessoa experimente, mais ela gasta.

Tente perguntar a uma vendedora de balcão que lápis de olhos ela está usando e, sem dúvida, vai ouvir falar não só de lápis, mas também sobre as diferentes sombras e rímeis que o realçam. Antes que se dê conta, esses produtos têm um AUS enorme, e você, um monte de porcarias que não vai usar nunca.

Esse método se transformou em tendência e já tem até nome: "zoneamento" ou foco numa área do rosto. Como acontece com qualquer tendência, com certeza as revistas da próxima estação se dirigirão a outra coisa. Por tudo o que já vi, exagerar poderia virar a novidade da estação e todas nós seríamos compelidas a cometer tantos exageros quanto possível.

Como vendedora de cosméticos, poderia enlouquecer se tentasse responder a todas as tendências, então minha postura tem sido não tentar. Ative-me ao mesmo método com os consumidores ao longo dos anos e, apesar de ter feito ajustes para atender a diferentes humores, nunca me afastei da minha área.

> O que perdi em AUS, ganhei em CRED (para credibilidade). Um dia, estava em um dos meus balcões, ajudando uma moça que queria conselhos sobre qual maquiagem usar com o vestido escolhido para o casamento da filha. Achamos a cor perfeita de batom e ela ficou felicíssima.
>
> — Qual dos seus lápis de boca eu devo usar com ele? — ela perguntou.
>
> — Você quer mudar o formato dos lábios ou tem dificuldade de manter o batom neles? — perguntei, depois de analisar os lábios dela.
>
> — Nem um nem outro, mas sempre me falaram que eu tinha que usar um lápis com o batom.
>
> Expliquei que, no caso dela, não era necessário. Ela me olhou surpresa, me agradeceu e foi embora.
>
> Mais ou menos meia hora depois, ela voltou. Comprou mais três batons e se disse tão impressionada com minha abordagem original, que se sentiu compelida a voltar e comprar mais.

Se você alguma vez teve um gato, pode tê-lo visto andar em círculos antes de decidir onde sentar. Em contrapartida, uma vez que tenha escolhido um lugar, você não pode mexer com ele. É assim que deve se comportar a estratégia de marketing. Circulando pela vizinhança onde deseja se estabelecer, depois escolher o que dizer e estabelecer-se ali.

Conclusão

Um dos aspectos mais assustadores do marketing é a ideia de que você tem que propor "a nova grande onda". Toda vez que penso nisso dessa maneira, fico completamente bloqueada. Mas sempre relaxo quando me dou conta de que o próximo grande passo é, na verdade, o mesmo de sempre que deu certo. Quanto mais fizer marketing de uma maneira simples, crível, consistente e clara, melhor marqueteira você será, esteja trabalhando com um produto ou suas próprias habilidades.

No final, marketing eficiente é, na verdade, simplesmente dar o seu melhor e sair com o pé direito, garantindo que a mensagem que está veiculando esteja de acordo com aquilo que você defende.

- **Mantendo-se humano:** não fique tão presa aos compêndios de teoria de marketing que se esqueça do que ele realmente é — conectar-se com as pessoas. Entre em contato com as próprias emoções e terá mais sucesso quando tentar conquistar os outros.
- **Lembrando os quatro pilares do marketing**. "Algo simples, algo verdadeiro, algo consistente e algo com ponto de vista." Mantenha esses quatro pilares do bom marketing na primeira fila de seus pensamentos quando estiver planejando e criando estratégias.

Para ser boa marqueteira, basta ser honesta consigo mesma. As pessoas são mais parecidas do que diferentes, logo, uma vez que compreenda o que dirige seu comportamento — o mais tolo ou o mais sábio dos motivos —, você poderá dar às pessoas o que elas querem. E isso, em resumo, é a essência do bom marketing. Sem necessidade de jaleco de laboratório!

8

ARRISCANDO-SE

UMA VEZ EU apanhei de um canguru. Ele era mascote de um restaurante turístico na Austrália Central e eu tinha três anos de idade na época. Fiquei atrás dele, desesperada para abraçá-lo, para mostrar o tamanho do meu amor. Ele ficou tão enjoado de mim, que se virou e me deu um soco. Existem situações que requerem certa moderação com os sentimentos. Desenvolver uma ideia envolve boa gerência dos mesmos. Sentimentos simplesmente não fazem parte do vernáculo profissional. Emoções não são apropriadas no ambiente de trabalho; dizem que elas existem, mas é melhor que sejam esquecidas. Para nos ajudar a esquecê-las, muitos eufemismos bonitinhos foram criados para substituir a necessidade de mencionar você sabe bem o quê. Palavras como "produtividade", "incentivo", "indicadores-chave de performance", "metas" e "alvos" são as versões enxaguadas de "esperança", "sonhos", "felicidade", "preenchimento" e "desejo".

Apesar de tais esforços em nome de corporações ao redor do mundo, ainda não existe como passar a perna no fato de que para alavancar

qualquer ideia — seja um negócio ou ascensão no mundo corporativo — é preciso investir em sentimentos, bem como em esforços. Na verdade, muitas vezes, você pode acabar descobrindo que gerenciar seus sentimentos parece ser uma responsabilidade primária no trabalho.

Minha história

O ano era 1998. Meu dia começaria por volta das cinco da manhã — não porque eu quisesse, mas porque estava tendo problemas para dormir. Ainda estaria escuro quando andasse a pequena distância até a loja da esquina para comprar jornal. O rapaz do balcão me olharia encabulado, como quem pede desculpas. Olhando para o lado, me entregaria o troco com um suspiro de o que eu posso fazer por você.

A razão para esse comportamento era o seguinte: todo santo dia, por mais ou menos três meses, os jornais publicavam matérias sobre minha disputa com meus sócios — frequentemente, na primeira página. É difícil descrever os sentimentos de desamparo e frustração que acompanham a leitura de matérias terríveis sobre você, sabendo que em poucas horas o país inteiro estaria acordando para ver.

A parte mais difícil não era o fato de os artigos serem escritos, mas a tendência das reportagens. Como a companhia estava com problemas, naquele momento, os ataques às minhas decisões e qualidades empresariais eram compreensíveis, mas eu não me conformava com os ataques ao meu caráter. Eram cruéis. Mais ferozes do que eu poderia ter imaginado.

Lembro que estava tendo um dia especialmente difícil e queria sair do escritório para tomar um ar. Raridade, não havia nenhum repórter acampado na calçada, então era possível andar até a loja de conveniência sem ser importunada. Do lado de fora da loja, havia uma daquelas páginas de jornal, com as manchetes do dia. Lá estava, enorme, em letras garrafais: "Poppy vai ao tribunal." O jornal tinha feito uma

matéria baseada somente em rumores e dizia que eu seria julgada por crime de colarinho-branco.

Aquilo não era verdade.

Fiquei enjoada. Mais ainda quando vi o desconforto no rosto das pessoas na loja, enquanto eu passava pelo cartaz.

— Devia dizer "Poppy vai à loja de conveniência" — eu disse. Era minha frágil tentativa de fazer uma graça e aliviar a tensão do momento.

Durante aqueles dias, eu tirava coragem de qualquer coisa que pudesse me levar até a próxima hora. O apoio das pessoas que realmente me conheciam foi crucial, mas também o dos que não me conheciam e, ainda assim, se pronunciaram e me desejaram o melhor. Uma das cartas que recebi está gravada na minha memória, como se tivesse sido escrita hoje. Era de uma feminista famosa que havia experimentado seu próprio quinhão de infâmia.

Ela escreveu:

"Quis escrever para que você saiba o quanto estou perturbada com a mídia revelando os problemas da sua empresa. Nunca vi nada como a violência dos ataques a alguém que, na verdade, não tem culpa de nada além de sócios problemáticos nos negócios. Estou chocada e horrorizada com a maneira com que a mídia vem lhe tratando."

Em minha resposta, escrevi:

"Muito obrigada por sua carta. Significou muito para mim, mais do que possa imaginar. Por favor, esteja certa de que as únicas coisas que a mídia pode me tirar são as que, agora compreendo, significam muito pouco para mim. Eles podem me tirar a fama, o status, minha facilidade de conseguir a melhor mesa de um restaurante, meu nome das listas VIP. Podem ajudar na destruição de qualquer fortuna que eu possa ter, e podem ajudar a destruir minha credibilidade.

Mesmo que tudo que foi mencionado acima machuque (e machuca!), conheço meus motivos, minhas ações e meus enganos. Apesar de ter sido tola nos negócios algumas vezes, nunca fui desonesta. E, contanto que eu saiba disso quando deito a cabeça no travesseiro à noite, não há nada duradouro que a mídia possa realmente fazer contra mim. Agradeço muito sua gentileza e seu apoio."

Quando reli o que havia escrito, fiquei surpresa ao perceber que, de fato, cada palavra era verdadeira. Tinha sido fácil dizer que dinheiro, prestígio e fama não importavam quando eu estava no topo, mas ninguém pode ter certeza, até encarar a perda. Então, fiquei bastante aliviada de saber que, de fato, não tinha ficado apegada aos benefícios superficiais de ser uma queridinha da mídia. O que me governava ainda era o mesmo, desde meu primeiro dia em campo com meu batom — minha fascinação pelo processo criativo. Por sorte, quando saí daquele período negro e os negócios ficaram de pé novamente, aprendi que a criatividade é tão duradoura quanto intrigante.

COMO VAI VOCÊ?

"O que você faz?" É normalmente a segunda ou terceira pergunta que alguém fará depois de conhecer você. Já tentou não perguntar, você mesmo, alguma vez? Fique sabendo, não é fácil. Uma vez, quis experimentar ir a uma festa e conhecer pessoas sem perguntar o que faziam. Foram quinze minutos até que eu fraquejasse.

E você? Da próxima vez que for apresentada a alguém novo, veja quanto tempo consegue evitar o assunto sobre o que a pessoa faz. Quanto menos ênfase na vida profissional dos outros, melhor será em separar seu próprio trabalho da sua vida pessoal e do seu sentido de ser.

É muito fácil acreditar que somos definidos pelo que fazemos e pelo sucesso que temos. Mas, quando contamos demais com resultados para sustentar o sentido do que somos, estamos nos colocando em situação vulnerável. Os resultados são o que está menos sob nosso controle. Controlamos o esforço e a motivação que decidimos dedicar a algo. E isso deve ser a extensão de nosso investimento emocional. Quanto mais você investe no processo e menos no resultado, mais fácil será se arriscar.

LIÇÃO 39: **Lute por equilíbrio**

Na vida, como no mercado de ações, quanto mais você expande seu risco, mais forte fica. Se investe muito em um só fator, abre muito espaço para a queda. Então, enquanto equilíbrio pode ser considerado luxo para uns, é um luxo que você não pode se arriscar a não ter.

Precisamos que nosso trabalho satisfaça muitas coisas. Primeiro, e mais importante, precisamos ganhar o suficiente para viver e assegurar necessidades primárias, como casa e comida. Além disso, temos o direito de buscar realização e admiração naquilo que fazemos. Mas, apesar de cada um de nós merecer ter algum prazer e orgulho com o trabalho, toda nossa felicidade e autoestima não podem vir somente dele.

É fácil supor que esforço extra em uma área pode completar sua vida como um todo. Minha experiência diz que não pode. Não importa o quanto se sinta preenchida por sua carreira, tal sensação não se estenderá a todas as suas necessidades. Uma boa qualidade de vida depende de algum nível de equilíbrio entre o pessoal e o trabalho. Esse balanço depende de cada indivíduo. Para a maioria de nós, as áreas mais importantes a equilibrar são: trabalho, família, diversão e amizade. Quanto mais equilibrado for o nosso investimento nessas áreas, mais estabilidade sentiremos. Imagino que todos saibam disso em teoria, mas preste atenção em como nos deixamos escorregar rapidamente, pensando que, contanto que tenhamos pelo menos uma coisa indo bem, o resto pode sofrer. Funcione assim por muito tempo e logo, logo verá que tudo o mais sofre, inclusive a área onde está colocando toda sua energia — que pode começar a sofrer, não por falta de atenção, mas por excesso.

Minha história

Já falei um pouco sobre o escritório central da Poppy Industries, num depósito reformado. O que não mencionei é que também morei lá por um tempo. A planta havia sido desenhada de modo que a metade da frente fosse toda de escritórios e a parte de trás fosse residencial. Mas, como era um espaço aberto, a separação entre as partes era muito vaga, tanto física quanto psicologicamente. Da maneira como o espaço era desenhado, era possível ver minha residência privativa através da área dos escritórios. Acho que era uma metáfora bastante adequada para minha vida naquela época; quase nada dividia o pessoal do profissional.

A empresa estava num grande momento de crescimento. Estávamos conquistando várias lojas novas, tanto na Austrália quanto fora do país. Isso foi logo depois que garanti o lançamento dos batons Poppy na Barneys de Nova York, e eu estava constantemente em contato com os compradores e com o departamento de relações públicas de lá, enquanto eles se preparavam para descortinar essa estranha marca australiana (e a estranha garota australiana) para o próximo novembro.

Esses eram os tempos antes do e-mail. Você se lembra? (Ou, se não tem idade suficiente, imagine esses tempos.) As formas mais convenientes de comunicação com outros países eram telefone e fax. Eu tinha seis linhas para trabalho e uma particular. Não sei dizer quantas vezes fui acordada às três da madrugada pelo toque de uma das linhas de trabalho. "Alô?", eu grunhia. "Poppy, é você?", uma voz animada, "cafeinada", de sotaque americano perguntava. Era sempre alguém da Barneys, que tinha se enganado com a diferença de horário entre Melbourne e Nova York, mas eu não me importava; era só uma das confusões que acontecem quando a gente mora, literalmente, no trabalho.

Dadas as minhas condições de lar e trabalho, a parte mais difícil do dia para mim era por volta das seis da tarde, quando todos iam embora. Durante as horas de trabalho, os escritórios eram pura atividade. Telefones tocando, impressoras a todo vapor, gente falando, reuniões acontecendo, horas marcadas, dedos teclando. Então, repentinamente, depois que a última pessoa saía, silêncio. Os telefones morriam e tudo mais que zumbia, bipava ou tocava era desligado para a noite. Nossa, era um ajuste brutal. Num instante, o mesmo espaço viraria meu lar, e a diferença de atividade era palpável. Parecia que eu só existia para as horas de trabalho, e todo o resto estava só ocupando o tempo, antes do próximo dia de serviço.

Por mais que eu goste de ficar jogada no sofá, assistindo à tevê, era difícil me sentir em casa, quando o sofá era o mesmo onde pessoas esperavam atendimento, ou mesmo onde algumas reuniões aconteciam. Acabava me pegando empertigada e vendo *Os Simpsons* como se fosse uma apresentação de Power Point. Simplesmente não conseguia relaxar.

Finalmente, cheguei à conclusão de que deveria buscar um lugar para morar, se quisesse me manter sã. Na verdade, comecei a me sentir como Jack Nicholson em *O Iluminado* — "Todo trabalho e nenhum lugar para brincar fazem de Poppy uma garota difícil."

Uma das melhores maneiras que encontrei de equilibrar minha vida parece um pouco antiquada, como uma pergunta da minha avó durante uma reunião de família. Sempre fico envergonhada de sugerir, mas aí vai: hobbies.

Isso mesmo. Hobbies, interesses, atividades que são pura diversão e não têm nada a ver com a busca por lucro, conexões ou meta relacionada à carreira, são vitais para uma vida saudável, equilibrada. É meu total interesse ir a grupos de leitura, feiras ao ar livre e várias outras coisas completamente apartadas da minha vida profissional. E todos os aspectos da minha vida são melhores graças a isso.

LIÇÃO 40: **Uma maneira simples de abordar a frio**

A ideia de abordar pessoas que você mal conhece (ou não conhece) e tentar convencê-las de algo é assustadora em si. E, apesar de perceber que o terror que sinto quando penso em uma abordagem desse tipo é completamente fora de proporção, ainda acho que preciso me convencer a fazê-lo.

Convenço-me do seguinte: todo mundo que conheço que tem algum sucesso em qualquer área já teve que fazer algo semelhante. Em algum momento, todos tiveram que respirar fundo e, simplesmente, fazer uma abordagem. Não conheço ninguém que ache confortável, mas conheço gente (inclusive eu) que aprendeu como fazê-lo, sem ter uma parada cardíaca a cada vez.

Preparação é a única garantia contra os excessos de tais experiências. Quanto melhor me preparo, mais facilmente passo por esses telefonemas, e melhores são os resultados. Aqui vai meu método em três passos:

1. **Vou sobreviver.** O primeiro desafio é convencer a si mesmo de que vai sobreviver, independentemente do resultado. Pode parecer óbvio, mas é muito fácil entrar num estado de total nervosismo, pensando no telefonema, e esquecer que o pior que pode acontecer é ter que suportar o som de um temido não.
2. **Plano B.** Um plano reserva é a segurança de quem corre riscos: aquela sensação de conforto de quando se tem outras opções e garantias, apesar de realmente querer que algo específico dê certo. Essas alternativas podem não ser tão boas quanto sua primeira opção, mas saber que existem outras possibilidades ajuda muito a aplacar o nervosismo. Raramente não há um plano reserva. Você pode não ter prestado a devida atenção, mas vai encontrá-lo. Eu espero até ter alguns planos B em mente antes de abordar minha preferência. Listo-os mentalmente e até já me vi repetindo-os em silêncio enquanto, nervosa, esperava para encontrar ou falar com alguém. Quando me preparo para aceitar que, não importa o quanto eu queira algo, não será o fim do mundo se não conseguir, a diferença no meu comportamento é impressionante.

3. **Ajudando *versus* vendendo.** Esse tipo de preparação envolve compreender o máximo possível sobre a pessoa, o negócio ou organização que está abordando. Tudo isso requer um pouco de investigação e observação para que, quando chegar a hora, você saiba o que tem para oferecer. Imagine-se no papel de ajudante, em vez de vendedora, e pense nas necessidades de quem está abordando. Acho que isso alivia bastante a pressão psicológica. Quando você está completamente ocupada com as próprias esperanças, sente que pode explodir a qualquer momento. Mas mude o foco por um momento, pense sobre as esperanças e os desejos do outro, e sua tensão começa a diminuir. Então, você se torna capaz de agir com determinação, em vez de desespero.

Minha história

Toda cidade tem, pelo menos, um bairro da moda, e em Melbourne, por volta de 1991, esse lugar era Chapel Street — um corredor de cafés, lojas, restaurantes e boates. Era por ali que eu andava, me preparando para abordar várias lojas para vender meu batom. Isso foi muito antes de a minha marca ficar famosa. Na verdade, acho que a primeira leva de batons ainda nem estava pronta. Naquele momento, eu estava só compilando uma lista de lojas onde tentaria vendê-los quando o produto estivesse pronto.

Decidi dividi-las em três categorias, de acordo com as preferências. A subdivisão era baseada em diversos fatores. Primeiro, a "modernidade". Quais eram as lojas mais modernas, e por quê. Depois, a clientela. Ficava prestando atenção para ver quem entrava e saía das lojas. Elas eram meu público? Depois, a mercadoria. As roupas eram apropriadas? Muito formais ou muito esportivas? E os preços? Os batons pareceriam muito baratos, perto de coisas tão caras? E a decoração? O visual do meu batom se encaixaria com o restante da loja? Depois de examinar estes e outros

fatores, fui capaz de ter uma noção de que lojas seriam as melhores, quais seriam boas ou não.

Uma clara primeira da fila apareceu. Tanto as roupas quanto o design da loja tinham tido muita cobertura da mídia de moda. Os estilos variavam do casual chique ao noite sensual. O clima era muito feminino, mas de ponta, avant-garde. Os preços eram bons e a loja vendia outros acessórios, como bolsas e bijuterias, então, eu sabia que não eram avessos a produtos menores. Enquanto observava quem entrava e saía, percebi algo bastante interessante. Adolescentes arrastavam as mães para que comprassem algo de que realmente gostassem. As mães entravam na loja com olhar reticente. Quando saíam, a filha, com sacola de compras na mão, normalmente estava sorrindo de orelha a orelha enquanto a mãe fechava a bolsa.

Quando chegou a hora de procurar a dona da loja, eu tinha uma pequena batalha pela frente. Ela nunca havia pensado em vender batons e estava, obviamente, em cima do muro. Então, pedi que considerasse outro acessório, como as bijuterias. Mencionei que havia reparado que muitas das clientes mais jovens levavam as mães para mostrar-lhes alguma coisa. Sugeri que o batom poderia ser algo que interessasse tanto à mãe quanto à filha, já que havia cores para todas as idades: "Eu sei que não é um valor alto de venda para você, mas pode ser uma experiência de elo entre as clientes, uma nova diversão que terão, juntas, na sua loja."

Pode não ser um argumento conclusivo, mas, com certeza, ajudou. Ela gostou do fato de eu ter prestado atenção na clientela e estar buscando caminhos para que gostassem de consumir na loja. No final, concordamos com um período de experiência com os batons. Eu queria aquela loja mais do que todas as outras, então, estava disposta a ser flexível com os termos. O que aconteceu, foi que ela acabou vendendo o primeiro pedido em dez dias e eu não precisei convencê-la de mais nada. Os batons já haviam feito o serviço sozinhos.

Sem a abordagem a frio, com certeza você sairá perdendo. Claro, para colher os benefícios, você tem que estar preparada. Quanto melhor a preparação, maiores serão as suas chances. Como pode ver, pelo meu exemplo, o trabalho preparatório não precisa ser complicado, perito ou sofisticado, nem você necessita de alguém que a ajude com ele. A melhor preparação vem de:

- Organizar as próprias emoções e expectativas
- Compreender quais são os planos reserva existentes
- Estudar o público-alvo intencionado

Estar preparada ajuda a lapidar sua apresentação e a protege do nervosismo que vem associado com a abordagem a frio. Apesar de, ainda assim, não parecer um passeio no parque, você pode estar segura de que é um caminho bem costurado, por onde muitas pessoas de sucesso já passearam.

LIÇÃO 41: **Coloque pedras na sua cabeça**

Você provavelmente não precisa que eu diga que muitas pessoas — talvez você mesma, entre elas — morrem de medo de falar em público. Muitas vezes, as pessoas que você não espera que vão se assustar, aquelas extremamente confiantes em outras áreas, são exatamente as mesmas cujos joelhos viram geleia só de pensar em falar para uma plateia. Ainda assim, muitas carreiras dependem cada vez mais da capacidade de ficar de pé diante de outras pessoas e falar. Então, como fazer isso, se não é um dom natural?

Houve uma época em que eu estava sempre falando publicamente. Às vezes uma ou duas palestras por mês. Quando percebi que falar em público estava se tornando uma grande parte do que eu fazia, considerei a possibilidade de fazer um treinamento, mas acabei me decidindo contra a ideia.

A razão para a minha decisão foi: notei que as pessoas cujo discurso tivera realmente um impacto sobre mim não eram necessariamente as mais suaves e profissionais. Na verdade, os maravilhosos oradores infalíveis eram os que faziam com que me distraísse. Os que conquistavam minha atenção eram aqueles com tendências mais naturais, normais. Não a ponto de serem atrapalhados ou alvoroçados, mas naturais o suficiente para ainda parecerem reais. Ocasionalmente, podem tropeçar nas palavras, fazer uma confusão, mas ninguém se importa porque parece muito mais íntimo. A observação de um comentarista político sobre as performances de George W. Bush e Al Gore, durante o debate na televisão em 2000, explica a diferença com exatidão: "Bush pode falar para um auditório e fazer com que se sinta em sua sala de estar, enquanto Al Gore pode estar falando na própria sala de estar e fazer com que se sinta num auditório." Às vezes, o excesso de polidez gera a falta de conexão, independentemente de quão inteligente ou relevante seja sua mensagem.

Então, como encontrar o meio-termo onde você é confiante, mas ainda assim pessoal? Sugiro que coloque pedras na sua cabeça: identifique alguns "pensamentos pedra", ou palavras que resumam o que você está tentando passar, e agarre-se a elas assim que achar que está afundando. Apesar de memorizar frases soar equivocado, acho que memorizar alguns "pensamentos pedra" sob a forma de palavras me ajudou a manter o foco, sem abalar minha liberdade de expressão.

Por exemplo, sempre ficava muito nervosa antes dos primeiros encontros com compradores de lojas de departamentos e grandes empresas. As "pedras" que usava para impedir que me afastasse dos meus argumentos mais fortes de venda eram: "inovação", "espírito" e "especialidade". Eram os pontos que identificava como maior força de venda da marca. Sempre que me sentia perdida no meio da conversa, pensava nessas palavras e, suavemente, trazia meu discurso de volta na direção de algo que pudesse comportá-las.

Minha história

Só me dei conta de que era uma grande coisa ser nomeada Jovem Australiano do Ano quando já estava dentro de um avião. Era final de 1994 e eu estava voltando de uma viagem de negócios a Nova York, pensando sobre um telefonema que recebera alguns dias antes no hotel. Um oficial aus-

traliano telefonara para avisar que o conselho encarregado de decidir sobre as honras nacionais havia votado em mim como Jovem Australiano do Ano para 1995.

— Você aceita o prêmio? — ele perguntou.

— Um... sim, claro. Obrigada — eu disse, ligeiramente confusa. Naquele momento, Austrália e nomeação estavam, literalmente, a um mundo de distância.

Na volta, sobrevoando o Pacífico, comecei a me dar conta de que era um prêmio de muito prestígio. Tanto prestígio, na verdade, que comecei a considerar se deveria aceitá-lo simplesmente por ter criado uma empresa de batons. Teria um longo voo para pensar no assunto. Quando cheguei em casa, já havia decidido que aceitaria porque meu negócio mostraria a outros jovens australianos que vivíamos num país abençoado por grandes oportunidades, e eu estava muito lisonjeada.

Mais ou menos um mês depois, um carro foi me buscar para a cerimônia. Fomos escoltados pela polícia, durante o percurso! No evento, o primeiro-ministro da Austrália entregou oficialmente dois prêmios: Australiano do Ano e Jovem Australiano do Ano.

Antes da premiação, eu vinha dando palestras em escolas, igrejas, empresas e grupos de mulheres. Às vezes, estava muito "ligada" e o discurso ia muito bem, outras vezes, estava mais plana, monótona. Mas nunca aceitei ser paga para fazer as palestras, e só as fazia se sentisse que havia uma possibilidade de conexão com a plateia. Tentava não me colocar sob muita pressão. Pode parecer cafona, mas era minha maneira de retribuir, tentando inspirar outras pessoas.

Agora que havia recebido esse prêmio, a história era completamente diferente. Todo ano, o ganhador do prêmio tinha um tour nacional de discursos, organizado pelo conselho. Ao longo de 1995, faria pelo menos um discurso em cada cidade e estado da Austrália. Quando, por que, onde e para quem estavam, agora, fora das minhas mãos. Eram decisões do conselho.

Falaria como Jovem Australiano do Ano, não como Poppy King. Constantemente, sentia-me deslocada e incrivelmente superficial, principalmente quando tinha que explicar minha história para grupos de aborígines, para quem batons eram uma prioridade tão importante quanto elefantes cor de rosa.

Meu discurso mais desconcertante, no entanto, aconteceu numa conferência do conselho local na Austrália Ocidental — conhecida como Faroeste por algum motivo. Era uma conferência de homens de governo locais e, como um pequeno recreio, o Jovem Australiano do Ano era tradicionalmente um convidado do evento. Normalmente a honra era concedida a algum atleta famoso. Naquele ano, acontecia de o convidado não somente ser uma moça jovem, como uma jovem que tinha uma empresa de batons.

Aquela plateia era mais estranha do que se eu estivesse em outro planeta: homens de meia-idade, que consideravam desodorante um cosmético e não uma necessidade. Acho que nunca me havia sentido tão "peixe fora d'água" na vida. Havia, pelo menos, cem homens no auditório, fazendo um esforço para entender a diferença entre um batom opaco e um com brilho.

Fiquei muito aliviada quando a palestra acabou. Pensar na minha plateia nua definitivamente não teria me ajudado no caso em questão. Gostaria de poder dizer o mesmo deles. Tremo só de pensar no que poderiam estar imaginando.

Nem tempo, conforto e prática podem dar garantias contra os tropeços e problemas inerentes às palestras e apresentações. Porém, quanto mais frequentes as palestras, mais fácil fica. A facilidade vem de saber que tudo o que pode fazer num dia é o seu melhor. Então, simplesmente se concentre nos pontos principais, naquelas "pedras" que quer passar adiante. Depois, relaxe e se esqueça de tudo.

Não é tanto sobre você, mas sobre o que tem a dizer, e todos temos muito a compartilhar nesse departamento.

LIÇÃO 42: **Hierarquias estão em todo lugar**

Quando era mais nova, pensava que a única maneira de ficar cara a cara com uma hierarquia seria se entrasse para o exército. Mas, na verdade, o mundo civil está tão sujeito a ela quanto o militar. Às vezes é sutil, outras vezes bastante clara. Títulos como "VP de marketing", "diretor" ou "gerente-geral" são óbvios, mas, mesmo na ausência de títulos, seres humanos são capazes de farejá-la. Assim que duas pessoas são colocadas juntas, alguma estrutura de poder se evidencia.

Quando perseguimos ideias, sonhos ou carreira, todos precisamos nos apoiar na decisão de outra pessoa com autoridade, em algum ponto do caminho. Apesar de não podermos evitar que aconteça, não é necessário agonizar por causa disso. Lembre-se de que autoridades são seres humanos como você. Enquanto o ganho ou a perda de autoridade pode ser uma de nossas grandes preocupações, a causa real de apreensão, na verdade, são as suposições em torno dela — e a conclusão precipitada de que quem tem autoridade sabe tudo, é perfeito, ou, ao contrário, não sabe nada e ganhou posição por pura sorte. Se não prestar atenção em mim mesma, posso fazer esse julgamento num primeiro encontro, e me acomodar com isso, a não ser que a necessidade de revisão se faça insuportavelmente clara.

No final das contas, nunca encontrei ninguém em posição de autoridade que fosse desprovido de alguma habilidade, com quem não tivesse nada a aprender. Suas capacidades e talentos podem não ser imediatamente visíveis; podem, até mesmo, não ser talentos que você admire. Mas qualquer um que tenha mantido um nível de sucesso só pode estar ali se tiver algo a oferecer.

Minha história

Voltando ao tempo em que estava rodando e apitando para conseguir algum dinheiro para meus negócios, consegui o que achei ser um encontro bastante promissor, com um executivo muito experiente de uma empresa de cosméticos enorme de porte internacional. A reunião tinha surgido a

partir de uma rede de conexões. Alguém que eu conhecia conhecia alguém que conhecia alguém que conhecia alguém, e por aí vai. Na verdade, eu nunca falei com a pessoa que armou todo o esquema, já que tudo aconteceu como numa brincadeira de telefone sem fio.

Não fiz nenhuma pergunta. Tudo o que sabia era que teria uma audiência com alguém muito poderoso na minha indústria. E ele, com certeza, fez sua parte. Tinha sotaque francês e era muito bem-apanhado. A pele, as unhas, o cabelo, eram imaculadamente bem assentados. Na verdade, no segundo em que pus os olhos nele, me senti um trapo.

Havia levado alguns companheiros de trabalho para me ajudar com a proposta de financiamento. Fiz minha parte, explicando onde, como e por que minha marca tinha surgido. Ele fez algumas perguntas e examinou educadamente nosso material. Quando terminei, os outros, que se preparavam para começar sua parte na apresentação, acharam que não conseguiriam fazer a explanação. Durante a pequena pausa, nosso anfitrião saiu de uma posição passiva para uma postura um tanto agressiva, opinando sobre o que tínhamos feito de certo e errado, quais eram as fraquezas, em que precisávamos prestar atenção e que problemas teríamos pela frente. Meus companheiros coraram de raiva, ganharam postura defensiva e argumentativa, e as coisas ficaram bastante esquisitas.

Fiquei mortificada, de crista baixa — não só em relação ao encontro, mas ao nosso futuro. Apesar de já ter sido dispensada desse tipo de encontro antes, nunca havia sido tão completamente dissecada. Quando fomos embora, achei um absurdo estender minha mão para o cumprimento de praxe. Todos nós, inclusive o homem que tínhamos vindo encontrar, parecíamos saídos de um campo minado.

Que idiota, todos concordamos na saída.

— Tão cheio de... — um dos meus parceiros disse.

— O que ele sabe de marketing nos dias de hoje? Ele é totalmente antiquado. E a aparência? Todo pomposo.

Quando ferida ou humilhada, a natureza humana normalmente caminha para este lugar, o lugar do ataque, e foi o que fizemos. "Como pode um idiota daqueles ir parar naquela posição?", todos se perguntaram.

Algumas semanas depois, ainda ferida, reuni informações que me ajudaram a lançar uma luz sobre aquele encontro e sobre os motivos que o fizeram tão fora de padrão. Na verdade, as razões pelas quais pensávamos que estávamos lá, bem como o que aquele senhor imaginava serem os motivos do encontro, eram diferentes. Ele havia concordado em nos receber como um favor a um amigo, e estava sob a impressão de que tudo o que queríamos eram conselhos. Não é de admirar que tenha ido direto ao ponto logo depois do meu discurso. Só de pensar nisso me contorcia, não só logo que descobri, mas anos depois.

Mais ou menos cinco anos depois, em outro país, tive uma reunião com a mesma corporação, mas com alguém ainda mais importante, responsável por um mercado muito maior. Quando entrei no escritório, não pude deixar de prestar atenção na vista incrível, primeiro. Depois, dei-me conta de quão familiar o anfitrião me parecia. Era ele! O mesmo homem. Meu rosto ficou tão vermelho quanto meu batom quando ele disse:

— Nos encontramos já faz algum tempo.

A porta havia sido fechada por um assistente, logo, eu estava presa.

— Eu sei que aquela reunião não foi muito boa e peço desculpas — eu disse, imaginado que confessar seria minha melhor opção.

Dessa vez, acabamos tendo uma ótima reunião e tive a oportunidade de vê-lo num contexto completamente diferente. Agora, eu não tinha nenhuma dúvida sobre os motivos para que ocupasse posição de tanto poder. Vamos encarar os fatos... qualquer pessoa que consiga manter o cabelo naquela perfeição tem que saber alguma coisa que eu não sei!

PROVA CIENTÍFICA: O PERIGO DAS SUPOSIÇÕES

Ter aprendido a manter a mente aberta me ajudou a compreender e lidar melhor com a autoridade. E quando digo mente aberta, quero dizer não supor que quem tem autoridade — seja eu ou qualquer outro — está sempre certo ou sempre errado.

Estudos psicológicos com ratos confirmam que tais noções preconcebidas levam à falta de movimento. Numa experiência famosa, três ratos foram colocados em três gaiolas diferentes. Cada gaiola tinha alavancas que ativavam a entrega de porções de comida. O primeiro rato ganhava uma porção toda vez que pressionava a alavanca. Ele ficou entediado rapidamente. O segundo rato nunca conseguia uma porção, independentemente de quantas vezes pressionasse a alavanca. Ficou deprimido e desalentado. O terceiro só ganhava uma porção de vez em quando; nunca podia supor o que iria acontecer. Tornou-se extremamente ativo.

Autoridade é como pressionar a alavanca. Quando você supõe que sempre será da mesma maneira, não fará o seu melhor. Mas ficar longe de suposições, sejam elas positivas ou negativas, garantirá surpresa e vigor constantes. Isso pode ajudá-la a encontrar forças em outras pessoas e em si mesma.

Circular e negociar com autoridades são partes de um processo para a vida inteira. Devo confessar que nunca fui lá muito boa com minha própria autoridade. Simplesmente supunha que ser a Poppy da Poppy Industries era prova suficiente, e que todo mundo que trabalhasse para mim automaticamente aceitaria meu papel de líder e andaria na linha. Enquanto esse *modus operandi* funcionava com algumas das pessoas maravilhosas com quem eu trabalhava, sempre havia aqueles que tentavam minar e se aproveitar do fato de que eu era melindrosa quanto à minha posição.

Ao longo dos anos, aprendi a compreender muito melhor o papel de autoridade, e não me sinto mais assoberbada pela minha própria, ou a de outra pessoa. No fundo, quando temos autoridade, temos a responsabilidade de corresponder a ela, e quando cruzamos com a autoridade, temos a responsabilidade de resistir a julgamentos extremos apressados, para o bem e para o mal.

LIÇÃO 43: **O ABC dos negócios: sempre seja cortês**

É minha regra não guardar minha delicadeza somente para pessoas e situações que "importam". Além do fato de que todas as pessoas merecem respeito, ser gentil em geral é simplesmente prática profissional. São muitas as pequenas coisas que você pode fazer para se destacar da multidão. Mandar um bilhete de agradecimento, cumprir uma promessa não essencial, retornar um e-mail, até mesmo coisas básicas, como deixar a pessoa terminar uma frase e olhá-la nos olhos quando estiver falando... esse tipo de coisa não requer grande esforço e pode gerar grandes recompensas. Mesmo assim, muitas pessoas costumam considerar tais comportamentos perda de tempo e energia.

Como a cortesia não é tão praticada como seria de se desejar, fazer dela um hábito lhe dará uma vantagem na competição. Uma das coisas mais gentis que alguém já me disse foi um agradecimento por um batom enviado. Ela era *maître* de um restaurante. Depois de observar seu comportamento e suas feições, disse a ela que seria uma grande propaganda para mim, e que lhe mandaria um dos meus batons. Incluí meu cartão, junto com o batom, e, quando ela me telefonou para agradecer, disse que sabia que eu seria um grande sucesso, porque "muitas pessoas, na tentativa de promover algo, me prometeram várias coisas, mas só três — incluindo você — realmente cumpriram. Você com certeza tem o que é preciso".

Não é sempre fácil quantificar ou articular exatamente o que se pode ganhar ao fazer pequenos gestos. Eles podem ser ignorados ou cuidadosamente notados. Nunca se sabe. Mas como a história tem mostrado, não somos tão espertos quanto pensamos no que diz respeito à previsão do que terá ou não impacto em nossas vidas. Às vezes, as menores, menos significantes interações, podem ter as mais grandiosas e significativas consequências.

Minha história

Quando estava procurando investidores, afastava qualquer vestígio de drama das experiências que eu decidia que iriam mudar meu destino. A próxima reunião sempre seria aquela que catapultaria os negócios ao sucesso total.

No dia do grande encontro, costumava acordar cedo, olhar para o céu e pensar: hoje é o dia. Enquanto escovava os dentes, olhava para meu reflexo no espelho e pensava: hoje você está tendo dificuldades, mas amanhã tudo será diferente!

Nos doze anos de existência da Poppy Industries, nenhum dos encontros ou contatos que achava que seriam "transformadores da minha vida" o foi. Nenhum deles! Na verdade, todas as grandes mudanças e viradas vieram de lugares e pessoas inesperados.

O encontro que acabou tendo o maior, mais incrível impacto, aquele que acabou transformando tudo para mim, em todos os ângulos possíveis, incluindo o país onde vivo e o que estou fazendo exatamente agora, foi simplesmente um ordinário "mesa a mesa" com a editora de uma revista de beleza. Toda vez que tinha um produto novo para mostrar, marcava esses encontros "mesa a mesa", reuniões de quinze minutos com editores de diferentes revistas. Você mostra seus produtos, faz uma explanação rápida e vai embora. Normalmente, faz-se dez deles por dia. O máximo que já havia imaginado conseguir com isso era a possibilidade de uma menção sobre meu produto mais recente no editorial.

Alguns anos depois do nosso encontro, aquela editora deixou sua posição e voltou para a indústria de cosméticos, onde havia começado a carreira. Em 2002, aproximadamente três anos depois do nosso rápido encontro de rotina, ela estava sentada com o chefe, que perguntou quem deveriam contratar para determinada função.

— Poppy King — ela respondeu.

Apesar de estar a meio mundo de distância e não ter a menor ideia de estar sendo citada na discussão, naquele momento minha vida mudou para sempre. Já o que aconteceu na sequência é um livro novo.

Ainda estou processando como uma simples virada do destino pôde me colocar num caminho que me conduziu a um novo leque de sonhos. Nunca, em um milhão de anos, eu teria imaginado que aquele único encontro teria resultados de tão longo alcance. O que mostra que nunca se sabe de onde a virada pode vir, então, maximize suas oportunidades, fazendo da cortesia, da educação, do charme e de gentilezas em geral seu estado natural. Sim, um pouco de esforço e de energia de sua parte serão necessários, mas, acredite nas minhas palavras, os resultados valem a pena.

Conclusão

Rejeição, perda monetária, enganos, embaraço e confusões são somente algumas coisas que tememos quando lutamos por qualquer expansão pessoal ou profissional. Mas elas só podem nos ferir se ferirem a ideia que fazemos de nós mesmos. Seu senso de si mesma, seu eu, não deve jamais endurecer completamente com os obstáculos do caminho — o ego, o orgulho e o respeito próprio de todo mundo sofre de vez em quando. Mas não importa quantas vezes seja derrubada pelas mãos do destino; no final das contas a maneira como se sente em relação a si mesma depende exclusivamente de você, não do que acontece com você.

Como se sente quando se deita à noite? Satisfeita por seus esforços, objetivos e atitudes serem consistentes em relação a seus valores? Quanto mais for capaz de se aceitar, menos terá medo do mundo externo quando estiver se arriscando. Para tal, aqui vai um rápido resumo dos conselhos deste capítulo:

- **Equilíbrio é fundamental.** Você não é seu trabalho. Mas como vai saber disso se tudo o que sempre fez foi se sentar no seu escritório? Fazer de relacionamentos e interesses fora do trabalho prioridades servirá para lembrá-la de que a vida é mais que simplesmente trabalhar.

- **Prepare-se para uma abordagem a frio.** Para extrair mais de uma abordagem desse tipo, você deve estar na sintonia correta. Use o método em três etapas que desenvolvi, para garantir que seus esforços não serão em vão.
- **Conquiste sua plateia.** Esteja você fazendo uma apresentação para um conselho administrativo ou falando para uma plateia de centenas de pessoas, ser formal em excesso pode ser uma desvantagem. Conecte-se com seu público, liberando espaço para a espontaneidade de seu discurso, e evite a inibição, lembrando-se de que ele não é sobre você, mas sobre o que tem a dizer.
- **Autoridade não é pessoal.** Lidar com figuras de autoridade não é fácil. Nem você pode passar pela vida leve, levianamente, se for uma figura de autoridade. Preste atenção no que pensa sobre aqueles que têm autoridade e, uma vez que conquiste alguma, certifique-se de não deixar que esta lhe suba à cabeça.
- **Ganhe espaço de maneira simples.** Deixe os outros esquecerem as gentilezas e as cortesias. Se fizer um esforço para ser agradável e educada sempre que puder, pode acabar sendo alvo da sorte constantemente.

Escrever este livro tem sido meu objetivo já faz algum tempo, mas só recentemente juntei coragem para fazê-lo de fato. O que não quer dizer que ainda não tenha momentos em que fique um pouco aterrorizada com a ideia. Na verdade, foi durante um desses momentos, algum tempo atrás, que decidi sair do computador e fazer um intervalo, assistindo à tevê. Zapeando pelos canais, achei um filme antigo, em preto e branco — e nada poderia ser mais perfeito.

A atriz principal disse uma coisa tão apropriada, que acalmou meu medo do julgamento e me inspirou a voltar para o computador e continuar escrevendo. Ela se virou para seu parceiro no filme e disse: "Lembre-se de que toda a água dos sete mares só pode afundar um navio se ele entrar no mar." Ela está certa. Uma opinião ou um acontecimento externo só pode realmente derrubá-la quando você permite.

9

O MAIOR ESPETÁCULO DA TERRA

Quando ainda era uma garota, minha mãe às vezes me deixava esperando no carro, enquanto ela cumpria seus afazeres. Para passar o tempo, muitas vezes eu ficava cantando as músicas da fita cassete de *Evita* que ela tinha no carro. Quando ela voltava, eu já tinha casado com um dignitário; me apaixonado por um homem lindo, que lutava pela liberdade; me transformado na mulher mais famosa da terra — e a mais odiada; e, finalmente, morrido tragicamente. Evita e eu não éramos compreendidas! No caso dela, era uma nação inteira que não a entendia. No meu, era a escola. Mas, aos dez anos de idade, a diferença entre as duas coisas não era tão clara, então, sim, Evita e eu éramos uma só!

Como ninguém me disse que a vida não deveria ser vivida com o drama e o exagero de um musical da Broadway, eu não tinha nenhuma pista de que palco e vida real têm pouco em comum. Não é de estranhar que a mídia e eu tenhamos vivido um caso duradouro no começo — temos talento para o dramático.

Sem drama, não há nenhuma fofoca para a mídia divulgar. Mas assim como o drama simplesmente não fará de seu negócio um sucesso, a mídia sozinha também não. É preciso mais para conseguir, porque, apesar de a mídia poder conquistar atenção, ela não pode garantir sucesso. Atenção para seu produto, serviço, negócio, ideia, e você. Apesar de isso ser extremamente valoroso e desejado, não é a resposta. Se preparar para fazer algo, supondo que a mídia carregará o peso, é pedir um problema. O peso de qualquer plano, negócio ou o que seja deve ser sustentado por algo muito mais substancioso.

Dito assim, não se pode negar o poder da mídia, no que diz respeito a aumentar o conhecimento de seu produto pelo público. E não há como negar o poder do drama, para aumentar o interesse da mídia. Tendo lidado com a imprensa minha vida inteira de adulta, espero poder ajudá-la a entender melhor a mídia, enquanto compartilho meus pensamentos e experiências.

Minha história

Como sempre me considerei uma pessoa animada, ficava surpresa quando câmeras, produtores e gente do tipo paravam a gravação e me imploravam para que fosse mais expressiva. Finalmente, depois de ter estado na televisão inúmeras vezes, compreendi. Aprendi que tinha que exagerar tudo, para não parecer um pedaço de pau. Apesar de me sentir ridícula todas as vezes, acabei me acostumando.

Mas, mesmo depois de anos de prática, aprendi que a mídia ainda podia me surpreender. Uma moça que eu conhecia socialmente tinha seu próprio programa de sucesso na tevê. Ela era uma figura! Muito ousada, nada convencional e engraçada. Gostava dela e estava feliz de participar como convidada de seu talk show. Esperei o inesperado, mas jamais imaginava a proposta dela: fazer a entrevista no meu quarto de hotel em Sydney... na cama!

Ela era uma pessoa para quem é difícil dizer não, e, sabendo como era o programa dela, aceitei. Assim que as câmeras

começaram a rodar, eu já estava desconfortável, porque todas as posições em que me colocava na cama pareciam artificiais ou pornográficas. Acabei numa pose dura e um pouco carola, completamente fora do tom descontraído da entrevista.

Ela me fez umas perguntas bastante embaraçosas, e tentei fazer o jogo o melhor que pude, sem parecer que tinha um bastão enfiado você sabe onde. O desafio cresceu quando ela, de repente, resolveu começar a pular na cama e me convidou a fazer o mesmo. Naquele momento me deparei com um dilema terrível. Não sou o tipo que pula na cama, nem estava vestida a contento para a atividade. Então, ou eu recusava a oferta e passava a imagem de alguém que não tem senso de humor, ou aceitava a provocação, apesar de aquilo ser completamente fora do meu estilo.

Na esperança de que o que parecia bobo de se fazer na televisão não soasse tão tolo para quem está assistindo, me levantei e pulei com ela. Não consigo me lembrar com o que me parecia naquele programa de tevê. Pensando bem, não consigo me lembrar de como aparecia na maioria dos programas de que participei. Normalmente, não conseguia olhar para a tela da televisão quando eu estava no ar. Assisti minha entrevista inteira no programa *60 Minutos* numa posição que um amigo chamou de "posição de choque": cabeça entre os joelhos, mãos e cotovelos sobre as orelhas e olhos absolutamente fechados. Meu único conforto era saber que se tanto minha reação à minha imagem quanto minhas atitudes na mídia eram exageradas, elas não refletiam nem um pouco o que sou na vida real.

Apesar de eu ter os dois lados, o extrovertido e o introvertido, o último não interessa à mídia. Os humildes podem ser os herdeiros da terra, mas não aparecerão na tevê. Em termos de expressão facial e vocal, o que parece natural na vida real atravessa a tela sem nenhum impacto, e aquilo que parece natural na tevê, atravessa a tela como comportamento insano na vida real.

A mídia se apoia no exagero, transformando pequenas coisas em algo cem vezes maior. É por isso que quando alguém vê uma celebridade em carne e osso, a primeira coisa que diz é que tal pessoa parece muito menor na vida real do que na tela. Claro, a mídia não consegue fazer isso sozinha, sem ajuda nenhuma da pessoa que está sendo filmada. É aí que você e eu entramos no quadro — com algo dramático para se trabalhar.

LIÇÃO 44: **Garota local vira manchete**

A maioria dos editores que conheço preferiria uma matéria publicada e um telefonema de acompanhamento do que ter que comparecer a um evento sofisticado, organizado por uma empresa de relações públicas a preços bem salgados para o cliente (a saber: você), para passar a mesma informação. Apesar de eventos de imprensa não fazerem mal quando existe muito dinheiro a ser desperdiçado, eles não são, de maneira nenhuma, essenciais para se chegar à mídia. O que é fundamental é um press release forte — e isso não precisa ser difícil ou custar muito mais que um pouco de tempo e imaginação. Aqui vão os quatro ingredientes principais de um press release sólido:

1. **Comece pelo título.** A melhor maneira de abordar a mídia é: manchete primeiro. As estatísticas de qual a média de texto que as pessoas leem depois do título são alarmantes. É muito pequena, talvez dois parágrafos no máximo. O título é o fator mais importante. É seu gancho. Quanto mais a imprensa puder enxergar uma manchete para acompanhar sua história, mais interesse terá. Então, antes de fazer qualquer coisa, certifique-se de ter um gancho claro embutido nas informações que passar. Um gancho faz a mesma função no mundo das relações públicas que no mundo da pesca; puxa algo. Para ser bem-sucedido, seu gancho deve ser afiado e tentador. Alguma coisa na sua história deve ser diferente. Foi assim que uma pessoa resumiu para mim: "Cachorro morde homem" não é manchete, mas "Homem morde cachorro" é.
2. **Certifique-se da relevância.** Você não só deve ter uma manchete, como sua manchete deve ser envolvente. Quanto ao que constitui uma manchete envolvente, bom, isso depende inteiramente da

natureza da mídia e do público abordados. Por exemplo: o conceito de envolvente da *Vogue* será diferente do da *National Enquirer*. Apesar de somente uma delas ter interesse numa foto do Elvis (a menos, é claro, que fosse visto na primeira fila de um desfile da Armani Privé), tanto a *Vogue* quanto a *National Enquirer* precisam de um gancho. Modele-o de acordo com o veículo midiático.

3. **Seja excitante!** O segredo de ser valoroso para a mídia não está tanto *no que* você tem a dizer, mas em *como*. Linguagem é o que faz toda diferença no que diz respeito ao sucesso na comunicação com a mídia. Para encontrar a linguagem certa, convido você a entrar no mundo do super-herói. Há muito que se aprender com a linguagem concisa, poderosa, informativa e excitante encontrada nos quadrinhos. Pode ser simples, mas não é, de maneira alguma, idiota. "Mais rápido que uma bala, mais forte que uma locomotiva e capaz de dar a volta em prédios altos com um só pulo" é um ótimo exemplo de como uma frase pode comunicar informações de maneira clara, forte e intrigante. Você entende. Você entende que o Super-homem tem poderes especiais, e tais poderes são explicados e demonstrados em uma só frase. Se todo release para imprensa pudesse ser tão bom...

4. **Quem, o que, onde, por que e como.** O maior vilão da escrita de um press release é utilizar rodeio desnecessário e pouca informação factual sobre o que é, onde conseguir, quanto custa e quem está por trás do produto. É isso que gente da imprensa quer saber. A primeira coisa que qualquer repórter aprende na escola é: toda história deve responder a cinco perguntas. Quem? O quê? Onde? Por quê? Como? Pense como um jornalista e garanta que seu release para a imprensa contenha as informações-chave.

Minha história

Eu sabia que estava em apuros no segundo em que ele começou a andar na minha direção. Estava me olhando há um tempinho e agora vinha atrás de mim.

— Isto aqui não é uma biblioteca, mocinha — o cara da loja de revistas disse. — Você tem planos de comprar alguma coisa?

Por mais irritante que fosse, ele estava certo. Eu estava na loja havia um tempão, abrindo todas as revistas de moda nas páginas de editorial e copiado o nome de cada editor de beleza no meu caderno. Poderia ter feito isso numa biblioteca, mas fiquei com preguiça e, em vez disso, simplesmente fui até a loja. Faltavam poucos meses para meus batons entrarem no mercado e eu queria mandar algumas informações sobre meu produto para as revistas e outros veículos da imprensa. Naquele ponto eu já tinha descoberto, através de gente do mundo da moda, que o procedimento comum era mandar um press release sobre o produto para o editor competente. Achei que descobrir o nome dos editores seria bastante fácil. Eles estavam logo ali, estampados nas primeiras páginas das revistas.

Então, foi isso que eu fiz. E, assim que consegui os nomes e endereços, fui preparar o que queria mandar para eles. E, mais importante, o que eu queria dizer. Como não fazia muito tempo que tinha deixado a vida escolar, não tinha experiências no mundo das relações públicas, nem orçamento para pagar alguém que tivesse, então, como diretriz, pensei sobre o tipo de mensagens que via na mídia e em como amarrar a minha para que tivesse impacto. Não era hora de reinventar a roda, mas de olhar para o que já fazia a roda girar e pensar no que poderia ser adicionado ao movimento. Gillettes me vieram à cabeça.

Bom, você pode se perguntar o que lâminas de barbear masculinas têm a ver com batons, mas, durante anos, as propagandas da Gillette exibiam um senhor de cabelos brancos, que proclamava: “Gostava tanto das lâminas que comprei a empresa.” Obviamente, a agência de publicidade achava a mensagem forte o suficiente para construir uma campanha inteira em torno dela. Grandes compa-

nhias gastam milhares de dólares em pesquisas, antes de veicular suas mensagens no mercado. E gente pequena como nós pode se beneficiar com isso, sem desembolsar um tostão. Tudo que temos que fazer é prestar atenção naquilo que as grandes empresas decidiram que funciona, e descobrir como fazer algo parecido, mas dito de maneira diferente.

Credibilidade era o alvo da Gillette com sua mensagem, a credibilidade que vem com a declaração de que seus produtos são tão bons que são o suficiente para que alguém compre a empresa. Usando isso como trampolim, encontrei a mensagem que queria mandar para a imprensa:

"Não conseguia encontrar o batom que queria, então criei minha própria marca."

Assim era o título do meu press release. Eu também poderia demonstrar o tipo de credibilidade de alguém que acredita tanto no próprio produto que representa a empresa como um todo.

Eu conseguia ver essa declaração como uma manchete. Ela tinha o heroísmo simples e potente de que a imprensa gosta. No meu caso, o heroísmo era a proeza de começar uma empresa. Um bom press release pode encontrar heroísmo em qualquer coisa, seja pessoa ou produto, e ele está lá, se olhar com bastante cuidado.

Heróis e vilões. Bom e mau. Bem e mal. Vitória e derrota. A mídia se organiza em preto e branco e, se você quer sua atenção, deve fazer o mesmo. Quais são os aspectos mais obviamente atraentes do que você está tentando dizer ou vender? Até mesmo os editores mais entusiasmados não têm tempo, nem desejo, de inspecionar pilhas de texto para encontrar o ponto crucial de um press release. Mas você pode separar as informações e transformá-las em uma série de ótimas legendas, ou *blurbs*, como as encontradas nas coloridas e excitantes tirinhas de quadrinhos. Você ficará impressionado ao perceber que o muro enorme existente entre o zé-ninguém e a mídia pode ser atravessado num simples pulo.

ESCREVA SEU PRÓPRIO PRESS RELEASE

Quando tiver encontrado o formato, escrever seu press release acabará sendo divertido. Pense nele como sua oportunidade de, finalmente, colocar sua aposta em palavras. Para ter uma noção de como se faz, dê uma olhada num press release recente, lançado pela sua amada aqui:

Lipstick Queen — Release para a mídia

Todo mundo está falando na volta do batom, depois de anos de gloss... mas, para alguns... o batom nunca deixou o centro do palco. **(O primeiro parágrafo oferece a manchete: A VOLTA DO BATOM!)**

Poppy King, uma pessoa especial, que aos dezessete anos ficou tão obcecada por batons que, assim que se formou no segundo grau... resolveu criar a própria marca! ***(Aqui, estabeleço minha credibilidade e provoco curiosidade.)***

Nascida em Melbourne, Austrália, mas agora moradora de Nova York, sua carreira no mundo dos batons é lendária e ela é conhecida ao redor do mundo como uma autêntica rainha do batom. ***(Respondo quem sou eu.)***

Por isso o nome de sua nova marca e seu retorno à própria linha de batons, depois de três anos trabalhando junto a uma grande empresa de cosméticos. ***(Digo por que estou fazendo isso.)***

LIPSTICK QUEEN é tão simples quanto sensacional. Poppy desenhou suas dez tonalidades definitivas, cada uma trazendo duas intensidades: translúcida e opaca. Você pode escolher se quer uma textura com apenas uma pitada de cor, ou intensidade, força total na cobertura. ***(Digo o que é.)***

Mas não é tudo... você também pode escolher entre ser SANTA (SAINT) ou PECADORA (SINNER)... é isso mesmo! Os batons translúcidos são as SANTAS, os opacos, as PECADORAS. ***(Injeto personalidade e um ponto de diferenciação.)***

Explore todos os aspectos de sua personalidade com esses batons lindos e chiques, que não ressecam, duram muito nos lábios e são tão maravilhosos, que só poderiam vir de alguém obcecado por lábios de cor perfeita. ***(Explicando os benefícios.)***

LIPSTICK QUEENS, RAINHAS DO BATOM, uni-vos! Essa linha é feita para nós. Se você nunca abandonou, ou está voltando para o batom... não há nada mais glamoroso que o visual, a sensação e a experiência de um batom incrível. ***(O heroísmo! E uma chamada à ação.)***

Disponível na Barneys Nova York e em outras grandes lojas, listadas no endereço: www.lipstickqueen.com.

Preço recomendado para venda: $18 nos EUA. ***(Informação vital: onde encontrar e por quanto.)***

Para mais informações, favor entrar em contato com XXX, nos telefones XXXX/XXXX. ***(Como e quem contatar — também informação crucial.)***

Aí está: cobertura total e profissional de um press release. Agora não parece mais tão complicado, parece?

LIÇÃO 45: *Timing* é tudo

Pense na mídia como se fosse um trem em alta velocidade — uma vez no caminho, acelerará com tanta rapidez e decisão que nada, nem mesmo a verdade, poderá se tornar obstáculo. Mesmo os melhores publicitários do mundo são incapazes de controlar a mídia — quando ela decide investir em alguma coisa, investe; quando decide não investir, não investe. Não existem garantias quanto ao que vai ser sucesso e o que não vai, mas depende muito de estar no lugar certo e na hora certa.

As pessoas tentarão convencê-la do contrário. Indústrias e profissões foram construídas com base na sua habilidade de promover a falsa ideia de que sabem como dominar a mídia, quando, na verdade, ninguém sabe. O que essas pessoas sabem é a maneira de lidar com isso

— uma meta bem mais realista. Se aprender como organizar as partes que pode controlar, maiores as chances de obter bons resultados das partes que você não controla. Por exemplo, apesar de você não poder controlar o que conquista e o que não conquista a atenção da mídia, pode controlar o momento certo de chamar sua atenção.

Há os bons, os maus e os melhores momentos para começar seus esforços midiáticos. No final das contas, se seu empenho der certo e você conseguir angariar alguma atenção, estará em maus lençóis se não estiver preparada. Entre os dois cenários — falta de atenção por parte da mídia e atenção na hora errada — o último pode ser definitivamente mais perigoso.

O melhor momento para se fazer uma abordagem é quando você tem infraestrutura suficiente ou bases sólidas para fazer uso de qualquer atenção. Em outras palavras, você precisa ter sua casa em ordem para que, caso atraia atenção e oportunidades através da mídia, todas as peças de que precisa para capitalizá-las a seu favor estejam nos devidos lugares.

Você está pensando que pode pedir às pessoas de fora que esperem até que esteja com tudo organizado? Pense novamente. Se você promete e não pode cumprir, as pessoas simplesmente seguirão adiante. Então, antes de qualquer movimento, antes de mandar o primeiro press release, pergunte a si mesma (ou ao seu publicitário): Posso cumprir a promessa? Sugiro que retarde sua gratificação midiática até que tenha certeza de poder retribuir imediatamente os leitores, espectadores, usuários, enfim, os receptores dos veículos de comunicação em geral. As pessoas criam interesse instantâneo quando leem, veem ou ouvem alguma coisa. Se você não estiver pronta para realizar seu desejo de imediato, o impulso passará e, também, a sua oportunidade.

Minha história

Em 1993 não se podia desejar veículo melhor que a Barneys no que diz respeito a relações públicas. Eles estavam no centro de tudo o que é chique e qualquer marca que endossassem ganhava interesse imediato. Alguns meses antes de a importante loja da Madison Avenue ser inaugurada, com a

enorme expectativa em torno do evento, poderia se pensar que Willy Wonka estava abrindo sua fábrica de chocolates pela primeira vez.

Naquele dia em particular as pessoas com tíquetes dourados eram os editores de beleza convidados a experimentar as novas marcas do momento, que a Barneys tinha esquadrinhado os quatro cantos do mundo para encontrar. Num ambiente enorme, ensolarado, no último andar dos escritórios da Barneys, estávamos eu e três outros vendedores. Atrás de cada um de nós, havia mostruários de nossos produtos para que os editores pudessem tocar e sentir, enquanto passeavam pela sala. Durante dois dias, editores pululavam no lugar. Era uma oportunidade única para uma criança de dezenove anos como eu, que nunca seria capaz de atingir público daquele calibre sem uma mãozinha da Barneys.

Muitos dos editores que compareceram ao evento trouxeram seus assistentes. Vários editores deixaram seus cargos de lá para cá, e a maioria dos assistentes que conheci naquela ocasião agora comanda as revistas. Uma das jovens acompanhantes que me entrevistou tornou-se uma pessoa muito poderosa e influente no mundo da moda/beleza. Depois de ver os batons na pré-estreia da Barneys, fomos tomar um café e ela puxou um gravador, explicando que seu chefe pedira que escrevesse um parágrafo sobre mim para um próximo número da *Vogue*.

Falamos um tempo sobre a marca e sobre como eu a criara. O tal parágrafo acabou virando uma matéria de página inteira com uma foto enorme. Você sabe quantos milhares de dólares custa um anúncio de página inteira na *Vogue*? Algo em torno de quarenta mil dólares ou mais. E era o exemplar de inverno, que é o maior e o mais lido. Uma propaganda é uma coisa, mas uma página inteira de editorial, somada à credibilidade que ela oferece, não tem preço.

Muitos anos depois, descobri que o chefe de uma das maiores empresas de cosméticos do mundo tinha rasgado aquela página sobre mim e levado para uma reunião com seus superiores para dizer a eles que era bom que tivessem criatividade para competir com gente como eu. Eu! A jovem estranha, esquisita, a meio mundo de distância!

Como resultado da atenção da *Vogue*, choveram ofertas, entrevistas, interesse. Isso aconteceu logo antes do auge do mundo alternativo, do sucesso de cosméticos, filmes, até sorvetes, e as pessoas estavam interessadas em saber mais sobre alguém que tinha criado sua própria marca. Os americanos adoram casos de pessoas que começaram do nada. O problema era... eu não morava nos Estados Unidos. Vivia na Austrália. Meu negócio estava crescendo na Austrália a olhos vistos, logo, precisava que aquilo estivesse em ordem, antes de poder me concentrar nos Estados Unidos.

Então eu disse:

— Obrigada, Nova York. Estou tão feliz que queira saber mais, mas guarde a curiosidade, que eu volto assim que estiver pronta.

É óbvio que eu não disse isso de verdade, mas era o que achava que iria acontecer. Achava que poderia, simplesmente, apertar o pause com a mídia e voltar mais tarde para começar de novo.

Quando voltei para Nova York, com mais infraestrutura, com todas as peças em seus devidos lugares e a sensação de estar pronta para cumprir promessas, já era tarde demais. A onda havia passado e muitas marcas alternativas da moda haviam entrado no mercado. Apesar de ter sido uma das primeiras a entrar na corrida, estava agora em último lugar. Não estava pronta para os refletores dos Estados Unidos, enquanto outros estavam — e, uma vez que o bonde começa a andar, é impossível pegá-lo de volta.

A imprensa é um organismo que vive e respira — a diferença é que usa informação no lugar de oxigênio para sobreviver. Se a mídia não pode conseguir informação ou alcançar você, seu produto, seu negócio, imediatamente no momento em que o interesse aparece, o interesse acaba. Se você não é capaz de oferecer os elementos básicos para a mídia, normalmente o que se segue é o não cumprimento das expectativas do público. Então, antes de abordar a imprensa, cheque se o momento é oportuno para você, para ela e para os receptores.

LIÇÃO 46: **Não pergunte o que a mídia pode fazer por você, mas o que você pode fazer por...**

Existem algumas coisas que são inegavelmente sagradas. E se um bom livro na praia e um café da manhã maravilhoso de domingo estão no topo dessa lista, a mídia não é um serviço sagrado. Mesmo assim, por alguma razão, ainda fico chocada toda vez que a mídia se comporta flagrantemente como um negócio, em lugar de instituição pública. Afinal de contas, é senso comum que jornais, revistas, televisões e telas de computador dependem da participação do consumidor, não só com seu tempo e sua atenção, mas com dinheiro também. A mídia precisa fazer dinheiro. Quanto maior a audiência, a circulação ou páginas vistas, maior o preço dos anúncios. De muitas formas, a mídia é uma mercadoria, tanto quanto o batom, logo, está sujeita aos mesmos princípios básicos de suprimento e demanda que qualquer outro negócio. Precisa oferecer algo direcionado à demanda.

A mídia deve desenhar sua cobertura, seu produto, para seu público. Todo santo dia precisa produzir notícia, informação e entretenimento para manter as pessoas ligadas, on-line, sintonizadas. É muita pressão, e ela não pode fazer isso sozinha. Adivinha? Na verdade, ela precisa de nós também!

A mídia depende de nós para criar a informação que vende. Gente e suas incríveis, exasperadoras, instigantes, inspiradoras, inventivas, repetitivas e, às vezes, falaciosas atitudes — são essas as coisas que enchem as ondas de transmissão, as telas e as páginas. A cobertura da mídia pode prestar serviço a você, a seus negócios, à sua carreira ou à sua ideia, mas nunca se esqueça de que você também está prestando a ela um serviço, providenciando material a ser transformado em notícia.

Minha história

Dá para acreditar? Existe uma coisa na Austrália chamada "Síndrome de Grande Poppy". Ela se refere à tendência australiana de criticar as pessoas, caso se tornem muito bem-sucedidas e comecem a parecer arrogantes ou grandiosas; o que é um estado de espírito muitas vezes comparado ao americano, que parece muito mais afeito a apoiar pessoas que se arriscam, acumulam sucesso e se destacam na multidão. Então, ter Poppy como nome facilitou as manchetes, quando me tornei uma identidade e pessoa de negócios conhecida na Austrália.

Por muito tempo, todas as manchetes faiscavam. "Poppy em flor!" "Austrália tem sua própria Grande Poppy!" Você entendeu. Eu não poderia ter sido colocada em pedestal mais alto. Por motivos que tinham pouco a ver com qualquer talento ou capacidade da minha parte, e tudo a ver com os interesses da mídia em me promover como um símbolo da inovação australiana, virei o rosto do sucesso empresarial.

Em meio a esse espantoso clamor nacional, esforcei-me para manter minha integridade. Realmente tentei tratar todos os elogios com deferência e dignidade. Às vezes, recebia muitas ofertas, algumas envolvendo quantidade considerável de dólares, para aparecer em anúncios de produtos de higiene feminina, bebidas, cartões de crédito, carros e bancos. Mas nunca concordei em aparecer em nenhum, porque decidi resistir à tentação de ganhar dinheiro simplesmente em virtude da fama. Obviamente minha notoriedade ajudou a fazer com que meus negócios gerassem mais dinheiro, mas eu achava que ser paga por ser uma celebridade era sinal de desrespeito à posição privilegiada que a mídia me dera. O mínimo que poderia fazer era mostrar minha apreciação criando uma fronteira entre a promoção do meu negócio e a permissão para ser transformada em atiradora de aluguel.

Isso se estendia às falas em público. Independentemente de quão lucrativo fosse o circuito de palestras, sempre dispensava qualquer pagamento. Não me leve a mal. Não estou pedindo uma medalha. Quando disse que achava que era o mínimo que eu podia fazer, falei a verdade.

Também achava que me abster de ganhar dinheiro simplesmente por ser uma celebridade me protegeria das críticas, caso algo desse errado. De alguma maneira, passei a acreditar que a imprensa estava ciente de que eu estava fazendo a minha parte. Eu desprezei completamente o fato de a mídia ser um negócio, não um pacto pessoal. Que faria o que fosse preciso, o que quer que levasse a uma manchete. E que, como havia tantas histórias positivas a meu respeito, no minuto em que aparecesse algo negativo para retratar — principalmente a disputa que estava acontecendo na empresa, entre meus sócios e eu — a imprensa se jogaria de corpo e alma. "Grande Poppy abatida!" "Poppy murcha!" "Os sete pecados capitais de Poppy King!" E tantas outras.

Foi assim por meses, já que todos os grandes jornais, revistas, programas de rádio e televisão se desdobravam para conseguir as maiores, mais suculentas matérias que revelassem que eu e meu sucesso não passávamos de um mito. De repente, o que fazia a notícia não era mais meu acerto, mas meu fracasso. Esses ataques configuravam ótimas manchetes e ótimo negócio para a mídia. Meus enganos e minhas falhas rendiam fofoca tão boa quanto a derivada dos meus talentos, no começo.

Durante aquele período terrível, muitos jornalistas me perguntavam se eu achava que estava sendo vítima da lendária síndrome da Grande Poppy. Mas eu sabia que era uma armadilha. Se respondesse "sim", no dia seguinte os jornais me atacariam por ser ingrata e estar me fazendo de vítima. Então, sempre respondia que não. Era o momento de engolir meus sapos, já que a mídia tinha sido tão gentil comigo por tanto tempo.

E é verdade. Não se pode esperar que as coisas sempre sejam do seu jeito. Às vezes, o que serve para você, serve para

a mídia, outras vezes, acontece o contrário. Pode ser pessoalmente perturbador, mas, na verdade, a mídia é tão pessoal quanto uma aposta. Então, apesar de estar com meus sentimentos — e tenho que admitir, ainda estou — incrivelmente feridos por muitas das coisas que li a meu respeito, sei que notícias são somente negócios, business, e, como se diz por aí... não existe business como o show business. A mídia é show e business ao mesmo tempo, e sua porção business — em outras palavras, o que vende — sempre comandará o show.

Devo dizer que na minha relação com a mídia houve momentos em que eu realmente enfiei os pés pelas mãos. Mas, contanto que saiba que a mídia é um negócio e se aproxime dela como tal, você não precisa seguir minhas pegadas infames. Quanto mais reconhecê-la e tratá-la como negócio — em outras palavras, como entidade que precisa de material para funcionar —, mais bons negócios conseguirá extrair dela.

LIÇÃO 47: **Mídia e personalidade**

Não é preciso ir muito além das cinco letras mais lucrativas do alfabeto americano — O, P, R, A, H — para ver que personalidade é um grande negócio. A mídia, como toda marca registrada do show business, se alimenta de personalidade, então, deixe que a sua brilhe. Só uma advertência: para garantir que os benefícios não sejam só da mídia, entregue estrategicamente sua personalidade.

Personalidade conturbada é material muito desejado por vários veículos, mas é um pesadelo para a personalidade envolvida. Duas palavras de esclarecimento: Britney Spears. A maneira mais inteligente de fazer uso de sua personalidade é manter seu teor profissional, aquele que está de acordo com a mensagem que deseja veicular.

Todos temos personalidade. Até mesmo os contadores, que são alvo da piada: "Qual o método contraceptivo do contador? Sua personalidade!" Em defesa dos contadores por aí, conheço vários com personalidades incríveis e, muito frequentemente, vários filhos. Para nossa sorte, sempre existirão pessoas que respondem aos nossos traços únicos de personalidade. E a mídia não é exceção.

Como disse antes, muitas pessoas e agências de publicidade se esforçam para atrair atenção com truques caros e festas sofisticadas, mas mesmo num mundo superficial como o da mídia, estilo nem sempre supera substância. Na verdade, numa indústria esgotada de animações excessivas, é o genuíno que se destaca como mais exótico. Logo, não tenha medo de ser você mesma, mas pense sobre quais partes de sua personalidade melhor servirão a seus objetivos antes de se expor ao brilho desconcertante dos refletores.

Minha história

Passei muito tempo ponderando as respostas para duas perguntas, caso algum jornalista ou meu futuro marido queiram saber. Elas dizem muito sobre quem você é o que julga importante, então, quero estar preparada. A primeira delas é: quais são seus dez filmes preferidos? E a segunda: se pudesse convidar qualquer pessoa para jantar (viva ou morta), quem seria?

O.k., talvez não sejam as perguntas mais profundas, existenciais ou intelectuais, mas com certeza dizem muito sobre seus pontos de vista. Toda vez que me acredito acomodada à minha resposta perfeita, penso em outro filme ou outra pessoa. É incrível como minha cabeça pode funcionar quando quero adiar coisas!

Apesar de ninguém, na verdade, ter me feito nenhuma das duas perguntas, passei perto de ter que respondê-las numa entrevista, alguns anos atrás. Era para uma seção de um dos jornais mais respeitados da Austrália. Acho que a coluna se chamava "De perto e pessoal", e toda semana alguém notável ou famoso era entrevistado e respondia a perguntas nada convencionais. Quando recebi o telefonema do jornalista que escrevia a coluna, fiquei muito feliz em participar. Depois de anos respondendo a perguntas de alguma forma repetitivas, sabia que seria um desafio.

Eu estava certa. A entrevista foi bastante espontânea e casual. Depois que passamos pela maioria das perguntas, sentia que ele estava bastante exaurido. Já ouvira aquilo tudo antes e estava no piloto automático. Continuou fazendo perguntas de alguma maneira sarcásticas sobre como era minha vida de gente VIP.

Chegamos à última pergunta:

— Então, Poppy, quem você foi na vida passada?

Querendo dizer com quem eu me identificava. Tenho certeza de que estava esperando o nome de algum ícone do mundo da moda, como Coco Chanel, ou uma misteriosa *femme fatale* da era do cinema mudo, como Louise Brooks. Ele me olhou abismado, quando minha resposta saiu diretamente do coração, tendo eu pensado nela por apenas alguns segundos.

— Bon Scott.

O cantor falecido do AC/DC se comportava como uma bomba viva que podia explodir a qualquer momento. Não exatamente bonito, era mais conhecido pelo jeans apertado que fazia muito pouco para esconder o que parecia ser uma masculinidade prodigiosa. Tão diferente dos pop stars fabricados de hoje, esse cara era de verdade. Não era um homem feminino interessado no modelito; era o que era, porque não podia ser outra coisa. Não exatamente o tipo de pessoa com quem você esperaria que o jardim florido do mundo empresarial do batom se alinhasse.

— Bon Scott! — meu entrevistador exclamou. — Por que Bon Scott?

— Porque ele escreveu *Ride On* — respondi.

Ride On é uma música mais cheia de emoção do que pesada. A voz granulada e a letra crua me lembram que ser humano é ser totalmente cheio de falhas. Todos nós temos defeitos, todos sucumbimos aos nossos próprios demônios de vez em quando, mas seguimos vivendo, andando, e fazendo o melhor que podemos. Ou, como diz Bon: "Keep on riding" (continue andando, continue o passeio). Infeliz-

mente, a praga que o acometeu era tão destrutiva que seu passeio não durou tanto quanto a mensagem da sua música — uma que ressoou profundamente em mim, independentemente da fonte inesperada.

Quando a entrevista aconteceu, eu era tão conhecida que nem mesmo os jornalistas achavam que ainda havia alguma possibilidade de surpresa. No entanto, ser popular nem sempre quer dizer que as pessoas conheçam bem a sua personalidade. A decisão sobre querer ou não que saibam é sua.

Estratégica. Profissional. Ponderada. Tais palavras podem soar como um xingamento à ideia de personalidade, normalmente muito artificial para ser genuína. Mas se juntar o que é autêntico na sua personalidade às informações de que a mídia precisa, estará sendo tudo que foi descrito anteriormente. E lembre-se: apesar de poder adicionar personalidade à maneira de apresentar informação, não cometa o erro de tentar usar a personalidade como substituto de informações diretas. Tenha sempre em mente que informação e personalidade são exatamente o que a mídia precisa.

LIÇÃO 48: **A mídia não é a resposta**

A mídia pode ajudar seus negócios, sua carreira, seu produto, plano e reputação, mas deve ser somente uma parte da sua estratégia, e não a estratégia em si. Qualquer que seja a perspectiva dos seus objetivos, a mídia nunca é a resposta. Ela nunca irá resolver, consertar, aliviar ou erradicar nenhuma necessidade. Você ainda precisará de um plano completo, com ela ou sem.

Embora Oscar Wilde tenha gracejado que "só existe uma coisa na vida pior que falarem de nós, e é não falarem de nós", prefiro achar que ele estava brincando. O que é tão ruim quanto é falarem de nós quando não estamos preparados, ou quando não podemos responder, ou quando o que é dito está repleto de informações equivocadas. E a pior, pior das coisas, muito pior do que tudo listado anteriormente, é cair na ilusão de que ter a mídia falando é tudo de que se precisa para o sucesso.

Minha história

Eu já estive na mesma cama que o Michael Jackson. Fico muito aliviada de dizer que ele não estava nela ao mesmo tempo. Aconteceu de eu me hospedar na mesma suíte de hotel que ele acabara de vagar. Foi em Sydney, no Sheraton On the Park, um hotel onde fico frequentemente quando vou lá a negócios. Eles sempre me tratam muito bem e, por alguma razão, naquela estada me deram a suíte presidencial, que ocupava o andar inteiro. Eu sabia que Michael Jackson tinha se hospedado ali, porque a notícia estava em todos os jornais no dia anterior. Ele tinha, na verdade, acabado de se casar lá com Debbie Rowe. Os jornais informaram que as núpcias do estranho casal aconteceriam na suíte presidencial do Sheraton On the Park, em Sydney, e lá estava eu, dentro de um elevador, segurando a chave da suíte em questão.

Eu não estava excitada por causa disso, para falar a verdade. Tivesse sido qualquer pessoa que não Michael Jackson, talvez até estivesse, mas foi um pouco assustador abrir a porta e dar de cara com aquelas dimensões palacianas. A suíte tinha vários quartos, incluindo uma área de estar, com um piano de meia cauda. Era tão grande, que eu parecia muito pequena — especialmente quando entrei no banheiro principal e me deparei com o que parecia ser a maior banheira do mundo. A enorme caverna de mármore ficava no meio do banheiro, e tinha uma vista arrasadora para o Centennial Park. Apesar da incrível equipe de arrumação do hotel, achei muito estranho usar as mesmas dependências de banho que o hóspede anterior, então desisti do enorme banheiro em favor de um dos menores.

Entretanto, não dispensei a varanda-pátio, que circulava a suíte. Nunca tinha estado num lugar com uma vista tão linda, de 360º, de Sydney. Enquanto pesquisava as paisagens, dei-me conta de estar vendo Sydney de um dos seus pontos mais altos, no ponto mais baixo da minha carreira. Isso foi durante a tempestade da mídia em torno do colapso da sociedade da minha empresa. A possibilidade de o resultado ser a derrocada do meu negócio assombrava terrivelmente meu horizonte. Naquele momento, em meio ao esplendor daquele quarto de sabe-se-lá-quantos-milhares-de-dólares--por-noite com que haviam me presenteado, eu estava à beira da possibilidade de não ter nem um centavo em meu nome, de perder tudo. Minha empresa, minha casa em Melbourne, meu carro... tudo. Durante todo o tempo de duração da minha empresa, dos altos e baixos de milhões de dólares que entraram e saíram dela, não resguardei, nem gastei, nem guardei para mim nenhum valor substancial, logo, se perdesse o negócio, todos os ganhos iriam embora com ele. Um dos meus bens maiores já se tinha ido... minha reputação.

Toda essa atenção da mídia me parecia completamente caótica. Naquela época, eu realmente não sabia o que estava fazendo com ela e por que estava fazendo. Tudo o que sabia era que o rei estava nu, e que cada vez mais a mídia estava tomando seus assentos na plateia. A imprensa não era a resposta para os meus problemas. Um conselheiro meu, na época, achava que sim e decidira tentar usá-la para brigar contra o que deveria ter sido uma guerra privada. Ele levou um choque desagradável quando o plano teve efeito contrário. Em vez de apoiar sua queridinha de anos, a mídia se voltou contra mim, deixando claro que não luta batalhas por encomenda, a não ser que tenha razões próprias para tal.

Não existe refúgio na atenção, a não ser que você saiba o que fazer com ela. Não lembro de ter me sentido mais insegura do que na noite que passei num dos mais caros e glamorosos quartos de hotel do hemisfério sul. Se a atenção da mídia fosse a única coisa necessária para estar em vantagem, então eu deveria estar me sentindo a rainha do mundo. A imprensa era tão obcecada por mim que ainda era famosa o suficiente para conseguir um upgrade que me concedesse aquele quarto de hotel. Mas e daí? Revirei-me na cama, no último andar daquele hotel sofisticado, enquanto abaixo de mim não havia nada além de fumaça.

A mídia pode ser muitas coisas para um negócio — uma plataforma de lançamento, um quadro de anúncios, um trampolim —, mas nunca, nunca uma rede de segurança. É como Evita canta em *Don't Cry for me Argentina*: "E quanto ao dinheiro, e quanto à fama... são ilusões. Não são as soluções que haviam prometido ser." E é verdade. Eles não são a resposta. No que se refere à abordagem da mídia, a resposta é compreender o que e por que você está fazendo, primeiro, e depois decidir se a mídia vai ou não ajudar.

O *CHECKLIST* DA PUBLICIDADE

Se a mídia não é a resposta, então o que é? Vejo-a como uma pergunta. Ou melhor, como uma série de perguntas. Por exemplo:

P. Você tem uma manchete interessante para a imprensa?
R.

P. A hora é apropriada?
R.

P. Você tem todas as informações empacotadas, prontas e acessíveis?
R.

P. Pode cumprir suas promessas?
R.

P. Você é capaz de oferecer algum desafio, um pouco de personalidade?
R.

Se você tem as respostas certas para as perguntas da mídia, então, e só então, terá a confiança necessária para fazer uma abordagem forte e criar uma aura de apelo para sua história.

Conclusão

Diga o que quiser sobre a mídia, ela ainda é a maneira mais rápida de fazer uma mensagem atingir vasta plateia. É por isso que anunciantes compram seus espaços e publicitários competem por ela com seus contatos, press releases e festas de lançamento. Existem várias agências que você pode contratar para fazer a sua divulgação — e eu as utilizei durante toda minha carreira —, mas, preciso avisar, às vezes o "ponto de vista" que colocam nas coisas não está presente só nas mensagens que mandam para a mídia. Eles normalmente encaixam um ponto de vista naquilo que dizem para você também!

Se decidir não contratar uma agência, saiba que, armado de um bom press release, você pode se tornar seu próprio publicitário. Você terá uma chance com a mídia se seguir estes passos:

- **Pesque a mídia com o título.** Antes de começar a escrever seu press release, entre na cabeça de um leitor. Que tipo de coisa interessa a você? O que faria com que tivesse vontade de ler mais? Por exemplo, olhe para as manchetes dos veículos de comunicação e perceba quais realmente prendem sua atenção.
- **Descubra o tempo certo.** Gente da imprensa quer informação imediatamente. Não espera. Nem o público, os consumidores. Antes de ir atrás de publicidade, pondere se estará pronta ou não para cumprir suas promessas, caso seu esforço gere muito interesse.
- **Antecipe as necessidades da mídia.** A mídia está no business de fazer dinheiro. Sua meta não é alardear seus sucessos para que as pessoas prestem atenção em você, e sim fazer com que as pessoas prestem atenção nela. Você e a mídia podem ganhar juntas, se der a ela algo que possa divulgar.
- **Personalize seu lance.** Sua personalidade pode significar dinheiro no banco, se usá-la para reforçar sua informação. Se souber usar estrategicamente sua personalidade, ela pode temperar sua história. Só tenha cuidado para não usar tempero demais... garanta que sua personalidade não obscureça ou contradiga a mensagem que está tentando passar.

- **Mantenha os olhos na bola.** Imprensa favorável é uma coisa fantástica, mas não é um fim em si mesmo. A meta final é um negócio próspero, de sucesso. Enquanto a publicidade pode certamente ajudar, ela não vai fazer o trabalho de construir um negócio para você.

Independentemente do que uma firma de relações públicas faça você acreditar, a mídia não é um monstro mítico ou extremamente complicado, mas um negócio simples e direto. Se você pensar nela como o meio de campo entre histórias e público, será capaz de usar as dicas deste capítulo, juntamente com a sabedoria de marketing que pegou do capítulo 7, para transformar sua informação em algo que ajuda, e não que atrapalha, sua ideia.

10

AGORA VOCÊ ESTÁ CAMINHANDO

Eu tenho uma carteira especial para praticar corrida automobilística. É verdade. Tenho uma carteira de motorista da CAMS (*Confederation of Australian Motor Sport*). Estou olhando para minha carteira neste exato momento, enquanto escrevo. Que pena que só vale para uma corrida de carros: o Grand Prix de Fórmula 1 da Austrália de 1995. Fui convidada a participar do Grand Prix de celebridades, que acontece antes do evento principal e envolve celebridades australianas em trajes de corrida verdadeiros, dirigindo carros de verdade em volta da pista de Fórmula 1 de verdade. Depois da nossa corrida, ganhei o prêmio de Motorista Mais Educada e Motorista Mais Eficiente no Uso de Combustível.

Ou seja, outra maneira de dizer que cheguei em último lugar.

Como sempre considerei corrida de carros um esporte somente no nome, o curso de treinamento de uma semana e a corrida que o seguiu se provaram um duro despertar. Acontece que dirigir carros requer muita estratégia e muito foco, bem como nervos de aço. Quem poderia saber? Quando me lembro, penso que foi tolo da minha parte achar que correr de carro seria assustador, mas não difícil. Nenhuma forma de movimento é fácil, nunca.

O tipo de movimento para o qual voltaremos nossa atenção neste capítulo é aquele necessário para manter seu negócio de pé e em movimento — estilo inteiramente diferente daquele solicitado para levantar seu negócio do zero. Este capítulo é dedicado ao que fazer, uma vez que tenha chegado lá. Em outras palavras, agora que começou seu negócio, ganhou uma promoção, recebeu cobertura da imprensa ou mudou de carreira, como saber se ainda está indo na direção certa? Em que velocidade deveria estar caminhando? Que sinais deve procurar? Deve enfiar o pé no acelerador ou ser cuidadosa? Surgem tantos desafios novos e intrigantes no caminho que é comum ficar um pouco perdida com possibilidades inesperadas. Mas esse sentimento simplesmente significa que você mudou de marcha, passou da primeira para uma de manutenção.

Como qualquer mudança, será preciso um tempo para se acostumar e ganhar prática na nova fase. Então, aperte o cinto e venha comigo num giro pela pista de corrida. Deixe-me contar o que aprendi sobre movimento no meu curso.

Minha história

Eu caí em prantos no térreo da David Jones. David Jones é uma das mais sofisticadas lojas de departamentos da Austrália, e eu tinha ido lá para um encontro com o comprador de cosméticos. Meus batons estavam à venda na loja há seis meses, e, apesar de eu estar comprometida num esforço constante para elevá-los do chão para o prestigiado primeiro piso, eles estavam indo muito bem. Lembra do "encolhimento cultural" australiano que mencionei antes, que diz respeito ao fato de muitos produtos nacionais serem considerados inferiores aos importados? Bem, estava vivo e pulsante em 1993 na David Jones. Meus batons eram vendidos na seção de farmácia da loja, juntamente com as marcas em promoção, apesar de custarem quatro vezes mais. O com-

prador não concebia um batom australiano que fosse caro e sofisticado.

Antes de me dirigir ao escritório para o encontro, parei para olhar os batons da vitrine. Sem que eu percebesse, lágrimas começaram a rolar pelo meu rosto antes que as pudesse secar. Numa prateleira, enfiados no meio de colírios, remédios para digestão e para resfriados, estavam alguns batons Poppy, ao lado de uma caixa de acrílico aberta que poderia ser confundida com um Tupperware. Chacoalhando ao lado da caixa, alguns provadores de batom que violavam, provavelmente, dez diferentes códigos de higiene. E para piorar ainda mais as coisas, os provadores estavam abertos e havia manchas de batom por todos os lados. Era apavorante ver minha marca registrada, minha paixão, exposta daquela maneira.

Peguei a caixa e levei-a comigo para a reunião. No elevador até o escritório do comprador, minha dor estava estampada, enquanto eu tentava conter a cachoeira facial. Consegui controlar as lágrimas, mas minha voz ainda tremia, quando coloquei a caixa bagunçada na mesa do comprador e disse:

— Eu gastei vinte mil dólares na propaganda desse produto.

Apesar de vinte mil dólares serem uma bala Juquinha no grande esquema de publicidade de cosméticos, significavam muito para minha pequena marca. Era meu primeiro anúncio na vida, uma página inteira na *Vogue* e em algumas outras revistas. No ano anterior tinha estado em tantos editoriais, que nem tinha sido necessário anunciar, mas agora as coisas estavam começando a se acomodar. Tinha tido cobertura em todo canto, então, não havia muito mais que pudessem escrever sobre mim. E, também, alguma competição tinha entrado em cena. Para manter a bola rolando, decidira publicar alguns anúncios.

Não era só o custo de comprar o espaço nas páginas, mas também o de produção do material, que incluía con-

tratar fotógrafo, modelo, cabeleireiro, maquiador e por aí afora. O anúncio acabou ficando ótimo. Era em cima dos sete pecados capitais e comunicava luxúria e decadência de ponta a ponta.

E pensar que tínhamos essa propaganda atraente para os olhos e que novos consumidores, ou mesmo os já existentes, estariam indo à David Jones perguntando onde poderiam encontrar os batons Poppy, para simplesmente serem dirigidos a uma bagunça de fazer vergonha a um baú de brinquedos de criança. Seria melhor atrair menos clientes, porque quanto mais gente visse minha marca tão "descabelada", mais esfacelada ficaria sua boa vontade. "Boa vontade" é o termo comercial para reputação. Uma marca tem reputação da mesma maneira que uma pessoa tem reputação. Infelizmente, assim como acontece com gente, é preciso mais tempo para construir a reputação de uma marca do que para derrubá-la.

No meu desespero de manter a divulgação do produto com propaganda, não tinha levado em conta que atrair pessoas antes de fazer alguns ajustes não é tão produtivo.

Uma coisa que ficou aparente com meus esforços para ampliar minhas metas foi que uma ação sem estratégia é mais capaz de fazer você andar para trás do que para a frente. Não estou sugerindo que tudo deve estar perfeito antes de se poder avançar — se esse fosse o caso, ninguém nunca iria além dos primeiros passos. Não há necessidade de se transformar em uma pessoa agressiva, impaciente e altamente eficiente simplesmente para manter algo caminhando. E, graças a Deus, porque eu estaria condenada. Se você pudesse ver minha mesa de trabalho agora, perceberia que dificilmente preencho os requisitos de pessoa organizada!

A melhor maneira para manter algo em movimento do jeito que você quer é continuar com determinação e compromisso, não com a perfeição, mas com a atenção. Apesar de não se poder ir direto para o topo, sem precisar dar nenhuma volta ou pegar nenhum retorno, todos podemos tentar manter olhos, ouvidos e mente abertos, enquanto avançamos. Quando alcançar algo importante para você — como iniciar um negócio ou ser contratada para um trabalho excitante —, guardar o sucesso numa bolha e enxergar somente o que se quer pode ser bastante tentador. Mas fazer isso, na verdade, detém sua capacidade de capitalizar o sucesso e experimentar um crescimento real. Quanto mais determinada em se manter alerta, como durante o processo para alcançar sua meta inicial, maiores suas chances de alcançar muitos outros objetivos.

LIÇÃO 49: **Cuidado com maus presságios**

Enquanto se esforça em direção a novos objetivos, verá sinais ao longo do caminho, indicando a direção certa. Alguns dos mais importantes de todos têm a ver com resistência. Quanta resistência você sente em volta do caminho desejado?

Com resistência quero dizer: como as coisas estão se encaixando em seus devidos lugares? Qual a consistência da resposta que está recebendo de pessoas de fora ou entidades necessárias para seu plano de ação? Se, em média, a resposta é de concordância, com alguns tropeços aqui e ali, então é sinal de que as coisas estão se encaixando bem. Esse tipo de resistência é um bom sinal. Se esses tropeços se transformam em terreno muito acidentado, talvez você deva esperar um pouco, antes de se paramentar com seu equipamento de escalação de montanha. Pare e pergunte: o universo está tentando lhe dizer alguma coisa? E será que você deve ouvir?

Isso não significa, de maneira nenhuma, que deva desistir facilmente. Imagine quantas invenções incríveis, muitas das quais achamos que vêm de graça no nosso dia a dia, não existiriam se as pessoas desistissem, depois de alguns soluços? Mas uma sucessão de soluços, atrasos e resistências deve ser considerada antes de se tomar a decisão de ir adiante ou não.

Minha história

Você deve lembrar que antes de criar minha marca eu trabalhava numa loja de lingerie. Era uma butique sofisticada

numa área nobre, logo, os homens que passavam por ali não eram pervertidos ou assustadores, mas caras desajeitados, gagos, que se sentiam tão desconfortáveis que mal olhavam você nos olhos. Como não conheciam absolutamente nada da linguagem de sutiãs e calcinhas, estávamos acostumadas a receber um gesto com as mãos em lugar de resposta verbal, quando perguntávamos qual o tamanho de sua namorada.

— Hmm, é, ah, eu acho que a parte de cima pode ser, é mais ou menos assim e, é, hmm, ah, vamos dizer, a parte de baixo, assim.

Depois de um tempo, a gente acaba pegando o jeito de descobrir os tamanhos com essas pistas visuais. Assim que terminava, o cara saía correndo o mais rápido que podia, e seria a última vez que o veríamos — mas não a última que veríamos o produto da venda. Nove entre dez vezes (não estou brincando) a presenteada acabaria de volta na loja, embrulho desfeito na mão, para trocar as escolhas do rapaz.

— Não sei quem meu namorado pensa que eu sou, mas estas peças não cabem em mim — elas diriam, sacudindo a cabeça, em desespero.

Era verdade, eles sempre escolhiam tamanhos errados e sempre da mesma maneira: o sutiã grande demais e a calcinha muito pequena. Todos eles pareciam pensar estar indo para a cama com réplicas da Pamela Anderson.

Lingerie e fantasia. Batom e fantasia. Minha obsessão por glamour me encaminhara diretamente para os dois. Apesar de batons serem, sem sombra de dúvida, meu amor primeiro, também sou devota de lingerie de qualidade — o que me deixava constantemente frustrada com as opções que, em meados dos anos 90, pareciam limitadas a três possibilidades de visual: esportivo, seguro ou imoral.

Onde encontrar algo chique, algo que tivesse bossa sem ser vulgar? Alguma coisa que não fosse escrava da ideia masculina do que é sexy nem da ideia feminina do que é sensível? Algo no meio do caminho? Sexy na elegância? A menos que quisesse pagar uma pequena fortuna por seus paninhos cobertores de zona íntima, a oferta nas lojas de departamentos medianas era ínfima.

Então, em 1996, com uma marca de batons a todo vapor, decidi entrar no mercado das roupas íntimas e desenhar minha própria lingerie, assim como tinha feito com os batons. Só que dessa vez não foi tão fácil. Achava que seria muito, muito mais fácil, porque agora eu tinha uma marca famosa e mais de um ano de distância me separando do segundo grau. Mas eu estava errada. Enquanto a maioria das pessoas com quem falava sobre os batons ficava intrigada com a ideia de eu ter criado uma marca, quando foi a vez de falar sobre a lingerie, as pessoas se mostraram indiferentes.

Eles — fabricantes, revendedores, até gente que trabalhava comigo na época — não achavam que fazia o menor sentido, para mim, entrar no mundo da roupa íntima, como um novo grande passo. Não viam lógica nem grande conexão. Consegui acalmar uma parte de sua preocupação, explicando a ligação psicológica entre batons e lingerie, e como os dois giravam em torno da sexualidade feminina. Mas algo que precise de uma tese, simplesmente para fazer com que pessoas encolham os ombros e digam "talvez, quem sabe", não é um bom sinal. Encontrei fabricantes, mas depois descobri que a maior parte do meu esforço não seria desenhar, como eu esperava, mas lembrá-los constantemente do motivo de estarem fazendo aquilo. Mas, apesar da resistência frequente e da falta de entusiasmo em volta do projeto, continuei forçando o avanço.

Finalmente, entrei no mercado. O produto era bom, mas não ótimo. Claro, tinha a bossa de que eu sentia falta nas lingeries, mas os cortes e tecidos não eram exatamente certos. Tinha todas essas ideias que eram sofisticadas, mas o tecido que podia pagar era consideravelmente mais barato e sem excelência de qualidade. Um dos modelos se chamava

Papillon (borboleta, em francês) e apresentava uma borboleta em cada bojo do sutiã e uma lagarta na calcinha. Ideia boa, corte e tecido ruins. Não ficou como eu havia imaginado. Contrariamente ao processo que eu estava homenageando — a metamorfose da lagarta em borboleta —, a completude do empreendimento da lingerie não se cumpriu. Nunca se transformou em borboleta. Às vezes uma lagarta é só uma lagarta e, às vezes, você precisa aceitar que a mãe natureza sabe o que faz.

Eu sei que procurar sinais soa um pouco esotérico ou astrológico. E, admito, adoro ler meu horóscopo. Apesar de não necessariamente acreditar nele — em primeiro lugar, como é possível que todos os geminianos do mundo experimentem as mesmas perspectivas incríveis de carreira no mesmo dia? E você tem ideia de quantos estranhos encantadores e fascinantes eu já deveria ter conhecido? Se todas as leituras tivessem se materializado, eu mal teria tempo de pensar nessa questão intrigante que vem me atormentando, e prestes a ser resolvida com o aprofundamento de um relacionamento próximo do meu coração!

RESISTÊNCIA CERTA *VERSUS* RESISTÊNCIA ERRADA

Como saber se a resistência que está recebendo a caminho do próximo movimento é do tipo certo ou do tipo errado? Sugiro que pense em resistência como se estivesse fazendo um treino de força com pesos. Antes de qualquer movimento, pergunte-se:

- **POSSO FAZER ISTO?** Qual o peso a carregar? O peso a ser levantado em seu próximo movimento parece difícil, porém possível, ou algo que realmente dói, quando você tenta carregar? É muito grande o risco financeiro acoplado? Muita gente discorda? É tão difícil juntar os pedaços que você precisa parar tudo que está fazendo? Se esse for o caso, não largue o peso abruptamente, mas coloque-o lentamente no chão e pense nos ajustes necessários.

- **VOU ME MACHUCAR?** Em outras palavras, você está fazendo as coisas corretamente? Se sua maneira de proceder é conhecida por ter causado danos anteriormente, entenda por que o movimento foi tão difícil para outras pessoas. Pense se existe outra maneira de alcançar resultados semelhantes sem danos ao que você já tem.

- **QUEM É A MELHOR PESSOA PARA ME AJUDAR?** Um personal trainer é um luxo que muitos de nós não podemos pagar quando fazemos exercícios, mas, no que diz respeito ao seu trabalho, você não pode correr o risco de não encontrar algumas pessoas em quem realmente confia para serem sinceras e diretas com você. A opinião delas pode não ser o que você quer ouvir, mas ficará mais forte por tê-las ouvido, mesmo que ainda queira prosseguir.

Conversa de horóscopo é realmente divertida, mas no que diz respeito à procura de sinais de que está no caminho certo com seu empreendimento, você não precisa ir a uma cartomante. Em vez disso, olhe e avalie as respostas que está recebendo. Tente compreender o que está por trás das reações relativas ao seu próximo movimento. E, em vez de tratar a resistência dos outros como infundada, examine cuidadosamente os argumentos escondidos em sua hesitação. Uma vez que tenha feito isso, você pode continuar querendo avançar, ou não. Verifique seu horóscopo se desejar. Ele pode dizer que algo que você vem perseguindo requer avaliação cuidadosa, antes que a direção certa esteja clara.

Ah, sim... e um estranho encantador está prestes a entrar em sua vida.

LIÇÃO 50: **Escolha ou perca**

Dizem que sucesso gera sucesso, mas também gera outra coisa: escolhas, possibilidades. Somos frequentemente convocados a escolher entre uma gama de novas opções e possibilidades, enquanto ainda estamos com a cabeça cheia da excitação com a realização de uma meta. Nesse estado eufórico, pode parecer muito atraente tentar tudo. Por que perder uma oportunidade? Vamos fazer tudo.

Mas fazer tudo não é, realmente, uma possibilidade. Para prolongar seu sucesso, você terá que fazer escolhas, escolhas que lhe permitam enxergar um caminho adiante, e não que a levem a andar em círculos. Aprendi muito sobre isso na pista de corrida.

Nossos instrutores explicaram que a forma mais eficiente e segura de fazer as curvas durante a corrida era dirigir em linha reta dentro delas. O que significava seguir uma linha invisível na estrada, no lugar de seguir a curva em si. Aparentemente, quanto mais você se guia pela curva, mais difícil fica manter o carro sob controle, ao passo que seguir uma linha reta permite que você mantenha a velocidade e também sua posição. Isso sempre me pareceu contrário à intuição; eu pensava que a coisa segura a fazer seria ir aonde a estrada o levasse. Ou seja, seguir o que aparece na frente o mais fielmente possível. Na verdade, essa ideia é perigosa, não só durante uma corrida, mas no mundo real também. Ir de acordo com a maré não só atrapalha sua capacidade de assumir o controle, mas pode tirar você completamente da pista.

Acredite em mim, o arrependimento por ter feito a escolha errada não é nada comparado aos seus sentimentos, se acabar entrando numa espiral por medo de dizer não, tentando fazer mais do que pode.

Minha história

Ainda posso vê-los. Aqueles cartões de recado de papel cor de rosa mostrando o nome da pessoa que havia telefonado, a que horas, em que dia e uma mensagem breve, assim como os quadradinhos assinalados que informavam se a pessoa ligaria de volta ou se esperava um telefonema de

retorno. Mesmo com e-mail, mensagens de texto, celulares e toda a tecnologia à nossa volta, eles ainda são usados em ocorrências cada vez mais raras — as chamadas para telefones fixos.

Nos primórdios do meu negócio, eu me apoiava exclusivamente no telefone, e sempre ficava ansiosa quando os operadores de atendimento que contratara me entregavam um bolo daqueles papeizinhos cor de rosa. Matérias e matérias estavam saindo sobre mim e meus batons. Muitas delas incluíam meu número de telefone para que as pessoas entrassem em contato comigo. As moças da recepção ficavam quase tão excitadas quanto eu:

— Veja quantas mensagens, Poppy. Só de olhar para as respostas, acho que esse seu negócio dos batons vai ser um sucesso enorme.

Com certeza, parecia exatamente isso. A maioria das mensagens era de gente querendo marcar entrevista ou de lojas querendo vender os batons. As opções pareciam infinitas! Antes, eu tinha que convencer as lojas a darem uma chance aos batons, agora as próprias lojas estavam me ligando de todas as partes do país.

Salões de beleza, spas, cabeleireiros, lojas de bijuterias e butiques de moda... todo mundo queria aqueles batons. Enquanto compreendo o que Groucho Marx quis dizer com a frase "eu não quero pertencer a nenhum clube que me aceite como membro", no que diz respeito à minha vida pessoal, quando falamos dos meus batons, também entendo perfeitamente por que outras pessoas gostavam tanto deles quanto eu. E eu gostaria que cada loja que os quisesse os tivesse. Sabia que não poderia dobrar espaços — se uma loja numa rua já tivesse batons Poppy, não poderia colocá-los em outra que fosse muito próxima. Mas, fora isso, não via motivo para dizer não. Por que não entregá-los nos salões de beleza, lojas de joias e em outros canais? Não é isso que dizem que é crescer?

Bom, sim e não. Num certo sentido, receber novos pedidos e mais dólares pode ser considerado crescimento. Mas é um crescimento sustentável? No começo, as butiques da moda que vendiam Poppy tratavam a marca com destaque e diferenciação. Quando comecei a distribuir batons para a maioria dos lugares que solicitavam, a imagem da marca começou a se quebrar e mudar. Mudando a estratégia de venda que funcionava no início, a visão da marca ficava menos clara. E quaisquer ganhos financeiros de curto prazo que pudesse ter eram compensados pelo enfraquecimento da estratégia de marketing. Pior ainda, eu perdia a credibilidade daquelas lojas-chave que haviam sido minha primeira escolha. E ganhava credibilidade nos lugares que tinham me escolhido, em vez do contrário.

Evitar fazer escolhas pode ser tão perigoso quanto escolher errado. Se você se apoiar nessa tática de distanciamento por muito tempo, as decisões podem acabar sendo tiradas de suas mãos, ao passo que os outros passam a decidir por você. E, muitas vezes, as escolhas que outras pessoas fazem por você não são aquelas de que você gosta, mas as que acabam deixando-a presa.

Dizer não a algumas possibilidades pode parecer sacrifício, embora o sentimento de perda seja frequentemente suplantado por ganhos como aumento de clareza, maior poder de alcance, mãos mais firmes e concentração de energia. Tudo isso somado conduz à maior vantagem que existe para a ampliação das suas metas e de seu movimento de um sucesso para outro: foco. Apesar de não existir caminho rápido para o sucesso contínuo, foco é o que pode lhe garantir a primeira posição na corrida.

LIÇÃO 51: **Não siga a concorrência**

Sua capacidade de concentração se provará crítica ao passo que seu sucesso aumenta e os competidores se multiplicam.

Concorrência — saber que existem outros por aí brigando pelo seu lugar, ou pior, vindo atrás de você — pode ser assustador. Lembro de um momento, durante o Grand Prix de celebridades, quando estava me aproximando da "reta", a parte da pista de corrida onde você pode dirigir mais rápido porque não tem curvas, olhei pelo retrovisor e vi uns sete carros vindo na minha direção em velocidades muito altas. Não é o que você imagina... eu não estava na frente. Ao contrário, eu indo muito mais devagar que os outros motoristas, estava sendo ultrapassada. Ui!

Por sorte, nossos instrutores haviam nos preparado para este cenário: "A pior coisa que um carro sendo ultrapassado pode fazer é tentar sair da frente para abrir espaço para os outros passarem. Fique na sua faixa, simplesmente continue dirigindo como se eles não estivessem ali e deixe que passem por você. Muitos acidentes acontecem quando o motorista entra em pânico e tenta mudar de pista."

Quando você vê alguém ou alguma coisa respirando no seu pescoço, o reflexo natural é agir imediatamente e se defender. Mas, muitas vezes, o melhor é continuar o seu caminho, como você vinha fazendo. Como se diz no esporte, a melhor defesa é um bom ataque. Isso quer dizer continuar a fazer o que estava fazendo antes de perceber a competição. Afinal de contas, você já estava indo numa determinada direção por algum motivo. Lembre-se dele e tente não deixar a competição assustar você e fazer com que não acredite mais nas próprias convicções.

Minha história

Sassy. Este é o nome do primeiro concorrente que surgiu depois de os meus batons virarem um sucesso absoluto. Fiquei apavorada. Quando ouvi que mais alguém estava colocando uma pequena linha de batons à venda em lojas de moda, senti como se tivesse levado um soco no estômago. Normalmente, quando me sentia assim era por ter descoberto que um cara de quem eu gostava estava de olho em outra pessoa. Aquela sensação terrível de estar afundando quando você verga sob o peso do que acabou de ouvir. Ai. Não tem nada pior.

Não tendo me deparado com nenhuma competição nos negócios até então (apesar de muito na vida amorosa!), fiquei preocupada com a Sassy. Não fazia ideia do que poderia acontecer se um produto parecido entrasse nas minhas lojas. Também, eu ainda era uma adolescente e não sabia nada sobre abordagem tranquila, profissional. Em vez disso, usei uma abordagem mórbida.

— E se isso acabar com meu negócio? — perguntei para minha família e meus amigos próximos. — E se ninguém mais comprar batons Poppy?

Por toda ansiedade que me provocou, a Sassy poderia muito bem ter sido o fim. Se eu não estivesse indo às bancas correndo para comprar todas as revistas que chegavam, só para checar se tinha alguma coisa sobre essa linha nova, estava infernizando meus amigos, pedindo que patrulhassem vários bairros de moda. "Vamos ver qual será o efeito da Sassy antes de fazermos isso" se transformou na minha resposta para tudo.

Todos me diziam que eu estava me preocupando demais, mas tais palavras tinham tanto efeito sobre mim quanto teriam sobre Woody Allen à espera do resultado de uma biópsia. Qualquer que fosse o diagnóstico, estava convencida de que seria terminal. Sei que pode parecer estranho o fato de eu ter feito tanto barulho por causa dessa marca; eu já não tinha encarado competição suficiente? Não me lembrava de Estée Lauder, Revlon, Clinique? Sim, mas elas não me assustavam. Seus produtos, seu marketing, tudo sobre elas era tão diferente que era exatamente por causa delas, e não independentemente delas, que eu tinha decidido criar minha própria marca.

O que me assustava no caso da Sassy era o fato de se aproximar do clima "independente" do meu batom. Vivendo na Austrália antes da internet, eu não tinha ideia de que não estava sozinha e que outras marcas de cosméticos haviam "nascido", também se rebelando contra as casas tradi-

cionais de maquiagem. Marcas como MAC, Bobbi Brown e Stila. Todas nós surgimos de maneira diferente, mas por muitas razões semelhantes. Apesar de eu estar do outro lado do oceano Pacífico, e ter acabado de sair da escola, de alguma forma estava na mesma vibração. Agora que alguém no meu jardim estava na mesma onda, eu estava apavorada.

No final, a Sassy teve mais impacto sobre mim do que sobre a minha marca. Ser a primeira do mercado me dava uma vantagem de largada que a Sassy nunca conseguiria alcançar. A perda não seria de consumidores, mas de tempo e energia despendidos com a preocupação com o que estava à minha volta, em vez de com o que estava à frente.

Assim como a imitação é a forma mais sincera de elogio, a competição é a indicação mais transparente de que você está fazendo algo certo. Ninguém compete com alguém ou alguma coisa a não ser que enxergue algum futuro naquilo. Quando você enfrenta rivais, é importante lembrar que o foco na concorrência toma tanta energia quanto manter a concentração em você mesma e nos objetivos adiante. Além do quê, ninguém jamais construiu um negócio baseado no estresse gerado pela competição. Tendo gastado muito tempo e energia me preocupando, meu conselho é que você direcione seus esforços para fins construtivos. Em vez de quebrar a cabeça na busca por maneiras de derrubar seus oponentes, mantenha o foco em encontrar caminhos de crescimento para seus negócios e fique na sua.

LIÇÃO 52: **Algumas regras não são feitas para serem quebradas**

Só porque eu e meus colegas independentes do outro lado do oceano fizemos sucesso nos rebelando contra a abordagem de marketing convencional, isso não quer dizer que toda regra pode ser quebrada impunemente. Apesar de sabermos que a rebeldia pode fazer bem para a imagem desde os tempos de James Dean, existem áreas onde princípios testados e confiáveis são testados e confiáveis porque funcionam. O truque é determinar quais áreas serão improvisadas e quais serão mantidas como manda o script.

Uma abordagem única ou não convencional pode fazer maravilhas quando se está lidando com questões não facilmente mensuráveis — questões subjetivas, como marketing. Em muitos casos, a razão de não haver meios confiáveis de medição é o fato de não se ter conseguido pensar em nenhum, então, não existe alternativa a não ser experimentar e ser criativa. Por outro lado, a experiência me ensinou que nas áreas mensuráveis as regras se aplicam por alguma boa razão. Dinheiro, por exemplo. Um dólar são cem *cents* — regra e convenção bem definida, entranhada e aceita completamente. Você pode resolver que, de agora em diante, um dólar seu deve representar cento e cinquenta *cents*, mas, que chances imagina ter para convencer o resto do mundo? E quais são seus argumentos em prol do desafio? Há algo funcionando mal com a medida existente? Você consegue imaginar quanto esforço seria necessário para mudar isso, quando poderia estar concentrando esses esforços em alguma outra coisa?

Qualquer atividade terá sua arena de objetivos preenchida por fórmulas, metodologias, medidas, convenções e, sim, regras. Apesar disso não significar que você precisa sempre ser fiel a elas, é inteligente conhecê-las e compreendê-las antes de decidir dispensá-las ou não.

Minha história

Meu negócio tinha batido vários platôs na Austrália, platôs que estavam nos mantendo em alta doméstica e internacionalmente. Revendedores do mundo todo estavam interessados em representar a marca (até mesmo alguém na Sibéria!), mas, apesar de estar conseguindo fazer um batom incrível numa pequena fábrica, quando tentei fazer outros produtos no mesmo lugar a qualidade simplesmente não estava de acordo com meu público. E como nenhuma outra marca australiana de cosméticos vendia em lojas como a Barneys, por exemplo, a pressão era realmente grande para que encontrássemos meios de lançar novos produtos que pudessem competir em ambientes sofisticados.

Apesar de a Austrália oferecer grandes oportunidades, não está na vanguarda da inovação de cosméticos como, di-

gamos, os Estados Unidos. Então, trouxe uma firma de pesquisa top de Nova York para encontrar químicos renomados da área de cosméticos e abordá-los, em nome da minha dinâmica marca independente ("um deleite para um restaurador", como se diz no mundo imobiliário). Depois de estreitar a lista dos que responderam ao chamado, um rapaz nos pareceu o melhor encaixe. Coloração de produtos era seu forte e ele tinha estado bastante envolvido no desenvolvimento de um batom extremamente inovador e bem-sucedido. Precisávamos de alguém como ele.

Foi necessário um bocado de tempo, esforço e logística para encontrar alguém assim, interessado em se mudar para a Austrália. Também foi preciso uma boa quantidade de dinheiro para "importá-lo" — dinheiro que ainda não tínhamos. Apesar dos lucros, precisávamos de mais dinheiro para crescer, expandir produtos e mercado. Mas o custo associado a essas áreas é feito em adiantamento, significando que é preciso gastar dinheiro antes de ganhar. É um sofrimento previsível, com resposta previsível. Tantos negócios confrontaram e lidaram com o mesmo problema, que agora existem fórmulas e métodos comprovados para ajudar o crescimento de um negócio.

Como qualquer livro de economia, negócios ou física pura pode ensinar, para saltar de uma plataforma para outra com segurança é preciso solidificar a plataforma existente, antes de desenvolver qualquer manobra fora de chão firme. Não importa quão atlética você seja, sem algo sólido de onde saltar e onde pousar está fadada a se machucar — exatamente o que aconteceu quando ignorei o pensamento convencional e, em vez de investir tempo, esforço e recursos para assegurar fundos primeiro e um novo químico para elaborar meus produtos depois, fiz exatamente o contrário.

Busquei o talento primeiro e depois voltei minha atenção para os fundos, ou talvez eu devesse dizer para encontrar as placas sólidas de madeira até a próxima plataforma. Eu pensei

que seria mais fácil conseguirmos investimento se pudéssemos mostrar que estávamos dois passos à frente, contratando um químico de ponta que estava pronto, esperando para desenvolver novos produtos. Pronto e esperando. Aí estava a falha na minha lógica. Até que eu tivesse mais dinheiro para instalá-lo num laboratório, não havia nada que ele pudesse fazer a não ser flanar por aí, mascando os dólares do seu salário.

Minhas acrobacias aéreas tiveram impacto real sobre as finanças da minha empresa e iniciaram uma sangria desesperada, que precisaria de dinheiro para ser contida. E desespero é tudo que não se deseja quando se busca investidores. A história teria sido diferente se eu tivesse procurado investimento primeiro e um químico depois. A carroça não puxa os bois.

Como eu disse, algumas regras não são feitas para serem quebradas. Nem tudo requer uma abordagem não convencional, nem ser convencional em certas áreas significa que você não pode ser inovador em outras. Não é um jogo de zero a zero. Uma coisa não impede a outra. O que é realmente necessário é um pouco das duas coisas — inovação e atenção às regras. A febre da internet do final dos anos 1990 foi uma confirmação disso para mim. Eu ficava impressionada com o fato de todas aquelas pessoas (crianças, muitas vezes) estarem gastando um dinheiro tão fácil sem ter nada de sólido para mostrar. Quando eu mesma entrei no rolo compressor, na busca por investimento, mesmo tendo uma história, comecei a questionar minha compreensão, adquirida a duras penas, das regras relativas a negócios estáveis. Mas, como se confirmou mais tarde, a nova economia não era tão diferente da velha. Mesmo num mundo virtual cheio de desbravadores, visionários, quebradores de regras e pioneiros, convenções e regras mil vezes testadas ainda estavam valendo.

LIÇÃO 53: **Trocando em miúdos**

Qualquer ação pode ter dois significados: um imediato e outro posterior. Quando se trata de avançar com seus objetivos, é necessário manter um olho no aqui e agora e outro no futuro, certificando-se de avaliar as consequências de suas ações de curto e de longo prazos.

Esse conselho é difícil de seguir quando você precisa sacrificar conforto de curto prazo em nome de resultados mais à frente. Apesar de muitos de nós acharmos extremamente difícil, essa é uma habilidade absolutamente válida e que deve ser cultivada. Como diz o ditado, melhor a dor da disciplina hoje do que o arrependimento de amanhã.

Por sorte, você não precisa sacrificar sua satisfação imediata o tempo todo, já que a ênfase excessiva no longo prazo, sem atenção ao aqui e agora, pode ser tão perigosa quanto o contrário. A capacidade de alternar entre o que é bom para o momento e o que é bom para o futuro faz a diferença entre sucesso transitório e sucesso sustentável. Muitas soluções de curto prazo juntas tendem a enfraquecer seu negócio e apresentar risco real para o futuro.

Minha história

Esta história é mais de Estée Lauder, a lendária empreendedora da área de cosméticos e inventora da famosa promoção "ganhe um presente na compra", do que minha. Hoje largamente praticada por várias empresas, a prática de dar alguma coisa para o comprador era nova para consumidores na época em que mrs. Lauder começou a tentá-los a gastar dinheiro para receber um presente como recompensa. E, apesar de a intenção original ser a recompensa, sabia-se que era um jogo de ganhar ou ganhar: consumidor recebe algo de graça, um brinde, e se sente especial. O consumidor começa a associar a sensação agradável à Estée Lauder. Ele começa a experimentar amostras de produtos gratuitos. Se gostar, compra um da próxima vez. O consumidor ganha novo presente e inicia mais uma vez o ciclo.

A Estée Lauder descobriu a psicologia do brinde. Ela compreendeu que não é tanto a coisa em si que importa, mas o sentimento que acompanha o fato de se receber algo de graça. Mesmo os ricos e famosos ficam impressionados

com presentinhos. Na verdade, não muito tempo atrás eu estava no balcão de maquiagem da Chanel, na Bergdorf Goodman, uma das lojas mais caras do mundo, quando vi uma cliente enfiar a mão nervosamente dentro de sua sacola de compras, como se fosse um esquilo.

— Não vou ganhar nada de presente com isto? — ela perguntou. — Pensei que ia ganhar algumas amostras.

Até aquele momento, eu vinha examinando atentamente a diferença de tonalidade entre dois batons, mas, agora, estava muito mais interessada na mulher ao meu lado. Olhei-a de cima a baixo — todo o seu figurino de oitenta mil dólares. Essa foi uma estimativa rápida que fiz do preço das roupas que ela estava vestindo, sem falar no que estava dentro da bolsa Birkin de nove mil dólares. Não estou exagerando, talvez esteja até subestimando o valor, já que não sou tão boa avaliadora de joias e cirurgias plásticas quanto sou de roupas e acessórios. E ali estava ela, arrasada porque não ganhara uma amostra grátis! Seria preciso mais que terapia para compulsão de consumo, no caso dela.

De uma maneira ou de outra o conceito GPC ("ganhe um presente na compra") em si era completamente insano. E, como normalmente é o caso, sob comportamento insano mora um padrão de abuso. Tal conceito se transformou em abuso e virou solução de curto prazo. Não por parte do consumidor (apesar de, como a história acima demonstra, o consumidor também cometer abusos), mas das marcas. O pico imediato que produzia nas vendas era muito tentador, difícil de resistir, e o GPC rapidamente se transformou em uma solução band-aid contra a lentidão nas vendas.

Quanto mais uma marca o utilizava, mais a outra teria que copiar o modelo para poder competir, tanto pela atenção dos consumidores quanto das lojas revendedoras. Todo ano uma marca precisa fazer pelo menos a mesma quantidade de dinheiro do ano anterior e, de preferência, apresentar crescimento. Logo, se você teve um GPC muito bem-sucedido num

ano, tem que igualá-lo no próximo; de outra maneira, seus números parecerão ruins para a loja. E para fazer sucesso, uma vez que todos estão fazendo a mesma coisa, os presentes precisam ficar mais e mais tentadores. De repente, uma amostra de perfume e uma de creme não parecem mais tão atraentes.

A situação chegou a tal ponto que eu, agora, ando querendo pagar para não receber nenhuma porcaria de graça. Essa é uma das razões por que marcas modernas como a MAC não oferecem GPC. Enquanto a intenção original era oferecer prestígio tanto ao consumidor quanto à marca, o GPC hoje não oferece nem um nem outro. Mas é tarde demais. A indústria de cosméticos e os revendedores são, agora, reféns da própria armadilha. Marcas sentem-se obrigadas a oferecer brindes — e, em vez de se sentirem especiais, quando ganham algo, os consumidores tendem a se sentir diminuídos quando não recebem nada.

Não se pode atingir metas de longo prazo com soluções de curto prazo. Por isso é tão importante prestar atenção não só no que está bem na sua frente, mas também no que está reservado mais adiante. Com certeza, somente quando se olha para trás é que se pode ter uma visão realmente acurada dos acontecimentos e, sem dúvida, nunca se sabe o que está por vir, mas se mantiver suas soluções de curto prazo alinhadas às de longo prazo, seu sucesso se provará mais duradouro e mais sustentável.

Conclusão

Lembro-me de um momento em particular em 1996 como se fosse hoje. Eu estava dirigindo numa estrada de Los Angeles para ir ao encontro dos compradores de uma enorme cadeia de lojas de departamentos americanas. No banco do carona eu tinha mapas, anotações de direção feitas pelo rapaz da recepção do meu hotel, garrafas d'água vazias, minha bolsa de mão e uma caixa com amostras de batom. Os compradores conheciam minha marca da Barneys e, agora, também a queriam. Haviam me contatado na Austrália para que marcássemos um encontro. Esse era um peixe grande e o tipo de conta que pode fazer a diferença entre ter um negócio pequeno e um grande. Todos no escritório exultaram com a possibilidade — menos eu. Sabia que não estávamos prontos para algo desse tamanho, apesar de desejar que estivéssemos.

Eu estava no ramo há quatro anos e tinha experiência suficiente para saber que era muito fácil fazer uma tremenda confusão, assumindo algo tão grande por impaciência. Teria sido incrível voltar para casa dessa viagem com grandes pedidos de, digamos, quarenta das cem lojas daquela rede. Os zeros no cheque seriam estimulantes. Mas e depois? Como seríamos capazes de ter sucesso real em suas lojas, uma vez que os batons estivessem sendo exibidos nos balcões? Precisaríamos de vendedores, infraestrutura, monitoramento, treinamento... todos esses, aspectos não organizados e que ainda não podíamos bancar nos Estados Unidos. Então, lá estava eu, dirigindo para o escritório central de um revendedor poderoso, preparada para decepcioná-lo. Para dizer não e admitir que não estava pronta.

Pensava em como teria adorado estar em outra posição quando, de repente, no meio daquela estrada em Los Angeles, dei-me conta de que, na verdade, a posição em que me encontrava já era ótima. Estava a quilômetros de distância de casa, cuidando de algo meu e vivendo meu sonho, exatamente por causa de tudo que já tinha feito até então. As coisas boas, ruins, as indiferentes... todas elas haviam me permitido este momento de clareza, o qual, na verdade, com certeza contribuiria para oportunidades que ainda estavam por vir.

Passado, presente, futuro. Quando consideramos as coisas cuidadosamente podemos ver e apreciar o efeito dos três. Não é diferente quando atualizamos ideias. Para estar atenta e concentrada todo o tempo, você precisa manter o olho no que acontece à sua volta, no que você e outros aprenderam no passado e no que o futuro pode estar guardando. Ninguém está dizendo que isso é fácil, muito menos eu, mas você pode fazê-lo se:

- **Ler os sinais.** Resistência é o mais claro e óbvio sinal de problemas adiante. Se você perceber muitos obstáculos surgindo no caminho de suas metas, não vá em frente, simplesmente, mas aproveite para questionar se não seria o momento de reconsiderar as possibilidades.

- **Agir com decisão.** Nos momentos de sucesso, empreendedores são frequentemente tentados a fazer muitas coisas ao mesmo tempo. Quando isso acontece, lembre-se de que você não pode dar seguimento a tudo e continuar focada. Depois, comece a praticar o uso de uma palavra muito importante: *não*.
- **Manter sua linha de ação.** Quando o mundo sentir o cheiro do seu sucesso, é certo que haverá competição. Mas não deixe que rivais a impeçam de perseguir suas metas. Lembre-se de que a melhor defesa é o bom ataque. Mantenha o foco no crescimento do seu negócio.
- **Jogar com as regras testadas e comprovadas.** Criatividade e inovação têm seus limites. Em certas áreas você pode muito bem considerar a possibilidade de seguir a sabedoria convencional. Muitas das regras estabelecidas se firmaram a partir de tentativas e erros de outras pessoas no passado, e nós podemos nos beneficiar de suas experiências, sem dispensar tais regras tão rapidamente.
- **Olhar para os dois lados antes de agir.** Alargue o tempo de vida de seu sucesso, estando consciente das consequências de suas decisões de curto e de longo prazos. Às vezes, será preciso sacrificar a gratificação imediata em troca do bem futuro de seu negócio.

Chegar a algum lugar é somente o começo do caminho até que se chegue a outro. A vida está em constante movimento. O mesmo acontece com seus sonhos, objetivos, suas ambições e seus desafios. O que pode levar você à primeira posição pode ser diferente do que é necessário para a estrada à frente. Para manter o sucesso conquistado e se preparar para o que está por vir, é preciso ter os olhos abertos e estar pronta para mudar. Se tiver conhecimento de experiências anteriores às suas, esteja atenta ao que está à sua volta e nunca pare de planejar o possível futuro. Você vai descobrir a marcha e a direção certas, onde quer que se encontre. Sucesso verdadeiro não tem linha de chegada.

11

ERRAR É HUMANO

TODO MUNDO FAZ COCÔ.

Esse é o título de um livro para crianças muito popular sobre, adivinhou, cocô. Quando ouvi falar dele pela primeira vez, não conseguia entender por que as crianças ficariam tão atraídas pelo assunto. Não pensei mais sobre isso até escrever este capítulo sobre enganos, erros, e o título simplesmente me vir à cabeça. Erros são tratados como cocô. Sabemos que acontecem. Sabemos que não são agradáveis. Mas, exatamente como cocô, erros são parte regular da vida. Enquanto crianças são fascinadas por cocô e todos os barulhos, cheiros, fluidos e tramas do corpo que andam de mãos dadas com o fato de sermos humanos, adultos não. Em algum momento da vida, a mudança acontece. Em vez de celebrarmos nossa humanidade, começamos a enxergá-la como algo a ser contido e, até mesmo, negado.

No trabalho, nas relações, no estilo de vida e em muitas outras áreas, frequentemente criamos padrões para nós que, às vezes, beiram o super-heroico. Toda vez que nos recusamos a aceitar nossos erros, estamos rejeitando um direito básico — o direito de não sermos perfeitos, de nem mesmo contarmos com essa possibilidade. Acredite ou não, você pode esperar o melhor de si — e as pessoas mais bem-sucedidas o fazem — e, ainda assim, permitir-se o erro.

Erros acontecerão, quer você queira, quer não; logo, prepare-se para eles, conscientizando-se de que nem mesmo o pior erro é de todo mal. Ao contrário, erros podem:

- Aumentar a autoestima, através de novos conhecimentos e entendimentos que vêm deles
- Reforçar seu desejo de experimentar coisas novas, enquanto seu medo delas diminui
- Aumentar sua serenidade, mostrando que a vida continua, mesmo depois deles

Mas, para conquistar todos esses benefícios dos erros, você precisará desenvolver algumas estratégias de enfrentamento. Nenhum de nós nasce com a capacidade de lidar com erros graciosamente. Por sorte, habilidades como essa são como músculos: quanto mais você usa, mais forte ficam.

Você pode começar a desenvolver tais habilidades fazendo o que eu faço — dando-se conta de que muito poucos erros são tão ruins quanto parecem. Separando o desconforto de errar do erro em si, você aprende a aceitar que errar não faz de você uma pessoa má ou idiota... mas um ser humano.

Minha história

Estar escrevendo sobre erros no capítulo 11 é muito pertinente, já que o ponto mais baixo da minha carreira aconteceu quando minha empresa foi listada no "Chapter 11" — o que nos Estados Unidos corresponde à concordata. O capítulo 11 do Código de Falência dos Estados Unidos oferece proteção legal contra credores às empresas em dificuldade, enquanto esta reorganiza os débitos, vende ações e bens e distribui hierarquicamente o dinheiro apurado entre as entidades a quem deve dinheiro. Em outras palavras, ca-

pítulo 11 é quando a @#$%^&* atinge o ventilador e você não tem alternativa, porque o negócio não está saudável o suficiente para conseguir investimentos, empréstimos bancários ou financiamento construtivo.

Os problemas da minha empresa eram inteiramente atribuíveis ao padrão de equívocos rastreáveis até bem antes da consequência de fato. Apesar de seu "capítulo 11" ter significado um colapso real, a empresa já vinha mal das pernas devido a uma série de decisões ruins e a uma sociedade pior ainda.

Um dos dois maiores erros, que me fizeram entrar nessa parceria não favorável, foi investir num talento antes de investir no próprio negócio (lembra daquele químico caríssimo?). O outro foi gerenciar mal as minhas próprias habilidades, quando fui eu mesma buscar investimentos, em vez de contratar alguém com expertise para tal. Esses dois erros me levaram ao maior erro de todos — entrar numa situação societária cujo encaixe estava errado. Nenhum de nós teve a intenção de fazer com que fosse tão ruim ou insustentável, como acabou se tornando, mas ninguém conseguiu desfazer a cadeia de eventos que foi gerada a partir de erros anteriores.

Felizmente, onde quer que estejam os erros cometidos, você também tem oportunidades de recuperação. Mesmo que um negócio não possa se refazer dos erros das pessoas que o lideram, as pessoas podem. Eu consegui. E até mesmo meu negócio, em alguma instância, conseguiu se recuperar. Depois de entrarmos em concordata, a empresa foi vendida (como se fosse a sobra de um incêndio) e a marca Poppy ainda resistiu por mais quatro anos. No entanto, sobreviveu como uma sombra do que havia sido.

Agora que alguns anos se passaram, posso dizer honestamente que o contrário se deu comigo. Por mais que tenha me machucado e sofrido com tudo o que aconteceu, estou muito mais forte depois do que aprendi com esses erros.

Como seres humanos, temos capacidade para muitas emoções, cada uma delas com seus ciclos e fases correspondentes. Como os erros causam dor (frequentemente muito mais do que o necessário), vamos explorar as cinco fases psicológicas do sofrimento — negação, raiva, negociação, depressão e aceitação — e como se relacionam com o fato de cometermos erros. Isso nos ajudará não somente a visitar nossos erros, como superá-los e nos tornarmos mais fortes depois.

LIÇÃO 54: **Pare de fechar os olhos à realidade**

A reação imediata às más notícias é a negação. "Ai, não, isso não pode estar acontecendo. O que eu posso fazer para que não seja verdade? Como posso sair dessa situação, evitar, me livrar dela?" Quando nos damos conta de que podemos ter cometido um erro, nossa primeira resposta pode ser a vontade de enterrá-lo. Encobri-lo. Afinal de contas, se você cometeu um erro numa floresta e não tem ninguém para ver, será que realmente aconteceu?

A resposta, claro, é: sim, aconteceu! Enterrar erros tende a piorar a situação. Seja seu equívoco algo honesto ou não, grande ou pequeno, encobri-lo normalmente servirá somente para agravar uma situação já desagradável.

De todas as reações destrutivas que você pode ter em relação a um erro, a negação é uma das piores. Ela tira sua habilidade de superação e limita você a táticas evasivas. O antídoto para a negação é a honestidade. Se você quer lidar com seus erros de maneira eficaz, terá que ser verdadeira quanto ao que saiu errado e a como se sente em relação aos resultados. Com certeza, isso pode ser desconfortável, mas quanto maior desconforto você sente em relação ao erro, maior será a necessidade de explorar os motivos e compreender o que está por trás dele, para poder seguir em frente.

Minha história

Um dia desses, eu estava na fila do caixa de uma loja. Em vez do usual "o próximo", o encarregado disse " já posso cuidar de você". Que pensamento amável. É tão bom ter quem tome conta, que cuide da gente. É tão bom sentir que

> se pode confiar em alguém e no fato de que essa pessoa sabe o que está fazendo, sabe tomar conta das coisas, da situação. Elvis gostava tanto desse conceito que estampou TCB (Taking Care of Business, que era como Elvis se referia à sua banda) aonde quer que fosse.
>
> Muitas vezes, quando lidava com alguém que se desdobrava em vários papéis, normalmente assumia que estava "TCB", o que é uma ótima premissa até que se prove o contrário. Mas, uma vez que fique claro que a pessoa não está fazendo um bom trabalho, e a troca não é possível, a negação do fato pode ser uma atitude bastante sedutora. É um "bode", para dizer o mínimo, descobrir que alguém não está, na verdade, tomando conta das coisas e pode até estar destruindo negócios (EDN). Uma vez fui tão longe na negação em relação a uma pessoa em quem queria acreditar, que a situação precisou ficar muito ruim até que eu tomasse coragem de confrontar minha negação e controlar os danos. Pessoas foram afetadas negativamente como resultado dessa negação, inclusive eu. Minha atitude pode ter sido uma forma de proteção no princípio, mas as consequências foram tudo menos isso. Até hoje sou assombrada pelo que aconteceu. Até mesmo sonho com a situação o tempo todo, o que demonstra que o subconsciente é sábio e uma força que se deve considerar. Neguei o fato e descobri que, por isso, estava me colocando em perigo. Tremo só de pensar no que poderia ter acontecido, tivesse eu e a outra pessoa em questão nos mantido por mais tempo em situação tão perigosa.

No que se refere aos erros, você terá melhores resultados se fizer tudo o que estiver ao seu alcance para consertá-los hoje, em vez de adiar o desconforto para amanhã. Aquela nuvem negra que sobrevoa sua cabeça quando você sabe que tem que lidar com um erro é, normalmente, mais assustadora do que o fato de confrontar seu erro de uma vez. E é exatamente isso que a negação parece: nuvem que a tudo encobre, a negação impede não somente o sofrimento causado pelo problema, mas, também, o prazer da solução.

LIÇÃO 55: **Use a raiva com cuidado**

"Estou com ódio e não vou mais suportar isso!"

Essas são as palavras que ficaram famosas na boca do personagem Howard Beale, um âncora de jornal do filme *Rede de Intrigas*, de 1976. A história gira em torno desse âncora que é demitido devido à baixa audiência, depois de anos comandando o jornal. Mas, em vez de sair em paz, ele decide expor a hipocrisia e o cinismo da mídia moderna, queixando-se da exploração do telespectador, ao vivo na tevê. Ao fazer isso, torna-se um ícone e um guru um tanto destrambelhado — servindo de ótimo exemplo de como a raiva pode ser rentável e valer a pena.

A raiva pode mobilizar e inspirar. Pode destacar injustiças e ajudar a consertar erros. É uma emoção importante da gama de possibilidades de respostas humanas. No entanto, quando usada à exclusão de outras respostas, os lucros são normalmente superados pelo custo. Energia, crescimento e aprendizado são perturbados pelo excesso de raiva. Quando usada sem moderação, a raiva trai você, fazendo com que não compreenda o próprio comportamento, bem como o dos outros. Exatamente como sua prima próxima, a negação, a raiva pode prendê-la à mais estática das posições e impedi-la de se desenvolver.

Minha história

A segunda coleção da minha linha de sete batons saiu um ano depois da primeira. Tendo nomeado a primeira leva com palavras positivas, migrei para o lado escuro ao criar uma nova tabela de cores e usei os sete pecados capitais dessa vez. Quando chegou a hora da "raiva", escolhi um vermelho vibrante, forte.

Depois de pesquisar diferentes aspectos técnicos e históricos do vermelho, descobri que existe uma razão para

dizermos que enxergamos vermelho quando estamos com raiva. "O efeito físico do vermelho é tão grande que a exposição em quantidade à cor acelera o batimento cardíaco, inicia uma descarga de adrenalina no sangue e produz uma sensação de calor." Tudo isso só de olhar para a cor!

Apesar de pessoas com raiva às vezes sentirem-se quentes, elas não "produzem uma sensação de calor", exatamente. Gente com raiva assusta; é muito difícil sentir-se caloroso ou leve em relação a alguém que está gritando. Eu trabalhei com duas pessoas muito raivosas. Uma delas explodia como uma bomba, enquanto a outra ficava gelada de ódio. As duas eram igualmente assustadoras. E eram sempre mais assustadoras quando precisavam lidar com um erro que tivessem cometido. Sua resposta imediata era ficar com raiva do mensageiro — normalmente, eu.

Na minha urgência em acalmá-las, começava a cometer meus próprios erros, dizendo ou fazendo qualquer coisa que me passasse pela cabeça. Em vez de me segurar ao que acreditava, cedia e depois entrava no meu próprio ciclo de raiva, mais do tipo "fique com raiva de si mesma". Apesar de isso me fazer um pouco mais popular que meus colegas de lema "fique com raiva dos outros", não me poupava danos. Primeiro, ficava com raiva de mim mesma por ter me rendido, depois por não ter coragem de fazer nada a respeito. Essa raiva cederia para se transformar, na sequência, em ressentimento em relação às outras duas pessoas. No final, como não lidávamos responsavelmente com nossa raiva, nós três sofríamos com ela.

Meu relacionamento com essas duas pessoas e seu efeito sobre mim e sobre os negócios poderiam ter sido muito mais produtivos, mas a verdade é que a raiva, de fato, nos cega. Aparentemente, acontece o mesmo com a cor vermelha. Pesquisando, também descobri que é uma cor "mandona, que rouba a atenção e domina as cores em volta". Que pena sacrificar todos os outros sentimentos em nome de uma única e controladora emoção.

ADMINISTRE SUA RAIVA

Enquanto algumas pessoas pensam na raiva como um pecado, isso não é verdade — a não ser que você seja extremamente indulgente com ela. Para ter certeza de que sua raiva está trabalhando a seu favor, não contra você, não perca tempo socando paredes e travesseiros. Em vez disso, tente as seguintes técnicas para controlar suas emoções:

- Pergunte-se: "Eu fiz isso de propósito? O outro fez de propósito? Ou tudo não passou de mera falta de cuidado?" Às vezes, o simples fato de saber que o incidente que levou à raiva não foi intencional ou proposital para machucá-la, faz com que a raiva vá embora.
- Pense no que vai ganhar se estiver com raiva. Imagine como a situação se desenvolverá se você continuar com raiva e no que acontecerá se a cabeça fria prevalecer.
- Pergunte-se se, e por que, está se apegando à raiva. Depois, imagine-se deixando-a de lado.
- Vá à ginástica. Vá correr. Faça uma aula de kickboxing. Tire-se da situação que induz à raiva e despenda energia.
- Pratique ioga, meditação e técnicas calmantes. Eu adoro Bikram ioga. Acho que me ajuda a manter o equilíbrio durante momentos estressantes do dia. A meditação é conhecida por fazer o mesmo.
- Imagine-se daqui a alguns anos. Pense nos erros que você e outros cometeram. Desapareceram, finalmente. O equívoco atual também vai sumir, e mais rapidamente, se você não deixar que a raiva se coloque no caminho, impedindo-a de lidar com o problema de forma construtiva.
- Pense na criança que você foi ou em qualquer uma que conheça. Você diria as palavras de raiva que estão na sua cabeça para essa criança? Não. Em vez disso, tentaria acalmar a situação e não piorar as coisas.

Quando é deixada à vontade, a raiva pode contaminar outras emoções, como empatia, praticidade, racionalidade e humildade — todas amigas muito importantes nos momentos de superação de um erro e da melhora na relação com ele. A chave, no caso da raiva, não é cortá-la completamente, nem deixá-la dominar suas emoções. Dê espaço para que ela gere motivação para terminar um trabalho, depois permita que outras emoções, mais construtivas, assumam o controle.

LIÇÃO 56: **Barganhar não é a solução**

Quando eu morava na Austrália era costume ir a Bali nos feriados, porque o voo era muito rápido. Mas, não importa quantas vezes eu tenha ido, nunca fiquei confortável com a constante solicitação dos comerciantes locais para barganhar tudo, desde cangas a falsos Rolex, ou cortes de cabelo à la Bo Derek em 1979. Eu sempre começava com a melhor das intenções, com um educado "Não, muito obrigada". Mas, depois de algumas horas, eu parecia a Britney Spears fugindo dos paparazzi. O único momento em que eu procurava os comerciantes era quando queria transporte. Às vezes, regateava com os motoristas, ficava apegada à diferença entre, digamos, 15 mil e 16 mil rupias, simplesmente para me dar conta de que as mil rupias em questão eram aproximadamente dez centavos.

Sei que parece ridículo, mas é esse o princípio da barganha. Nem sempre é racional, principalmente da maneira como aparece no terceiro lugar da lista dos cinco estágios do sofrimento: na verdade, ela se manifesta sob a forma de promessas desesperadas de ser mais caridosa, mais carinhosa com a sua mãe, ou de se alimentar saudavelmente pelo resto da vida, se alguma coisa der certo para você. Para mim, barganha se parece mais com um debate. O tópico da discussão é sempre o mesmo: quão ruim é o erro que cometi?

Meu cérebro pode se dividir em dois times adversários e levar adiante o seguinte debate:

Ah, não foi tão mal assim. Ninguém vai notar.
Fique quieta e ele vai desaparecer.

Versus

Erro significante. Pode causar problemas mais à frente.
Melhor cuidar dele imediatamente.

Apesar de os dois lados carregarem argumentos persuasivos, devo admitir que não tenho certeza de que se pode fazer os erros desaparecerem completamente. Erros não ficam dormentes para sempre, voltam para impactar sua vida mais tarde. A boa notícia é que, quanto mais consciente quanto à probabilidade de o erro voltar a assombrá-la, mais motivada você estará para lidar com ele, assim que aparecer.

Minha história

A parte que eu mais gosto quando dou palestras é, sem dúvida, o momento das perguntas e respostas no final. Se fosse possível eu falaria, no máximo, cinco minutos e o resto do tempo seria dedicado a perguntas e respostas. A espontaneidade é o que faz essa ser a parte mais satisfatória da palestra. Às vezes fico tão surpresa com as minhas respostas!

Não faz muito tempo dei uma palestra na American National Association of Women Business Owners (associação nacional americana de empresárias). Já havia terminado minhas anotações e estava aguardando as perguntas, quando alguém se pronunciou:

— Você poderia dizer o título de algum livro que tenha realmente lhe ensinado algo sobre negócios?

Acho que ninguém tinha me perguntado isso antes. Normalmente me pediam para que dissesse quem eu citaria como exemplo, não títulos de livros. Pensei por alguns segundos e dei uma resposta estranha, mas totalmente vinda do coração.

> — *Anna Karenina.*
>
> A plateia riu, pensando que era brincadeira. Tolstoi não é normalmente associado a um gênero recheado de títulos como *Os Sete Hábitos das Pessoas Altamente Eficazes.*
>
> — Escutem — eu disse, enquanto eu mesma ria. — *Anna Karenina*, e muitos outros clássicos, me ensinaram muito sobre negócios.
>
> E expliquei que o cerne dessas histórias é sempre algo relativo à moral e às escolhas. Minha experiência nos negócios somente veio confirmar o que tais livros dizem, que o impacto dos erros é cumulativo e que, realmente, nada se dissolve no ar. Todas as nossas ações são como pontos numa tapeçaria que, no final das contas, formam um desenho completo.
>
> Muitos personagens de Shakespeare, Tolstoi e Dickens poderiam ter evitado seus finais problemáticos se tivessem admitido que haveria consequências para seus atos, seus erros. Por sorte, não é tarde demais para nós. Nossas ações de hoje podem ajudar a criar um futuro melhor.

Desista de tentar barganhar o impacto de seu erro e de discutir consigo mesma se deve ou não retificar a situação. Em lugar disso, pense sobre a grande barganha de se ocupar de algo no presente e fazer com que os benefícios permaneçam no futuro. Assim como os erros são cumulativos, o mesmo se dá com os benefícios que vêm como resultado da atitude de lidar com eles. A força e o entendimento que você ganha se conscientizando e retificando um erro se acumulam e, antes que você perceba, conquistou não somente a sabedoria para evitar erros desnecessários, como também mais competência para lidar com eles.

LIÇÃO 57: **Como sair da depressão**

Ficar em paz com meu cabelo é uma das coisas boas de envelhecer. Causa de grande angústia na minha adolescência e guerra de forças na minha juventude, meu cabelo é um frustrante amontoado de cachos nos lugares errados e fios frisados no resto. Para piorar as coisas, meus penteados ao longo dos anos se uniram para formar uma espécie de corredor da vergonha. Primeiro, uma tentativa desastrosa de um corte joãozinho, com laterais e nuca raspadas e... espere e verá... um rabo. Depois, aquele spray clareador que me deixou com mechas luminosas, cor de laranja. Também ocorreu um incidente desagradável com um shampoo de tinta vermelha que se recusava a sair. E eu nunca vou me esquecer da brilhante ideia de tentar alisar o cabelo, nem da desastrosa consequência: ser obrigada a assistir à maioria dos fios se quebrando. Finalmente, chegou a década dos alisamentos profissionais, da chapinha e seus efeitos colaterais — e o medo patológico da chuva.

Quando cheguei aos trinta encarei os verões de Nova York com a resolução de que estava em tempo de me render aos meus cachos. Hoje em dia, eu realmente gosto deles. Bom, pelo menos a maior parte do tempo.

Existe uma diferença entre se render e desistir. Render-se pode ser o primeiro passo para uma solução. Desistir, por outro lado, não é uma solução, mas uma reação, uma reação à depressão. No que diz respeito aos erros, é fácil sentir-se deprimida e soterrada pelo problema. Mas enquanto problemas são deprimentes, soluções são suficientemente atraentes para tirá-la da tristeza.

A Pantene se deu conta da diferença psicológica fundamental entre foco no problema *versus* foco na solução. Nos últimos anos esse gigante de produtos para cabelos fez uma mudança clara na maneira de se comunicar com seu consumidor e pôde assistir às suas vendas crescendo de enormes a gigantescas ao longo do processo. Em vez de categorizar seus produtos de acordo com o tipo de cabelo que você *tem*, começou a categorizá-los em torno do tipo de cabelo que você *quer*. Agora, quando você lê as embalagens dos produtos, não precisa mais pensar em termos deprimentes como "seco", "quebradiço", "oleoso", ou mesmo a tediosa e velha noção de "normal". Em vez disso, você se depara com opções definitivamente mais atraentes, tais como "liso e sedoso", "natural e relaxado", "volume e corpo". Ao vender a solução no lugar do problema, a Pantene rapidamente se tornou o shampoo que mais vende no planeta.

Você pode usar a mesma lógica para atacar seus erros. Se mantiver o foco na busca de soluções em vez de se preocupar com os problemas, você pode transformar algo que poderia ser negativo em algo positivo.

Minha história

Como se consegue fazer com que um país inteiro vote num referendo que a maioria da população deseja? Se soou um pouco como um "o que é o que é?", era essa a intenção. Estou me referindo ao debate que mencionei num capítulo anterior, sobre a Austrália dever ou não se tornar uma república, que foi votado em plebiscito em 1999. Vou poupar você da longa e cansativa explanação sobre a Constituição australiana, simplesmente lembrarei que, pela maneira como ela está formulada, a Austrália ainda vive tecnicamente sob regras britânicas, apesar de ter se tornado uma nação independente há décadas.

Antes do referendo de 1999, pesquisas mostraram que a maioria australiana achava que o país deveria se tornar uma república e ter seu próprio chefe de Estado (no lugar da rainha da Inglaterra). O que aconteceu entre o período da pesquisa e o momento do plebiscito? Estabeleceu-se a Convenção Constitucional. Uma convenção da qual eu participei como delegada, durante o verão senegalesco de 1998.

Por duas semanas, aproximadamente 150 pessoas interromperam a vida normal para comparecerem ao Parlamento e debaterem a possibilidade de a Austrália fazer a modificação. Metade dos delegados foi determinada pelo governo australiano e metade eleita pelo povo. Eu estava lá como parte deste último grupo. Alguns de nós éramos a favor da mudança, outros contra. Mas essa não era a única diferença entre nós. Havia uma enorme variação de profissões e backgrounds. Participavam pastores de igreja, políticos aposentados, apresentadores de TV, magnatas do transporte, advogados, escritores e, sim, até mesmo uma rainha do batom. Basicamente qualquer um que tivesse sido franco e

impetuoso para se pronunciar publicamente sobre o assunto, antes do evento em questão.

Apesar de terem sido duas semanas certamente fascinantes do ponto de vista antropológico, não foram tão eficientes para aqueles que desejavam uma mudança. Por quê? Simples. Nós éramos incapazes de efetivamente articular uma solução. Os dois lados pareciam dialogar sobre os problemas. Problemas relativos às pessoas, pontos de vista, a como proceder à mudança, que alterações fazer e quando. Questões de etiqueta, protocolo, decoro e credibilidade. Pense em algo e lá estava um problema. Não é de admirar que essa convenção não tenha inspirado grande confiança aos olhos do povo. Já que ninguém conseguia articular alternativas claras e eficientes, acabamos com o *status quo*.

Se tivéssemos discutido soluções e não problemas, se esse tivesse sido o tom geral dessas duas semanas, tudo poderia ter terminado de maneira bastante diferente. Como eu estava morando fora do país, achava muito difícil explicar como a Austrália pode ter votado contra sua própria independência, o que, de longe, pode parecer uma coisa estranha. A melhor maneira de explicar para aqueles não familiarizados com a política, a mídia e a psique australiana é dizer que somente a confiança é capaz de levar algo adiante e, certos ou errados, nós não fomos capazes de ganhar a confiança do povo.

Não se pode encontrar confiança em problemas, mas em soluções. Todos somos atraídos por soluções. Pessoas as procuram em conselhos, acadêmicos em livros, empresas pagam consultores... soluções são mercadorias valiosas. Então, comece a se concentrar nelas e veja quão rápido você deixa de se sentir mal com seus erros e passa a se sentir bem quando tenta resolvê-los.

LIÇÃO 58: **Aceitação é a chave**

É isso. A última das cinco conhecidas fases do sofrimento. Depois da aceitação, chegam as coisas boas... crescimento, entendimento, sabedoria e, até mesmo, diversão. A capacidade de aceitar os próprios erros significa que você está bem e, verdadeiramente, a caminho do sucesso. E quanto mais você for capaz de aceitar a si mesma e também o fato de que todos erramos, mais sucesso pode esperar.

A verdade pura e simples é que não existe sucesso sem fracasso. Os dois andam lado a lado para qualquer pessoa, de Bill Gates ao dono da delicatéssen da sua rua. Pense em alguém que tenha tido seus erros estampados nas primeiras páginas dos jornais: debaixo do medo do que os outros podem pensar a nosso respeito, existe uma pergunta muito mais terrível: o que nós pensaremos de nós mesmos?

Manter uma boa opinião sobre si própria é o verdadeiro desafio quando cometemos erros. Fico constantemente surpresa com a facilidade que os outros têm de aceitar meus erros em comparação à minha dificuldade de fazer o mesmo. Mas se você se permitir errar e, até mesmo, abraçar o erro como parte necessária e inevitável do processo de aprendizagem são as chaves para a autoaceitação.

Minha história

Minha marca de batons começou num bonde e terminou em outro, doze anos depois. Quando eu não tinha nem carro nem carteira de motorista, bondes eram meu principal meio de transporte para ir e vir de reuniões. Na verdade, eu sonhava com meus planos para os batons enquanto olhava a paisagem pela janela do bonde. Logo, no dia em que minha empresa estava oficialmente chegando ao fim, decidi fazer uma homenagem aos meus primeiros dias, indo de bonde assinar os papéis que encerrariam meu negócio e catapultariam minha vida em Nova York.

Era a definição exata de uma viagem sentimental — principalmente a volta para casa no bonde. Os documentos estavam assinados. A marca como eu a conhecia estava terminada, minha vida de adulta como eu a conhecia também estava terminada e eu estava prestes a deixar meu país de origem, indo começar do zero novamente, num mundo

completamente novo. Lá estava eu no bonde, uma década de memórias atrás de mim. Que passeio havia sido!

Se eu tivesse imaginado que ganharia e perderia milhões de dólares, que me tornaria heroína nacional, depois controvérsia nacional, que viajaria o mundo todo, que iria participar de convenções políticas, ganhar prêmios, conhecer tanto pessoas incríveis como demoníacas, e tudo o mais que aconteceu nos intervalos... Quando estava no bonde, tantos anos atrás, será que pensei que teria tantos triunfos e cometeria tantos erros? Imaginei que chegaria o dia em que uma era da minha vida estaria se fechando? E se imaginei isso, como era? Com certeza não era assim: de volta ao bonde, sem nada que demonstrasse tudo o que foi mencionado acima.

Quando tudo estava dito e feito, a única coisa tangível que tinha nas mãos quando deixei o escritório dos advogados era o tíquete do bonde. Já perdera havia tempo meu lugar no clube dos milionários e, agora, não tinha nenhuma segurança financeira. Não era mais a criança de ouro da Austrália. Não era fabulosa, um sucesso absoluto ou membro de nenhuma elite. Meus erros ao longo do caminho impediram todos esses resultados. Em vez disso, eu era só uma garota no bonde, exatamente como no dia em que comecei.

Mas, desta vez, eu tinha no meu histórico experiências com as quais nem sequer havia sonhado. Boas e más, e que, combinadas, fizeram de mim uma das garotas mais sortudas do mundo, independentemente da perda da fama e da fortuna. Estou falando sério. Pode parecer cafona, mas, apesar de ter perdido riquezas materiais, me senti rica de uma maneira que jamais teria compreendido muitos anos atrás.

Vai ficar mais cafona. Eu, na verdade, comecei a chorar no bonde. Lágrimas rolavam pelo meu rosto enquanto eu olhava para aquele tíquete de bonde e pensava em tudo o que ele representava. Eram lágrimas de tristeza, de choque, alegria, sabedoria, trauma e, também, de gargalhada. Lá es-

> **tava eu, com uma passagem de bonde de $1,70, que era mais valiosa para mim do que um diploma de business de Harvard. Aprendera tanto naqueles doze anos — o suficiente para não acreditar naquele tíquete como um fim.**
>
> **Eu sabia que aquele bilhete que eu segurava era também minha passagem para viagens futuras. E o guardei por todos esses anos. Está num porta-retratos na minha mesa de trabalho de casa e tem estado perto de mim enquanto escrevo este livro. Esse tíquete é uma das coisas mais valiosas que tenho. Posso garantir que não o venderia nem por um milhão de dólares. É o meu bilhete para a vida. Enquanto o mantiver, servirá como lembrete de que sucesso e fracasso são consequências de sonhos — e sonhos são a coisa mais importante que posso ter.**

Quanto mais você vive, maiores as chances de cometer erros, mas — e aqui vai o principal — o outro lado da moeda é que também são maiores as chances de sucesso. Lembre-se, nós não somos definidos pelos nossos erros, ou pelo nosso sucesso, mas pelas experiências com os dois. Quanto mais cedo aceitar seus erros como partes normais, saudáveis e vitais de quem você é, em vez de pensar neles como a soma do que você é, melhor preparada estará para superá-los, aprender com eles e, como resultado, se fortalecer.

Conclusão

Não existem dois caminhos para isto: erros causam sofrimento. É tentador imaginar como a vida seria melhor sem falhas ou erros, mas será que seria mesmo?

Eu passei por tanto sofrimento com minha empresa que pensei que nunca criaria outra. As pessoas sempre me diziam: "Você é uma empreendedora de A a Z. Vai abrir outro negócio." Mas eu sempre pensava: "Sem chance. Nunca mais passarei por esse sofrimento. Cometi meus erros, final da história."

Mas, com o passar do tempo, a dor emocional começou a diminuir, o sofrimento sumiu e, em vez de me concentrar no que eu perdera com meus erros, comecei a pensar nos ganhos. Enquanto navegava em novo território, comecei a ver o quanto aprendera, assim como o valor dessas dolorosas e duras lições.

Então, lá vou eu novamente. Enquanto escrevo isto, estou no processo de recomeçar meu negócio. Amadureci bastante como resultado de todo o sofrimento por que passei na primeira vez. Mas ainda estou mudando. E ver todas essas transformações tem sido uma das experiências mais compensadoras que já tive. Apesar de um milhão de livros poderem ter me ensinado como evitar os erros que me conduziram a essas mudanças, com certeza teria ido adiante e os cometido do mesmo jeito. Para o bem ou para o mal, sou do tipo "vivendo e aprendendo". E estou aprendendo a apreciar o "aprendendo" tanto quanto o "vivendo".

Acredite em mim: se eu posso superar meus erros e minhas perdas, qualquer um pode. Não importa quão ruins seus erros pareçam à primeira vista, você pode superá-los e, até mesmo, aprender a apreciá-los, se você:

- **Reconhecer que está em negação.** Como se diz nesses programas de doze passos: admitir que você tem um problema é o primeiro passo.
- **Controlar sua raiva.** A raiva pode mobilizar e ser produtiva, mas precisa estar sob observação. É parte saudável e normal da vida, se souber expressá-la de maneira construtiva e seguir adiante rapidamente.
- **Recusar a paralisação da barganha.** "Eu estava de fato errada?" "Devo confrontar o problema ou varrê-lo para baixo do tapete?" "Se isso der certo, nunca mais cometerei outro erro e prometo que vou..." Não faz sentido barganhar um caminho fora do erro. Todas as ações têm consequências, e você se sairá melhor se encará-las imediatamente.
- **Trabalhe seu caminho para sair da depressão.** O que quer que seja que você tenha perdido, é impossível não se sentir triste ao pensar no que seus erros podem ter lhe custado. Mas se

concentre em como consertar seu erro e veja seu desespero se transformar em otimismo.

- **Aceitar-se.** "Tentativa e erro" é uma expressão que existe por uma razão. Todos nós erramos e erramos várias vezes. Quanto mais cedo você se der conta de que seus erros não são mais definidores que seus sucessos, mais cedo estará apta a aceitá-los como etapa crucial do processo de aprendizagem.

Devo dizer que, entre sucesso e fracasso, na verdade, acho o fracasso uma experiência mais interessante e compensadora internamente. E, sim, bastante dolorosa, também. Mas, por mais que você possa se divertir com o sucesso, é fácil. Não tem o mesmo teor de desafio, nem tanto o que aprender, bem como oportunidades de crescimento emocional, espiritual ou intelectual. O fracasso, por outro lado, é outra história.

Não me entenda mal. Não é como se as notícias sobre meus erros me enchessem de prazer. Pelo contrário. Ainda passo por todas as fases do sofrimento que descrevi neste capítulo, como qualquer pessoa. Só que hoje eu sei que, sob a dor, o desapontamento e a frustração que acompanham um erro, um grande desenvolvimento está por vir. Como verdadeiros propulsores da mudança, os erros, bem como o sofrimento que causam, podem ser, na verdade, um começo. O começo de uma pessoa mais forte.

12

MANTENHA A CHAMA VIVA

Velas e fogos são coisas arriscadas para a minha personalidade. Eu fico tão hipnotizada por eles que minha fala se reduz a resmungos enquanto meus olhos se deixam vidrar totalmente pelas chamas. Mas, como descobri, você não pode ficar sentada olhando para o fogo na expectativa que ele arda para sempre. É preciso cuidar dele se quer que dure. O mesmo vale para nossa paixão pelo que fazemos — é necessário alimentá-la para mantê-la viva.

A paixão pode levar você muito mais longe do que simplesmente trabalho duro. Mas, como o fogo, requer oxigênio para manter a chama acesa. Em outras palavras, para reabastecer seu compromisso e sua dedicação, você precisa sair de si mesma e buscar ar fresco. Passar muito tempo dentro da própria cabeça, dos próprios padrões e das próprias zonas de conforto é receita para complacência. Fora de nós, em outras pessoas, lugares e mundos, existe material incrivelmente revigorante. Do tipo que nos lembra que, não importa quanto já tenhamos visto e feito, ainda há muito que aspirar e descobrir.

Minha história

Eu adoro pontes. Se existe uma coisa que me dá a sensação da grandeza da vida, é uma grande ponte. Enquanto muitas pessoas buscam a natureza quando precisam de reabastecimento, eu vou atrás dessas grandes estruturas de aço, concreto, madeira ou metal. Encaro as pontes como monumentos de conexão e ingenuidade. O desejo que temos de alcançar e explorar outros lugares, de nos conectarmos além das nossas fronteiras, somado à inteligência que podemos reunir para encontrarmos um meio de fazê-lo. Fico humilhada diante do poder estoico das pontes e inspirada pela majestade que os melhores exemplares delas possuem. O simples ato de pensar nas minhas favoritas é o suficiente para me lembrar de que a vida é muito maior do que eu e meus objetivos. Que a vida já estava em movimento antes de mim e vai continuar, depois, na minha ausência. Pontes me aliviam a pressão de que o mundo, muito possivelmente, se resume aos meus planos, uma ideia tola, mas que pode crescer sorrateiramente dentro de mim, se eu não tomar cuidado.

Uma das minhas pontes favoritas fica na minha cidade natal. A West Gate Bridge, em Melbourne, serpenteia com suas curvas ao longo da linha do horizonte, conectando uma área essencialmente industrial ao coração da cidade. Sustentada por pilares maciços de concreto, sobe e desce entre aclives e declives suaves. Muitas vezes dirigi nela de um lado para outro, quando precisava limpar minha mente. Em bons ou maus momentos. Quando estava no calor do sucesso e minha cabeça às vezes parecia que ia explodir de choque e alegria eufórica, me dirigia à ponte para confrontar as extravagâncias que a vida pode oferecer. Também já passei por ela em lágrimas, quando parecia que meu mundo estava se esfacelando à minha volta e eu tinha tanta pena de mim mesma e tanto medo do futuro que um lembrete da

quantidade de movimento que existe no mundo era tudo o que um médico prescreveria.

Também passeei por ela sem nenhuma razão específica. Talvez a caminho do trabalho e precisando me lembrar de quão excitantes podem ser os dias. Apesar dos altos e baixos, dirigir uma empresa de batons pode ser algo prosaico às vezes, logo, era extremamente importante ter algo que me ajudasse a acessar minha paixão por apreciar a vida e dar a ela meu melhor.

Quando eu era pequena, inventei uma brincadeira chamada "jogos secretos", que me mantinha animada quando estava entediada. Apesar de o nome soar dúbio, "jogos secretos" era simplesmente uma maneira que encontrei de interpretar... minha imaginação e eu, atuando em diferentes tramas e fantasias, só para mim. Eu posso estar mais velha, mas ainda tenho meus "jogos secretos" — a diferença é que hoje em dia eles são esses estranhos rituais que me mantêm inspirada, como dirigir de um lado para outro pela ponte.

ENCONTRE SUA PAIXÃO

Busque um lugar, um cenário, uma paisagem ou coisa que tire você de seu mundinho privado e lhe conecte a algo muito maior. Pode ser tão grande quanto o Grand Canyon ou tão pequeno quanto uma recordação pessoal, uma bugiganga ou souvenir. Como aquele tíquete de bonde que mencionei no capítulo anterior; lembretes de sucessos e viradas que têm o poder não só de nos transportar no tempo, como de nos ajudar a encarar o presente com olhar renovado. Você vai ficar encantada com a capacidade que isso tem de impulsionar a força de movimento que inicialmente abastecia suas metas.

LIÇÃO 59: **O cliente sempre tem razão**

Eu adorava um programa de TV chamado *Kids say the darnest things* (As coisas que as crianças dizem!). Era centrado em crianças e em algumas das coisas maravilhosas, muitas vezes brutalmente francas, que dizem, antes que a sociabilidade realmente se instale e exerça sua função censora nos diálogos. Assistindo ao programa eu sempre gargalhava e ficava maravilhada com as ideias profundas que as crianças têm da vida. Nós sempre pensamos ser nossa a responsabilidade ensiná-los, mas eles nos ensinam muito, também. Apesar de seu olhar fresco e nada usual sobre as coisas talvez não ser correto, no sentido exato da palavra, todos podemos lucrar respeitando seu ponto de vista. Um ponto de vista que será diferente do seu.

Claro, crianças não são as únicas pessoas que podem nos oferecer uma perspectiva nova e excitante. Clientes podem fazer o mesmo. Defino "cliente" como qualquer um em quem confie para comprar, acreditar ou se beneficiar de um bem ou serviço que você ofereça. No final das contas, são essas as pessoas a quem devemos servir. Também são elas que, noves fora, decidem o que nós representamos. No capítulo sobre marketing, enfatizei o quanto é importante comunicar sua mensagem e representar algo. Essa é a nossa parte na negociação, que está inteiramente sob nosso controle. Onde não temos que nos intrometer, no entanto, é na maneira como a mensagem será recebida pelo consumidor. E, no final das contas, essa é a única interpretação que verdadeiramente importa.

À medida que você se acostuma com o sucesso, manter o consumidor em primeiro lugar no seu pensamento é a forma mais garantida de continuar apaixonada e criativa, assim como uma garantia de estar colocando sua energia exatamente onde ela precisa estar... do lado das pessoas que tornam possível o seu sucesso.

Minha história

Você já conheceu algum "homem-rocha"? O tipo de homem que exala poder, influência e conquista? Eles, de modo ge-

ral, são altos, mas não necessariamente. Às vezes é apenas a atitude que faz com que tenham esse efeito, uma atitude de total liderança. Neste caso, o homem em quem estou pensando é magro, tem mais de um metro e oitenta e olhos azuis tão penetrantes que podem arrasar você em um segundo. Era a coisa mais próxima de Deus que nós tínhamos na minha empresa, e ele era tratado como tal. Bastava cruzar um corredor com ele para vermos pessoas prendendo a respiração de encantamento e nervoso. Algumas o amavam, outras o odiavam, mas a maioria o admirava.

Apesar de aterrorizar meus dias, eu o amava e admirava. Na verdade, nos demos absolutamente bem desde o princípio. Era uma dessas situações em que alguém é tão intimidador que o melhor a fazer é ser autêntica, porque sabe que a pessoa será capaz de ver através de você de uma maneira ou de outra.

Então, fui eu mesma com ele. Uma versão muito nervosa de mim mesma, mas genuína, de qualquer forma, e ele gostou de mim por isso. Nos planos de um homem daquela envergadura, com aquelas habilidades e aquele estilo de vida, eu era mais ou menos do tamanho de um inseto no terno bem cortado dele. Logo, as pessoas (eu, inclusive) se deslumbravam com o fato de ele me tratar como se eu tivesse alguma importância. Ninguém esperaria que ele reservasse um tempo do seu dia de "um dos quinhentos da lista da *Fortune*" para ir até uma loja de departamentos e assistir enquanto eu encontrava e cumprimentava clientes num dos meus dias dedicados a marcar presença numa loja. Comparativamente falando, seria como se o Walt Disney (se ainda estivesse vivo) fosse em pessoa até alguma esquina obscura para conhecer o cara contratado para distribuir panfletos vestido de Pluto. Muito pouco provável.

O primeiro alerta de que alguma coisa estava acontecendo foi a estranha palidez no rosto das pessoas que trabalhavam comigo. Eu estava enfiada até os cotovelos em amostra de batons — mangas arregaçadas, a parte de baixo dos antebraços riscada de cores vivas. Pense numa pena espetada no meu cabelo e eu seria a própria guerreira tribal pintada para a guerra. E é exatamente isso que o comércio varejista é — uma guerra constante pela atenção do cliente.

Com tantas opções disponíveis, conquistar a atenção de um consumidor é um privilégio. Naquele dia eu estava espertamente consciente disso, logo, estava fazendo meu melhor. Também percebi que o ar à minha volta subitamente ficou mais pesado e que colunas vertebrais se endireitavam ao meu redor. Estava ajudando uma senhora a escolher um batom, as duas debruçadas sobre a vitrine. Senti algo atrás de mim, olhei por sobre meu ombro e vi a presença fantasmagórica desse Mestre do Universo. Ele estava simplesmente de pé, ali, parado. Agora, esse homem tinha chegado a um ponto na vida em que ninguém ousava deixá-lo pausar ou relaxar. Secretárias, subordinados e comitivas asseguravam que cada segundo fosse explicado.

Eu estava prestes a fazer o mesmo. Largar tudo, me virar e cumprimentá-lo imediatamente. Mas, aí, foi a minha vez de fazer uma pausa. Não, eu decidi, o cliente em primeiro lugar. Eu deveria terminar a venda. Então, continuei atendendo aquela mulher, o coração aos pulos, como se alguém com um walkie-talkie fosse me derrubar no chão a qualquer momento, como se eu fosse uma rebelde. Ele esperou e esperou, mas a mulher era muito carente no que dizia respeito a conselhos quanto às opções de cor de batom. Eu podia senti-lo mudar o peso de um pé para outro, e cada troca parecia retumbar tão alto nos meus nervos como um trovão. Ele provavelmente ficou parado ali por uns seis minutos antes de, finalmente, desistir. E quando ele estava prestes a passar por mim, tive medo de olhá-lo nos olhos e encarar suas possíveis faíscas.

Mas, de alguma forma, consegui olhar para cima e encontrar seu olhar, simplesmente para ver um sorriso que ia de orelha a orelha em seu rosto. Eu havia lidado com a si-

tuação exatamente de acordo com sua expectativa, e ele não gostaria que eu tivesse agido de outra maneira.

Seu cliente pode nem sempre ser simpático, engraçado, atraente, interessante, feliz, agradável, atencioso, ou mesmo são. Mas ele sempre está certo. Para simplificar, sempre me lembro de que "certo", neste contexto específico, não quer dizer factual ou acurado, mas importante. Todo e qualquer cliente é da maior importância e suas experiências, seu feedback e suas reações são a chave para evitar qualquer sombra de complacência. Quanto menos complacente você for, mais paixão pelo que faz será capaz de transmitir.

É tudo uma questão de curiosidade sobre o que deixa seu cliente satisfeito, tanto no que diz respeito ao seu produto quanto à maneira como está sendo recebido. Curiosidade é o apagador mágico do tédio. Passar por uma mesma experiência que parece a mesma durante muito tempo é algo fadado ao bocejo. Mas pegue sua curiosidade, espalhe-a sobre a tal experiência e, bingo, magicamente, ela, de repente, parece completamente diferente.

LIÇÃO 60: **Você não está sozinha**

Falando em tédio, eu realmente não fico entediada quando faço coisas chatas como lavar louça, azulejos ou roupas. Fico muito perplexa para ficar entediada — perplexa por estar fazendo a mesma coisa de novo! Parece que eu tenho um "esquecedor" instalado no meu departamento de funções menores. Eu imagino que se tais tarefas já foram realizadas uma vez, nunca mais será preciso repeti-las. Então, toda vez que minha teoria infame se comprova equivocada, sou tomada de assalto ("quer dizer que tenho que passar roupa, *de novo*?"). Isso é o que se pode chamar de "paraíso de tolo". Minha fantasia boba que diz que cada vez é a última me salva da terrível verdade, mas, a não ser que eu fique incrivelmente rica, me torne uma eremita, uma psicopata ou, simplesmente, uma pessoa nada higiênica, terei que cumprir essas tarefas centenas, talvez milhares de vezes ainda. Um pensamento bastante desencorajador.

É difícil ficar motivada por algo que você sabe que vai ter que fazer milhares de vezes. Como manter a motivação alheia. Nós já fizemos isso, certo? Essas pessoas não estavam suficientemente motivadas um mês atrás? Hora de se concentrar em outra coisa, certo? Errado. A motivação é uma fonte extremamente extinguível, tanto a sua quanto a dos outros.

Manter as pessoas empolgadas nas suas atividades é um trabalho de tempo integral. Mas não se iluda, é um componente crucial para manter e fazer crescer seu sucesso. Hillary Clinton uma vez declarou, e a frase ficou famosa, que "é preciso uma aldeia para se educar uma criança", e o mesmo é válido para no que diz respeito a sucessos duradouros: não é algo que se possa fazer sozinho. Você sempre precisará da ajuda de outras pessoas, pessoas que acreditem em você e sintam-se motivadas a fazer a parte que lhes cabe.

Nossos parceiros de trabalho, independentemente de seus papéis, têm exatamente o mesmo direito de gostar do que fazem, acreditar que é satisfatório e ter uma sensação de propriedade. "Sensação de propriedade" é uma dessas frases inebriantes, muito usada, mas pouco explicada. Em parte porque não existe uma explicação que sirva para todos os indivíduos. O que constitui a sensação de propriedade para uma pessoa pode ser completamente diferente para outra. Certamente, como sempre, existem algumas generalizações. As pessoas precisam sentir que seu papel exerce alguma influência e algum impacto, que seus pensamentos são respeitados, assim como seu trabalho. Tratá-las somente como trabalhadoras as leva ao esgotamento da motivação. Quando se tem uma tarefa que carece de qualquer possibilidade de personalização e diálogo, como é possível estar totalmente motivado?

O diálogo é um aspecto muito importante para relações de trabalho vibrantes e saudáveis. A ideia de pensamentos de mão dupla é inerente ao diálogo. Pensamentos de mão única pertencem aos discursos, às palestras e apresentações. Trate um colega ou empregado como se fosse uma plateia permanente, em vez de um participante, e seu desejo de oferecer verdadeiramente seu melhor diminuirá. Todos nós sabemos como pode ser frustrante ter alguém falando para nós, e não conosco. Existem momentos e lugares para conversar e para ditar, mas os melhores gerentes, empregados, líderes, exemplos e professores são os que levantam a bandeira de mesclar os dois.

Minha história

"Porque sim." Quantas vezes eu disse isso quando me desafiavam no parquinho? E, apesar de isso ter afastado alguns chatos quando eu tinha dez anos, não é uma medida efetiva no ambiente de trabalho, particularmente se você está numa posição (em que todos nós estamos, de alguma maneira) em que deve manter os outros entusiasmados e fazendo seu melhor. Como fundadora e chefe da minha empresa, essa era uma resposta tentadora para dar a alguns dos que trabalhavam comigo, até mesmo para meu conselho, às vezes. Outra réplica muito atraente era o slogan da Nike: "Just do it" (simplesmente faça).

Lembro-me de recorrer bastante a essa postura no começo. Posso não ter dito a frase tão diretamente quanto a Nike, mas era exatamente o que eu pensava, e as pessoas são capazes de captar esses sinais. Agora que tenho muito mais experiência, tanto de ser chefe como de ter chefes, dei-me conta de que o que se ganha em conveniência com esse método perde-se em motivação. As outras pessoas se afastam esvaziadas, em vez de entusiasmadas para fazer sua parte.

Como meu papel sempre envolveu lidar com clientes e parceiros de trabalho, aprendi, ao longo dos anos, que o que gera melhores resultados para todos os cenários não deixa de ser semelhante.

Nos balcões e locais de vendas, eu jamais devo usar "porque sim" para uma cliente como resposta para indicar a cor do batom. Devo explicar e ganhar sua confiança na decisão. Não só ela irá embora feliz porque tem o batom, mas, também, talvez tenha apreendido coisas importantes que a ajudarão da próxima vez. Isso gera confiança, e não somente dólares, para a minha marca. O mesmo se aplica

aos outros no meu escritório. Se eu participar às pessoas minhas decisões, elas não somente compreenderão e terão a sensação de inclusão, como terão maior conhecimento do que faz parte de tais deliberações em seus diferentes níveis. E adivinha? Eu aprendo também! Nem sei dizer quantas vezes os resultados foram melhores, por deixar que outros participassem de um processo, em lugar de, simplesmente, ditá-lo para eles. E é muito motivador para eles e para mim!

Existe aquele aforismo: "Dê a um homem (vamos trocar homem por pessoa) um peixe e ele come por um dia; ensine-o a pescar e ele comerá por um ano." Discuta, não dite, e os benefícios a longo prazo serão um banquete, em vez de fome. Existe motivação suficiente para que as pessoas sintam-se satisfeitas e felizes com seu papel.

Para manter os outros entusiasmados, motivados e excitados, é preciso que sintam que fazem parte da situação. E não que só existe um lado. Mesmo em se tratando de entretenimento, quando as pessoas pagam para sentar, ouvir ou assistir, a plateia precisa de participação, o que acontece quando se envolve. E o envolvimento ocorre quando a emoção é estimulada, e não tratada como um simples músculo. Fale com as pessoas, para as pessoas, mas experimente falar sem interesse no que têm a dizer e elas não se importarão com os resultados, nem os próprios nem os seus.

LIÇÃO 61: **Síndrome da torre de marfim**

Existe uma forte correlação entre poder e altura. Não altura no sentido de quanto você mede, mas de quanto seus pés estão fora do chão. Quando você vai a uma reunião com alguém poderoso, são grandes as chances de ter que entrar num elevador. Sabe-se que uma pessoa é realmente poderosa quando ela está no andar mais alto. Frequentemente pagamos mais caro para ficar o mais longe do chão possível. Viagem de avião é uma coisa cara. Coberturas são caras. E um bom salto agulha... nossa, como pode ser caro!

O sucesso abre as portas de torres de marfim recheadas de pensamentos grandiosos, grandes ideias e paisagens de tirar o fôlego. Isso é a parte da diversão de ser bem-sucedido. Mas, só porque o sucesso oferece acesso a uma torre de marfim, não quer dizer que você deve se tornar um caso-paciente da Síndrome da Torre de Marfim (STM).

Essa síndrome pode afetar pessoas, uma vez que elas se acostumam com sua nova posição — e os sintomas não são tão simples e diretos como arrogância ou convencimento. Na verdade, já vi gente que não é arrogante nem convencida afetada pela síndrome. Os sintomas são muito mais ardilosos e menos óbvios que isso. São eles:

- Perda de perspectiva
- Dificuldade de aceitar a palavra "não"
- Falta de conexão com as terminações nervosas
- Alteração da realidade e visão embaçada

Apesar de os sintomas não serem contagiosos, quanto mais se desenvolvem, mais a pessoa afetada pelo vírus tende a atrair somente aqueles que permitem que a doença cresça. Alimentando-se da negação dos outros, o vírus sistematicamente afasta os que o desafiam em favor da companhia dos fracos e facilmente influenciáveis, além dos que dizem sim para tudo. Um caso de STM significa um grande risco para seu sucesso a longo prazo e pode, vagarosamente, desmantelar tudo o que você se esforçou tanto para alcançar.

Para contra-atacar a STM, você tem que voltar ao térreo — quer dizer, um lugar onde você possa entrar em contato novamente com seu usuário final, seja ele seu consumidor ou empregado, e com a realidade em geral. Torres de marfim são construídas para dar às pessoas uma visão aérea do campo de jogo. Elas são, muitas vezes, aspectos necessários de sua capacidade de sonhar, prospectar o futuro e articular uma visão. Mas para que nosso cérebro se mantenha vivo e jovial, não se pode perder a conexão com suas terminações nervosas — é preciso descer da torre de vez em quando e passear pelo mundo real.

Minha história

— Você gostaria de experimentar os batons Poppy?

Eu devo ter dito essa frase milhares de vezes nos primeiros anos do meu negócio. Passei inúmeras horas de pé, em frente à área do meu pequeno balcão nas lojas de departamentos, distribuindo fôlderes e respondendo repetidamente onde eram os banheiros. Minhas clientes favoritas eram as que levavam o braço ao rosto protetoramente e cortavam caminho bem longe de mim, sem dúvida antecipando uma barreira de spray perfumado. Se alguma vez você precisar de um curso relâmpago para aprender a lidar com a rejeição, recomendo fortemente uma rápida experiência como vendedora. Minha pele deve ter engrossado pelo menos um centímetro por semana, durante esse período. Mas aprendi o quanto é inestimável a experiência de se estar na linha de frente e jurei que, fosse o que fosse, nunca passaria muito tempo sem isso.

Quanto mais famosa ficava, mais difícil era essa prática, já que as pessoas ficavam tímidas, censurando-se perto de mim. Mas, naquele começo, ouvi e vi de tudo, verrugas inclusive. Para meu choque e horror, ouvi até que algumas das minhas clientes não estavam usando meu batom da maneira que Deus e eu havíamos pensado (sim, tivemos uma teleconferência sobre o tema). Em vez de os usarem em toda a glória do opaco, algumas consumidoras achavam o acabamento muito pesado, então suavizavam os batons por conta própria. O método que sempre descreviam era: passar uma camada fina da cor, espalhá-la nos lábios até que ficasse quase translúcida e, então, aplicar um pouco de vaselina ou gloss. O resultado era uma versão pálida da mesma cor, e um sacrilégio no que me dizia respeito. Mas logo percebi que isso não era um ataque que precisava ser interrompido, mas uma oportunidade para uma fórmula completamente nova do Poppy — uma que jamais descobriria se não tivesse trabalhado no balcão por períodos significativos.

Para atender a consumidora que amava minhas cores, mas queria algo menos forte, voltei ao laboratório e pedi que criassem um batom que tivesse visual semelhante ao criado pelo processo que descrevi acima. O resultado foi um batom chamado Poppy Sheer (translúcido) e utilizava exatamente os mesmos nomes e cores, mas era uma versão light do original. Foi um tremendo sucesso. Eu dobrei as opções, e o mesmo aconteceu com minha clientela!

O único problema era explicar a diferença entre os dois de maneira simples. Distribuindo folhetos, tanto da linha Sheer quanto da Matte, para consumidores apressados, eu precisava de um jeito rápido e simples de passar meu recado. Finalmente, encontrei uma maneira de não só fazer com que parassem, como escutassem minha explanação sobre as duas texturas numa rápida pincelada:

— Quer experimentar a Coca e a Coca Light dos batons?

Funcionou todas as vezes.

QUANDO SIM QUER DIZER NÃO

A tendência natural de se apaixonar pelas próprias ideias pode ser perigosa quando se chega a uma posição de autoridade. Uma vez que você alcança certos objetivos e prova sua capacidade, pode descobrir que as pessoas terão menos impulsos de contradizer ou criticar suas ideias em função de vários fatores, como uma crescente fé (frequentemente excessiva) no seu conhecimento, uma falta de vontade de engrenar num confronto ou medo de perder o emprego. Para prolongar seu sucesso, você terá que resistir à tentação de construir uma cultura do tipo "sim, senhora" a seu redor e encorajar críticas construtivas e debates. Veja como:

- **APRESENTE SUAS IDEIAS IMPARCIALMENTE.** Em vez de dizer "Acabei de ter uma grande ideia! Que tal nós...", tente "O que vocês acham de nós...".
- **BUSQUE OPINIÕES DIVERGENTES.** Vá em frente e desafie as pessoas à sua volta a levantarem as fraquezas da sua ideia,

bem como sua força. Se perceber que outros estão com dificuldade de apontar os aspectos positivos, mas não negativos, isso pode ser um dos maus presságios aos quais você deve prestar atenção e que foram mencionados no capítulo 10.

- **DESIGNE O PAPEL DE ADVOGADO DO DIABO A ALGUÉM.** Em reuniões, as pessoas normalmente preferem não contradizer seus superiores. Se você designar alguém para o papel de advogado do diabo, terá maiores chances de ficar "de castigo" ouvindo opiniões que, nem sempre, são muito elogiosas.

Subir a escada dos sonhos e perseguir metas requer muito foco na subida. Mas, para estar lado a lado com o desenvolvimento do mercado, não se esqueça de descer de seu novo ponto de observação de vez em quando. Qualquer posição, mesmo quando muito elevada, pode se transformar em estagnação e tédio, quando você se acostumar aos seus arredores e à sua perspectiva. Pode até levá-la a perder grandes oportunidades. Por exemplo, de cima, uma grande chance pode parecer nada mais que um pontinho. Mas, depois de um exame mais detalhado, o que tem a aparência de pontinho pode, na verdade, ser uma nova ideia espetacular, ou estratégia, para ajudá-la a avançar, mantendo a escalada dos sonhos com o mesmo vigor que a acompanhava no início.

Conclusão

Foi o correio que finalmente o fez. Eu tinha me mudado para Nova York. E finalmente encerrado os doze anos da minha empresa, a mesma que havia criado aos dezoito anos de idade. Deixara meus amigos, família — minha vida como eu conhecia — e tinha aceitado um emprego numa multinacional, o primeiro depois da experiência na loja de roupas íntimas, logo que saí do colégio. Tudo isso sem derramar uma lágrima, sem o coração parar de bater por um segundo ou sem aumentar o batimento do meu pulso.

Com todas essas mudanças acontecendo ao mesmo tempo, a adaptação foi tão drástica que acho que não me dei permissão para sentir nada durante as primeiras semanas. Eu não queria saber o que estava sentindo — só para esclarecer, era pavor.

A realidade do que eu havia feito bateu numa manhã fria de dezembro, no momento em que me preparava para mandar um cartão de agradecimento para meu novo chefe, depois de ter ido à sua festa de Natal. Estava em Nova York há um mês, mais ou menos, e para lidar com um inverno tenebroso no hemisfério norte eu comprara um casacão utilitário — volumoso, andrajoso, desajeitado, mas extremamente comum. Quando o vesti para sair e enviar minha correspondência, não antecipei uma difícil ou importante experiência.

Sabia exatamente onde estava indo — diretamente a uma caixa de correio grande e verde, na esquina da minha rua. Tinha o envelope pronto na mão enluvada, endereço, selos e CEP em ordem. Mas só um minuto... onde estava a fenda para inserir as cartas? A caixa dizia "Correio dos Estados Unidos" em grandes letras oficiais e parecia, em todo caso, simplesmente uma caixa de correios comum. Não fosse o fato de eu não conseguir encontrar o lugar onde introduzir o envelope que me salvaria. Olhei tudo. Em cima, embaixo, dos lados... nada.

Me senti muito desamparada de pé ali, na neve, sem saber o que fazer. Foi quando me dei conta. Eu não estava mais no meu país de origem. Não vivia mais no lugar onde nascera, crescera, onde eu sabia fazer algo tão simples e básico como postar uma carta. Eu estava, agora, em Nova York. Tudo era novo. Precisaria reaprender coisas que sabia fazer desde criança. De repente, me ocorreu que eu tinha feito uma grande mudança. Voltei ao meu apartamento num estado emocional completamente diferente daquele que tinha ao sair — e tudo por causa do que supunha uma tarefa que se cumpre de olhos fechados.

Você deveria ter me visto nas minhas últimas semanas em Melbourne. Cuidei de absolutamente tudo relacionado à mudança. Providenciei todas as coisas necessárias — meus históricos dentários, médicos, cópias de certidão de nascimento e tudo o mais. Cancelei o que deveria ser cancelado — contas em bancos, entregas de correio, assinaturas. Ordenei tudo, redistribuí coisas e papéis em caixas e arquivos que comprei para a ocasião. Fui até meu antigo colégio. Despedi-me dos lugares especiais. Tudo. Quando eu estava no avião para Nova York, pensei ter me preparado tão bem e completamente que tinha tudo em ordem. Nada me surpreenderia. Menos ainda uma simples caixa de correio.

Mas, como continuo descobrindo, a vida é cheia de surpresas. Quando entramos na estrada do sucesso, convidamos a surpresa; na verdade, a desejamos. Esperamos pelas chances de surpresas agradáveis, sorte e circunstâncias fortuitas. Mas, quando chegamos ao sucesso, as mesas podem virar e a ideia de surpresa se parece mais com uma ameaça do que com entusiasmo. Fazemos o possível para minimizar, ordenar e controlar qualquer surpresa, muitas vezes deixando de lembrar da importante função que a imprevisibilidade pode ter em nossas vidas — ela pode abanar as chamas da nossa paixão pelo que fazemos.

Aí vão três estratégias-chave para que você permaneça motivada e mantenha o elemento surpresa na sua vida profissional por muito tempo, mesmo depois que a novidade tiver desbotado.

- **Esteja sintonizada com seus clientes.** Chefes ou consumidores de seu produto, as pessoas a quem quer servir são os juízes finais sobre quão bem você está se saindo. E, caramba, eles têm um olhar novo. Dê ouvidos a quem lhe dá feedback, porque, no que diz respeito ao seu sucesso futuro, a percepção do seu cliente é mais válida do que a de qualquer outra pessoa.
- **Relacione-se com sua equipe.** As pessoas que lhe ajudam a caminho do sucesso são mais que meras abelhas trabalhadoras a seu serviço. São mantenedoras de tesouros valiosos e, frequentemente, de informações inesperadas. Permita que sejam informantes e inspirem você sempre que possível, não se esquecendo de falar *com* elas, bem como para elas, evitando discursos sem intenção de participação.
- **Mantenha os pés no chão.** A Síndrome da Torre de Marfim pode afligir até mesmo o mais bem-intencionado de nós. Nun-

> ca se sabe que efeito o sucesso terá sobre você. Portanto, antes de chegar ao topo, prometa nunca se esquecer de onde você vem, voltando sempre às origens. A vista do topo é majestosa e deve inspirar seu sonho de um futuro luminoso, mas a paisagem das frentes de batalha é o que manterá seu contato com o que está acontecendo na realidade e ajudará você na lida com o presente.

Você pode estar alerta, comprometida e excitada com seu trabalho, sem se esquecer de que não pode estar preparada para tudo. Justamente quando você pensa que tem tudo sob controle, exatamente quando está se sentindo invencível, algo está fadado a pegá-la desprevenida. Caixas de correio verdes que você imaginava próprias para o envio de correspondências se transformarão em caixas de armazenamento para uso de funcionários dos correios. Mas eu não poderia saber disso naquele domingo de neve, assim como não saberia que o que me esperava do outro lado da porta do meu apartamento viria a ser um dos momentos mais pungentes da minha vida. E nunca se sabe onde, quando, como esses momentos surgirão e com quem eles vêm. Momentos significativos são recheados de surpresas (e vice-versa). Convide-os e estará convidando a paixão e o sucesso de longo prazo, também.

EPÍLOGO

A ÚLTIMA PALAVRA SOBRE O COMEÇO

Bom, aqui estamos nós. Chegamos ao final do livro. Ficamos mais sábios? Só até certo ponto, porque a sabedoria vem da experiência, do coração e da alma, não da mente sozinha. O que você leu neste livro é meu depoimento sobre como ganhei algum saber através das minhas experiências. Um saber que foi, às vezes, dolorosamente apreendido, mas sempre preciosamente processado. Ainda assim, apesar de toda essa sabedoria, todas essas experiências, será que sou mesmo mais sábia?

Sim e não. Sim, sou mais sábia quanto a meus experimentos até hoje e quanto ao meu passado. Em relação ao futuro, bom, seu palpite é tão bom quanto o meu. Veja bem, estou, mais uma vez, à beira de me lançar de cabeça no desconhecido. Mais uma vez, vou seguir meus sonhos, me arriscar e dar uma chance às minhas ideias. Toda a sabedoria no mundo pode, somente, me ajudar a estar melhor preparada; não a prever. Então, sim, estou com medo. Estou preocupada, incerta, ansiosa, insegura e tudo o mais que qualquer ser humano pode sentir quando em expansão.

Mas ainda desejo.

Espero que você também. Espero que você deseje acreditar em si mesma. Acreditar na possibilidade, independentemente da probabilidade. Colocar-se à prova, sabendo que você também tem o necessário para se sair bem.

Não existe um fator determinante, nenhuma garantia, nenhuma variante, fórmula, mágica, nenhum fato ou segredo que você não tenha. Não existem certezas no que se refere ao que faz sucesso.

Entretanto, só existe uma maneira de descobrir.

Tente.

Toda e qualquer coisa que você puder imaginar começa daí.

Sua história

Chega de mim... agora é sua vez.

AGRADECIMENTOS

GOSTARIA DE AGRADECER às seguintes pessoas, lugares e coisas:

Minhas duas fabulosas editoras, Greer Hendricks e Leah Furman, que transformaram tudo isso em algo de que me orgulho.

Meu atencioso agente, Dan.

Minha amiga, Miranda, que me fez tão bem quando disse: "Você é uma máquina!" cada vez que contava para ela quantas páginas tinha escrito.

Minhas outras amigas queridas, que me aguentam e aguentaram, no passado e no presente.

Minha mãe (agora isto é um livro!).

Um ícone avassalador e inspirador da indústria de cosméticos (você sabe quem você é).

Cara Castiglione, Cynthia Sparks e Arnold Joseph, pessoas que significam mais do que imaginam para mim.

Todos os recepcionistas que passaram minhas ligações ao longo dos anos.

Meu pequeno apartamento em Nova York, onde moro há seis meses e experimentei a alegria e o privilégio que é escrever.

Mr. Bear... o ursinho para quem li o texto durante o processo... grande ouvinte!

E o mais importante: gostaria de agradecer a todas as mulheres que alguma vez compraram, usaram ou consideraram meus batons. Sem vocês... nada disso teria acontecido.

markgraph

Rua Aguiar Moreira, 386 - Bonsucesso
Tel.: (21) 3868-5802 Fax: (21) 2270-9656
e-mail: markgraph@domain.com.br
Rio de Janeiro - RJ